社会福祉
学習双書
2024

第 7 巻

貧困に対する支援

『社会福祉学習双書』編集委員会　編

社会福祉
法　　人 全国社会福祉協議会

第7巻　貧困に対する支援

養成カリキュラム「教育に含むべき事項」	社会福祉学習双書「目次」
①貧困の概念	・第1章第1節「公的扶助の概念と範囲」
	・第1章第3節「現代社会における貧困・低所得者問題」
②貧困状態にある人の生活実態とこれを取り巻く社会環境	・第1章第4節「わが国における貧困・低所得者問題の現代的課題と近年の政策動向」
③貧困の歴史	・第1章第2節「公的扶助の歴史」
④貧困に対する法制度	・第1章第4節「わが国における貧困・低所得者問題の現代的課題と近年の政策動向」（再掲）
	・第1章第5節「低所得者対策」
⑤貧困に対する支援における関係機関と専門職の役割	・第2章「生活保護制度の概要と実務」
	・第3章「生活保護における相談援助と自立支援」
	・第4章「生活困窮者自立支援制度」
⑥貧困に対する支援の実際	・第5章「生活福祉資金貸付制度」
	・第6章「ホームレス状態にある人々への支援」

刊行にあたって

　現代社会にあって、地域住民が直面する多様な課題や個々人・家族が抱える生活のしづらさを解決するためには、従来の縦割り施策や専門領域に閉じこもった支援では効果的な結果を得にくい。このことは、社会福祉領域だけではなく、関連領域でも共有されてきたところである。平成29（2017）年の社会福祉法改正では、「地域共生社会」の実現を現実的な施策として展開するシステムの礎を構築することとなった。社会福祉に携わる者は支援すべき人びとが直面する課題を「他人事」にせず、また「分野ごと」に分断せず、「複合課題丸ごと」「世帯丸ごと」の課題として把握し、解決していくことが求められている。また、支援利用を躊躇、拒否する人びとへのアプローチも試みていく必要がある。

　第二次世界大戦後、社会福祉分野での支援は混合から分化、そして統合へと展開してきた。年齢や生活課題によって対応を「専門分化」させる時期が長く続くなかで、出現し固着化した縦割り施策では、共通の課題が見逃される傾向が強く、制度の谷間に潜在する課題を生み出すことになった。この流れのなかで、包括的な対応の必要性が認識されるに至っている。令和5（2023）年度からは、こども家庭庁が創設され、子ども・子育て支援を一体的に担うこととなった。加えて、分断隔離から、地域を基盤とした支援の構築も実現されてきている。地域から隔絶された場所に隔離・収容する対応は、在宅福祉の重要性を訴える当事者や関係者の活動のなかで大幅な方向転換を行うことになった。

　措置制度から利用制度への転換は、主体的な選択を可能とする一方で、利用者支援や権利擁護も重要な課題とした。社会資源と地域住民との結び付け、継続的利用に関する支援や苦情解決などが具体的内容である。地域や家族、個人が当事者として参加することを担保しながら、ともに考える関係となるような支援が求められている。利用者を支援に合わせるのではなく、支援を利用者のニーズに適合させることが求められている。

　「働き方改革」は働く者全体の課題である。仲間や他分野で働く人々との協働があってこそ実現できる。共通の「言語」を有し、相互理解を前提とした協

働こそ、利用者やその家族、地域社会への貢献を可能とする。ソーシャルワーカーやその関連職種は、法令遵守（コンプライアンス）の徹底と、提供した支援や選択されなかった支援について、専門職としてどのような判断のもとに当該支援を実施したのか、しなかったのかを説明すること（アカウンタビリティ）も同時に求められるようになってきている。

　本双書は、このような社会的要請と期待に応えるための知識やデータを網羅していると自負している。

　いまだに終息をみせたとはいえない、新型コロナウイルス（COVID-19）禍は引き続き我われの生活に大きな影響を与えている。また、世界各地で自然災害や紛争・戦争が頻発している。これらは個人・家族間の分断を進行させるとともに、新たな支援ニーズも顕在化させてきている。このような時代であるからこそ、代弁者（アドボケーター）として、地域住民や生活課題に直面している人々の「声なき声」を聴き、社会福祉領域のみならず、さまざまな関連領域の施策を俯瞰し、地域住民の絆を強め、特定の家族や個人が地域のなかで課題解決に取り組める体制づくりが必要である。人と諸制度をつなぎ、地域社会をすべての人々にとって暮らしやすい場とすることが社会福祉領域の社会的役割である。関係機関・団体、施設と連携して支援するコーディネーターとなることができる社会福祉士、社会福祉主事をはじめとする社会福祉専門職への期待はさらに大きくなっている。社会福祉領域で働く者も、エッセンシャルワーカーであるという自覚と矜持をもつべきである。

　本双書は各巻とも、令和元（2019）年度改正の社会福祉士養成カリキュラムにも対応し、大幅な改訂を行った。また、学習する人が制度や政策を理解するとともに、多職種との連携・協働を可能とする幅広い知識を獲得し、対人援助や地域支援の実践方法を学ぶことができる内容となっている。特に、学習する人の立場に立って、章ごとに学習のねらいを明らかにするとともに、多くの工夫を行った。

社会福祉制度は、かつてないスピードで変革を遂げてきている。その潮流が利用者視点から点検され、新たな改革がなされていくことは重要である。その基本的視点や、基盤となる情報を本双書は提供できていると考える。本双書を通じて学ばれる方々が、この改革の担い手として、将来的にはリーダーとして、多様な現場で活躍されることを願っている。担い手があってこその制度・政策であり、改革も現場が起点となる。利用者自身やその家族からの信頼を得ることは、社会福祉職が地域社会から信頼されることに直結している。社会福祉人材の育成にかかわる方々にも本双書をお薦めしたい。

　最後に、各巻の担当編集委員や執筆者には、改訂にあたって新しいデータ収集とそれに基づく最新情報について執筆をいただくなど、一方ならぬご尽力をいただいたこともあらためて読者の方々にご紹介し、総括編集委員長としてお礼を申し述べたい。

　令和5年12月

『社会福祉学習双書』総括編集委員長

松　原　康　雄

目　次

刊行にあたって

第1章　現代社会と公的扶助

第1節　公的扶助の概念と範囲 ──────────────── 2

1　公的扶助の概念にかかわる共通点 ──────────── 2
2　制度概念としての公的扶助と社会保険 ─────────── 3
3　公的扶助の範囲−狭義の公的扶助・広義の公的扶助 ────── 5
4　わが国における公的扶助のとらえ方 ─────────── 6
5　公的扶助の意義と役割 ───────────────── 7

第2節　公的扶助の歴史 ──────────────────── 8

1　イギリスにおける公的扶助の歴史 ────────────── 8
2　わが国における公的扶助の歴史 ─────────────── 15

第3節　現代社会における貧困・低所得者問題−公的扶助の対象としての
　　　　貧困・低所得者問題 ───────────────── 23

1　貧困・低所得とは何か ──────────────── 23
2　貧困の概念 ─────────────────────── 24
3　貧困をめぐる新しい考え方 ───────────────── 26
4　貧困の測定 ─────────────────────── 29

第4節　わが国における貧困・低所得者問題の現代的課題と近年の政策動向 ── 30

1　現代社会における貧困・低所得者問題の態様 ───────── 30
2　貧困・低所得者問題とセーフティネット ─────────── 31
3　近年の貧困・低所得者問題と政策動向 ─────────── 33

第5節　低所得者対策 ──────────────────── 45

第2章　生活保護制度の概要と実務

第1節　生活保護制度の概要 ─────────────── 52

1　生活保護法の目的 ─────────────────── 52
2　生活保護法における原理・原則 ────────────── 53
3　保護の種類及び範囲と保護の実施方法 ─────────── 58
4　保護の実施責任 ─────────────────── 62
5　生活保護の財政 ─────────────────── 64

第2節　生活保護基準の体系 ───────────────── 68

1　最低生活費と生活保護基準 ───────────────── 68

2 各種扶助基準の概要 ——————————————————— 70

3 勤労収入からの控除の仕組み ————————————— 71

4 その他の控除 ——————————————————————— 71

5 最低生活費の算定方法 ——————————————————— 72

第3節 生活保護の実施体制と実施プロセス ——————————— 78

1 生活保護の実施体制－行政組織とそれぞれの役割 ——————— 78

2 福祉事務所 ——————————————————————— 80

3 生活保護の実施プロセス ————————————————— 88

4 被保護者の権利・義務と不服申立制度 ——————————— 95

第4節 生活保護の実務のポイント —————————————— 99

1 福祉事務所職員の職務と実務の留意点 ——————————— 99

2 医療扶助実施の流れと指定医療機関 ———————————— 102

3 介護扶助実施の流れと指定介護機関 ———————————— 103

第5節 生活保護施設 ——————————————————— 106

1 生活保護施設の種類 ——————————————————— 106

2 保護施設の設置主体と指導監督、管理 ——————————— 107

3 生活保護施設の役割と特徴 ———————————————— 109

第6節 生活保護の動向 —————————————————— 111

1 被保護人員の動向 ———————————————————— 111

2 被保護世帯の動向 ———————————————————— 116

3 生活保護の開始・廃止の動向 ——————————————— 119

第3章 生活保護における相談援助と自立支援

第1節 生活保護における相談援助活動 ——————————— 124

1 生活保護における相談援助活動の役割と実際 ———————— 124

2 生活保護におけるソーシャルワーク実践 —————————— 134

3 生活保護における査察指導（スーパービジョン）—————— 138

第2節 生活保護における自立支援 —————————————— 141

1 自立とは何か —————————————————————— 141

2 生活保護における自立支援 ———————————————— 142

3 自立支援プログラムの目的と内容 ————————————— 144

4 自立支援プログラムの実際 ———————————————— 147

第3節 生活保護の相談援助・自立支援プログラム実施における協働 ——— 153

1 生活保護における協働の必要性 —————————————— 153

2 協働する人々 —————————————————————— 153

3 協働する上での留意点 —————————————————— 154

第4節　生活保護施設における自立支援 ——————————————— 156

　1　救護施設における自立支援 ——————————————————— 156

　2　更生施設における自立支援 ——————————————————— 159

　コラム　救護施設における自立支援の実際 ————————————— 163

第4章　生活困窮者自立支援制度

第1節　生活困窮者自立支援法の制定と制度の概要 ———————— 168

　1　法制定の背景 ———————————————————————————— 168

　2　法の理念等 ————————————————————————————— 170

　3　制度概要 ————————————————————————————————— 172

第2節　生活困窮者自立支援制度の動向 ——————————————— 177

　1　平成30（2018）年改正に至る経緯 ————————————————— 177

　2　一部改正の概要 —————————————————————————— 177

　3　近年の動向 ————————————————————————————— 179

第3節　生活困窮者に対する自立支援の実際 ————————————— 182

　1　生活困窮者に対する自立支援 ——————————————————— 182

　2　生活困窮者支援に求められる基本倫理と基本姿勢 ——————— 188

　3　生活困窮者支援の実際 —————————————————————— 191

　コラム　実践を活かした個別支援と地域支援の一体的な展開 ———— 198

　コラム　生活困窮世帯における自立支援プログラム（子どもへの支援）

　　　　　〜子どもの健全育成プログラムの実際〜 ————————— 201

第5章　生活福祉資金貸付制度

第1節　生活福祉資金貸付制度の概要と動向 ————————————— 206

　1　生活福祉資金貸付制度とは ——————————————————— 206

　2　生活福祉資金貸付制度の変遷過程 ———————————————— 207

　3　平成21（2009）年10月の制度見直しのポイント ———————— 209

　4　貸付手続きの流れ ————————————————————————— 212

　5　生活福祉資金貸付制度に求められる役割と課題 ———————— 213

　6　最近の状況 ————————————————————————————— 214

第2節　生活福祉資金貸付制度の活用と自立支援 ———————————— 217

　1　生活福祉資金貸付制度の特徴 ——————————————————— 217

　2　生活福祉資金貸付制度の相談に訪れる利用者の状況 —————— 217

　3　生活福祉資金貸付制度の活用による自立支援のポイント ———— 218

　4　生活福祉資金貸付制度を通じた自立支援の実践 ———————— 220

第6章　ホームレス状態にある人々への支援

第1節　「ホームレス」とは－社会的排除・包摂とのかかわりから ——— 228
　　1　法的定義と実際の範囲 ——— 228
　　2　社会的排除・包摂の観点から見るホームレス状態 ——— 229
　　3　ホームレス調査の目的・内容 ——— 230

第2節　ホームレス支援策の概要 ——— 233
　　1　ホームレス自立支援法の制定 ——— 233
　　2　「ホームレスの自立の支援等に関する基本方針」 ——— 233
　　3　生活困窮者自立支援法におけるホームレス支援策 ——— 236
　　4　最近の基本方針の動向 ——— 237

第3節　ホームレス支援の実際 ——— 240
　　1　ホームレス支援の実践 ——— 240
　　2　ホームレス支援に必要なこと ——— 240
　　3　今後のホームレス対策 ——— 242
　　4　ホームレス状態にある人々への支援の事例 ——— 243
　　コラム　「路上」に思う、「地域社会」の姿 ——— 248

資料編

　　生活保護法制関係資料 ——— 252

さくいん ——— 282

＊本双書においては、テキストとしての性格上、歴史的事実等の表現については当時のまま、
　また医学的表現等についてはあくまで学術用語として使用しております。
＊本文中では、重要語句を太字にしています。

表紙デザイン：株式会社ビー・ツー・ベアーズ

第1章

現代社会と公的扶助

学習のねらい

　公的扶助の学習のねらいの一つとして、現代社会に暮らす私たちが貧困・低所得という状態となったときにどのような方策（制度・政策及びソーシャルワーク実践）がとられるか、を学ぶことがある。

　本章では、現代社会における公的扶助の果たす役割について理解を深めることをめざす。

　初めに、公的扶助とは何か、またその範囲をどのように考えたらよいのか、さらには公的扶助の役割と意義を明らかにする（第1節）。

　次いで、貧困・低所得者にかかわる問題は、時代状況によってその現れ方やとらえ方、対応の方策も変わってきている。このことについて、公的扶助にとどまらず社会保障・社会福祉制度の成立と展開が典型的に現れているイギリスと、わが国における公的扶助の歴史を通して学ぶ（第2節）。

　さらに、現代社会における公的扶助の対象である貧困・低所得者問題について学ぶ（第3節）。

　最後に、わが国における近年の貧困・低所得者問題の社会経済的背景、それらに対応するセーフティネットの状況、施策の動向や近年の法改正、そして、低所得者支援関連施策について学ぶ（第4節・第5節）。

第1節　公的扶助の概念と範囲

　公的扶助は、公的責任のもと、主として貧困者を対象に生活保障を行う制度的仕組みをさすといわれている。

　そこで以下では、公的扶助の概念を次の手順を通して確認していく。初めに、海外の使用例、わが国の使用例を通して、各国に共通する特徴を整理し、次いで、制度概念としての公的扶助を、社会保険と比較対照して、その特徴を整理する。そして最後に、以上の整理をもとに、わが国における公的扶助の範囲を提示する。

1 公的扶助の概念にかかわる共通点

　公的扶助という言葉は、英語の"Public Assistance"の訳語であり、そもそもはイギリスにおいて、1909年の「救貧法及び貧困救済に関する王立委員会」（Royal Commission on the Poor Laws and the Relief of Distress）の多数派報告（The Official Majority Report）の中で、公的用語として最初に登場している。同報告では「救貧法に『無情と絶望の連想』がつきまとうことを認め、したがって、救貧法を『公的援助（Public Assistance）』と改名」すべき、と提案している。

　その後、国の法律に公的扶助が国民の最低生活保障として最初に位置付けられたのは、1935年、アメリカの「社会保障法」（Social Security Act）においてである。同法において、連邦政府が実施する老齢保険、失業保険と並んで、公的扶助については州の実施する扶助事業に連邦政府が補助金を支出すると規定した。それ以降、先進諸国において公的扶助が国の法律として制定されていく。

　しかし、公的扶助にあたる制度は、国ごとにさまざまな名称が用いられていて、その概念や制度（種類・内容・方法・水準）も統一されたものではない。前述した公的扶助の始源である救貧法が早くから成立したイギリスにおいては、第二次世界大戦以降、国民扶助（National Assistance）から補足給付（Supplemental Benefit）、そして所得補助（Income Support）、無拠出制求職者手当（Income-based Jobseeker's Allowance）、雇用支援給付（Employment and Support Allowance）、就労タックスクレジット（Working Tax Credit）、住宅給付（Housing Benefit）、カウンシル・タックス手当（Council Tax Benefit）へと変貌

を遂げている。

その他、アメリカの公的扶助にあたる制度は、現在、補足的保障所得（Supplemental Security Income：SSI）、栄養補給支援プログラム（Supplemental Nutrition Assistance Program：SNAP／旧 フードスタンプ）、貧困家庭一時扶助（Temporary Assistance for Needy Families：TANF）等に分かれている。また、ドイツでは社会扶助と求職者基礎保障、戦争犠牲者援護、庇護申請者給付、さらに、フランスでは社会的ミニマム、スウェーデンでは社会扶助、韓国では国民基礎生活保障制度などが、公的扶助制度として機能している。

日本において、英語のPublic Assistanceという用語が公式文書として最初に登場したのは、昭和20（1945）年12月に、日本政府がGHQ（連合国軍総司令部）に提出した文書「救済福祉に関する件」への応答として出された、昭和21（1946）年2月のGHQの回答書においてであった。日本政府は、この回答書の原題である"Public Assistance"を「社会救済」と翻訳している。次いで、昭和23（1948）年7月、アメリカ社会保障制度調査団報告書「社会保障制度への勧告」では、公的扶助を「公共扶助」という用語で、それに相当する制度として生活保護制度をあげている。さらに昭和24（1949）年9月、社会保障制度審議会勧告「生活保護制度の改善強化に関する件」では「公の扶助」という用語で、また、昭和25（1950）年10月、同審議会による「社会保障制度に関する勧告」では、前述のイギリスの国家扶助と同様の名称である「国家扶助」という表現で生活保護制度をさしている。

公的扶助は、これら各国に共通する次の制度的特徴をもっている。
①貧困という事実に応じて給付が行われていること
②国民・住民が申請あるいは請求権をもっていること
③財源は国家の歳入によって全額まかなわれていること
④国家自らの責任において行政機関を制度化・組織化し、給付が行われていること

2 制度概念としての公的扶助と社会保険

社会保障制度は、国家が主体となり、広く国民・住民生活を保障する制度的仕組みの総称である。そして、それは、主として貧困者に対して生活を保障する救貧制度と、主として労働者が貧困となることを予防す

る防貧制度の、二大制度を中心に構成されている。社会保障制度では、前者の救貧制度にあたる制度を公的扶助制度、後者の防貧制度にあたる制度を社会保険制度とよんでいる。

　ここで、社会保険制度と対比して公的扶助制度の特徴を見ていけば、次のことがいえよう。

①適用条件

　社会保険は、強制加入であるのに対し、公的扶助は必要とする者が申請することを建前としている。

②対象

　社会保険は、主として労働者を中心としているのに対し、公的扶助は国民・住民一般の中で貧困者に限られている。

③費用

　社会保険は、有償であり、定められた保険料を納入しなければならないが、公的扶助は、無償で、公費（租税）でまかなわれている。

④給付水準

　社会保険は、所得に応じた比例または均一額を給付するのに対し、公的扶助は客観的に定められた一定の基準により最低生活のラインが定められており、それを下回る場合、不足分を給付する。

⑤給付期間

　社会保険は、おおむね有期であるのに対し、公的扶助は無期で、必要な条件を満たす限り、その給付は継続する。

⑥給付の開始

　社会保険は、あらかじめ定められた保険事故が発生すれば自動的に給付が開始されるのに対し、公的扶助は、貧困という事実が制度的要件にて認められなければ開始とならない。そこでは、貧困の事実認定を行う**資力調査（ミーンズテスト）**が必要となる。

⑦受給資格

　社会保険は、保険に加入し所定の保険料を納付することにより、受給資格が発生するのに対し、公的扶助は、資力調査を受け貧困の事実認定がされることにより、受給資格が生じる。

⑧機能の相違

　社会保険は、保険事故が発生すると直ちに給付が開始され、生活の保障が行われ貧困になることを予防することができるのに対し、公的扶助は、すでに定められた最低生活水準以下の状態にあるという事実により、扶助が開始される。

　以上のことから、社会保険は防貧的機能をもち、公的扶助は、貧困という事実に事後的に救済する救貧的機能をもっているといえる。そして、公的扶助制度を、「国家が、最低生活保障を目的として、貧困状態にある者を対象に、貧困の事実認定を行うための資力調査を課し、公費を財源として行う制度」として定義することができる。

　わが国の場合、これに相当する制度として、生活保護制度をあげることができる。

3 公的扶助の範囲
－狭義の公的扶助・広義の公的扶助

　わが国を例にして、公的扶助の範囲について説明すれば、次のようになる。

①前述した特徴に相当する公的扶助制度は、生活保護制度となる。生活保護制度は、法運用上の基本原理として、㋐国家責任の原理、㋑無差別平等の原理、㋒最低生活保障の原理、㋓保護の補足性の原理、の4つを、また、基本原則として、㋐申請保護の原則、㋑基準及び程度の原則、㋒必要即応の原則、㋓世帯単位の原則、の4つをあげ、資力調査を課し、その要否が決定され、給付（最低生活保障）と生活再建に向けた対人サービス（自立助長）が行われている。

②資力調査に代えて所得調査（制限）を要件とするならば、次の制度が、公的扶助の範囲に入ってくる。それは、所得調査（制限）を課している社会手当であり、具体的には、児童扶養手当法に基づく「児童扶養手当」、特別児童扶養手当等の支給に関する法律に基づく「特別児童扶養手当」などがあげられる。

③直接的に生活困窮の救済を目的としないが、公的給付を提供することにより自立した生活を保障することにつながる制度も、公的扶助の範囲に入れている。具体的には、障害者総合支援法に基づく補装具の給付、戦傷病者戦没者遺族等援護法による年金の給付、感染症の予防及び感染症の患者に対する医療に関する法律など保健衛生関連の法律による医療費の給付、母子及び父子並びに寡婦福祉法に基づく母子・父子・寡婦福祉資金の貸付などがある。

④低所得者対策の一環として行われている施策も、公的扶助の範囲に入ってくる。具体的には、低所得者世帯等を中心として各種資金の貸付を行う生活福祉資金貸付制度、生活困窮者を対象として各種相

談や給付、対人サービスなどを行う生活困窮者自立支援制度、低所得者を中心に住宅を提供する公営住宅制度、ホームレスを対象に労働・住宅・生活など総合的な施策を行うホームレス対策などが、それにあたる。

以上のことから、公的扶助は、狭義にとらえるならば、①にある生活保護法に基づく生活保護制度がそれに相当し、広義にとらえるならば、②にある社会手当制度、③にある間接的に自立した生活に寄与する各種制度、そして、④の低所得者対策の一環として行われている各種施策が、その範囲に入ってくる。

社会福祉における制度概念においては、貧困対策として①を、低所得者対策として②③④を位置付けているのが通例である。

4　わが国における公的扶助のとらえ方

これらの狭義・広義の公的扶助を念頭に置いて、公的扶助の特徴を整理すれば、次の6つにまとめることができる。

①公的責任のもとで行われていること

②生活困窮状態にある者（貧困者）、またはそれと同等あるいはそれに近い生活水準にある者（低所得者）を対象としていること

③生活困窮状態にある、またはそれと同等あるいはそれに近い状態にあることを確認するため、一般的には資力調査あるいは所得調査が給付・貸付に先立ち実施されること

④その給付・貸付は、一般的には、申請者あるいは請求者の個別的必要（ニーズ）に対応する個別的給付・貸付であり、国家が設定する最低生活保障水準（ナショナルミニマム）、またはそれと同等、あるいはそれに近い生活保障水準を充足できない生活需要に対応していること

⑤その財源は、国や地方公共団体の一般歳入にて全額まかなわれていること

⑥家族、親族等の私的扶養や他法他施策の活用等を行っても、生活困窮状態にある、またはそれと同等、あるいはそれに近い状態にある者の、救済制度として機能すること

これらの点をふまえて、公的扶助の概念は、「国家責任のもと、最低生活保障水準あるいはそれに近い生活保障水準の不足に対する生活需要を補うことを目的として、貧困・低所得者を対象に、資力調査あるいは

所得調査を課し、貧困・低所得者の請求あるいは申請をもって、給付・貸付を行う制度であり、それは、公費を財源として行う救貧対策」と定義することができる。

5 公的扶助の意義と役割

　公的扶助は、社会保険とともに、国民・住民生活を保障する社会保障制度として位置付けられる。そこでは、まず社会保険が貧困を予防する制度としてある。しかしながら、社会保険をはじめとする社会保障各制度、あるいは家族・親族等の私的扶養が十分機能しない場合、貧困・低所得状態にある人々を救済する制度として、公的扶助制度がある。このように公的扶助は、社会保険をはじめとする社会保障各制度（公的扶養）や私的扶養を補完する制度として位置付けられる。そのため、公的扶助は、国民・住民生活を根底から支える制度として存立しているといってよいだろう。

　さて、社会保障はさまざまな機能をもち、国民・住民生活の回復・安定・向上に寄与している。そのなかでも、公的扶助、とりわけ生活保護制度にとって最も重要な機能として、**ナショナルミニマム**機能とセーフティネット機能をあげることができる。

　前者は、国家が、国民・住民に対して憲法第25条で謳われている生存権を具現化した最低生活の保障を行うことであり、後者は、本人の収入・資産・労働能力、家族・親族等のインフォーマルな社会資源（私的扶養）や、他法他施策等のフォーマルな社会資源（公的扶養）を活用したとしても収入が最低生活水準以下となる場合、最後のセーフティネットとなる機能をもっている。

　これら2つの機能は、今日の経済・雇用環境下でますますその重要性を増しているといえよう。

第 2 節　公的扶助の歴史

1 イギリスにおける公的扶助の歴史

（1）救貧法の成立と展開

　イギリスにおける公的扶助制度の始まりは、1601年の「**エリザベス救貧法**」にあるといわれている。これは、貧困者（貧民）に対する救済が、初めて国家の手によって組織的に行われたことによっている。

　それまでの中世封建社会においては、封建領主の支配下に、領民である農民や戦士がおり、個人の貧困は、共同体内部の相互扶助により救済されていた。そのため、社会的に保護しなければならない者は、共同体から脱落した身寄りのない少数の者に限られ、それは、主としてキリスト教による宗教慈善事業に委ねられていた。

　しかしながら、中世封建社会から近代社会に移行するにあたり、大量の貧民が現れることになる。具体的には、15世紀後半から18世紀にかけて大規模な囲い込み（エンクロージャー）が行われ、農民が土地から追い出されて貧困化・浮浪化したこと、封建家臣団の解体により戦士が貧困化・浮浪化したこと、修道院の解体により修道僧が貧困化・浮浪化したこと、ギルドの崩壊により職人が貧困化・浮浪化したこと、などによる。

　こうした浮浪貧民の大量発生と、それに伴う社会不安は、新しい対策を必要とした。こうして、エリザベス救貧法が生まれることになる。同法の特徴は、宗教組織の単位であった教区を救貧行政の単位としたこと、治安判事によって任命された貧民監督官を救貧税の徴収と救済の業務にあたらせたこと、そして貧民を次の3つに分類し救済したことである。

　すなわち、①労働能力のある貧民については、材料を提供して就労を強制し、就労を拒否する者は懲治監（house of correction：貧民の刑務所）に収容し就労を強制、②老人・障害者など労働能力のない者については、在宅で救済し、それがむずかしい場合、宗教慈善事業にて施設収容、③孤児、棄児、貧困のため両親が養育できない児童は、教区徒弟制度により男子24歳、女子21歳もしくは結婚まで就労を強制、と規定していた。

　このように、エリザベス救貧法は、労働能力のない貧民を救済の対象とし、労働能力のある貧民や貧困児童には就労を強制することに重点を

　置いていたのである。

　しかしながら、救貧行政には、その後、市民革命を経て、いくつかの変化が現れてくる。「居住地法」（1662年）においては、自己の教区に属さない貧民についてはもとの定住地に戻し、教区に属する貧民については移動を制限するようにした。

　また、「労役場テスト法」（1722年）においては、教区に**労役場**（workhouse）を設置し、救貧法の救済を求める者は労役場に収容させる方式をとった。そのため、労役場は、老幼・障害・疾病の別を問わず一律収容・就労させる総合混合収容施設となり、「恐怖の家」ともよばれ、貧民から忌み嫌われた。そして、これを拒んだ者は救済を拒否された。貧民が救済を求めることを思いとどまらせるほど厳しい条件下に労役場を置くことにより、救済抑制の効果をねらったものであった。

　その後、このような非人間的な状況を改変する主だった２つの法律が出された。１つは「ギルバート法」（1782年）であり、労役場を労働能力のない者の救済の場と位置付け、労働能力のある者は救貧法によらない雇用または院外救済で対応することとした。また、もう１つは「スピーナムランド制度」（1795年）であり、同制度は、労働能力があり、かつその意欲がある者を対象として、パンの価格で最低生活費を算定し、貧民の賃金が低い場合はその補償を、また失業している場合は最低生活費相当分を支給するという、今日の扶助に対する考え方に近い方式をとっていた。

　しかし、これらの制度は、救済費の膨張を招き、さらには貧民の独立心を損ねるなどの批判を受けることになる。

　そして、18世紀後半から19世紀前半にかけて起こった産業革命は、イギリス社会に大きな変化を与えた。これにより、生産力の飛躍的な増大と利潤の増大がもたらされ、封建社会からはっきりと決別し、近代社会に移行することとなった。

　その結果、資本家と労働者の分化が現れ、貧富の差が大きくなり、新たな社会問題を生み出した。すなわち、手工業者や小農民の没落と賃金労働者化、都市への人口集中などが促進された。そして、社会はその内部で余分な労働者人口（過剰人口）を絶えず形成し、未熟練労働者・女性労働者・児童労働者と、その底辺としての受救貧民を大量に生み出すことになる。

　この当時の主導的な考え方は、**アダム・スミス**（Smith, A.）を代表とする自由放任の思想である。国家は、政治的にも経済的にも、市民生活

に強制や干渉をせず、市民の生活を脅かす犯罪などの反社会的行為や戦争が起きないよう予防する程度の、消極的役割をもつ「夜警国家」として存在していればよい、というものであった。

こうした考えの中で、救貧法に最も大きな影響を与えたのが、**マルサス**（Malthus, T. R.）である。彼は『人口論』で、「人口は幾何級数的に増加するが、食物は算術級数的にしか増加しない。救貧法は、貧民を増加させるだけであり、貧困を減少させることができない。そのため対策として、人口の抑制、結婚の抑制とともに、真の対策は救貧法によってではなく、貧民自身の手によるもので、特にその道徳的抑制による」と主張した。しかも、「貧民をその道徳的抑制に向かわせるものは、飢餓の圧力である」とした。

1832年の選挙法改正により政治上の主導権は産業資本家が握り、マルサスに代表される自由主義的貧困観のもと、増大する救済費をめぐって、救貧法は批判にさらされることになる。こうして同年、救貧法調査委員会が設置され、1834年に同委員会報告が出され、その考えをもとに、同年、「**新救貧法**」（改正救貧法）が制定されることになる。

新救貧法の特徴は、主として次の3つに表れている。

①救済は、全国的に統一した方法でなされること（「全国的統一の原則」という）

②貧民の状態は、全体として、実質的あるいは外見上、最下級の独立労働者の状態以下でなければならないこと（「劣等処遇の原則」あるいは「被保護者低位性の原則」という）

③労働能力のある貧民は、労役場の収容に限ること（「強制労役場制度」という。このことにより、労働能力のある貧民の院外救済は禁止された）

新救貧法は、貧困の原因を個人の道徳的欠陥に求め、救済は貧者を生み出すという考えのもと、院外救済は認めず、労役場に強制的に収容し、劣等処遇の原則のもと、ひどい救済が行われることになる。このことは、労働者に対する救済拒否を意味するものであり、「自立自助の原則（生活自己責任の原則）」を明らかにするものでもあった。

さて、この当時、救貧行政の不備を補うため、民間慈善団体が多数存在していた。ところが、それぞれの団体が独自に貧民を救済していたため「濫給」や「漏給」の問題が生じていた。そのため活動を合理的に進めようと、民間慈善団体の組織化が主張されるようになってきた。その結果、1869年に**慈善組織協会**（Charity Organization Society：COS）

が設立されることになる。

　慈善組織協会は、貧困を貧民個人の道徳的欠陥に起因するものと考え、この観点から援助対象を、「救済に値する貧民」（deserving poor）と「救済に値しない貧民」（undeserving poor）に分け、前者のみを協会の援助対象にし、**友愛訪問**など個別的サービスを通して道徳感化を与えることとし、後者を労役場に委ねることとした。

（２）貧困の発見と福祉国家への道

　1873年の大恐慌とそれに続く大不況により、失業・貧困問題は、大きな広がりと深化を見せ、労働者の貧困化をさらに促進させていった。

　この時期、２つの調査が「貧困の発見」に重要な役割を果たしている。その１つは、**ブース**[*1]（Booth, C.）によって行われたロンドン調査（1886～1902年）である。調査結果から、ロンドンの人口の約３割が貧困線またはそれ以下の生活をしており、その原因が、不規則労働、低賃金、疾病、多子にあることが明らかになった。また、この調査の影響を受けた**ラウントリー**[*2]（Rowntree, B. S.）は、1899年、ヨーク市において貧困調査を行い、ヨーク市においてもロンドンとほぼ同様に貧困状態にあり、その原因が、疾病、老齢、失業、低賃金、多子によることを明らかにしている。

　これらの貧困調査を通して、貧困は個人的原因に基づくとするとらえ方から、社会的原因に基づくものであるというとらえ方へと、貧困観の転換がもたらされた。

　このような状況を受け、20世紀に入り、新救貧法が再検討されることになる。政府は、1905年に「救貧法及び貧困救済に関する王立委員会」を設置し、1909年に報告書を提出した。同報告書は、２つの報告に分かれている。

　１つは、慈善組織協会の系統に属する人たちを中心とする、「多数派報告」であり、従来の延長線下での救貧法の改良を主張した。具体的には、救貧法を公的扶助に改称し、「低位性」（less-eligibility）の代わりに「処遇」（treatment）の概念を導入し、抑制要素を緩めようとした。そして、私的慈善で救済されない者を公的扶助の対象とすべきであるとし、慈善組織協会の役割の強化を図るべきであるとした。

　もう１つは、**ウェッブ**[*3]（Webb, B.）らによる「少数派報告」であり、貧困の原因は社会状態の産物であり、「国民の最低限」（ナショナルミニマム）[*4]を保障する政策を実施すべきであるとし、そのためには、まず救

*1
本章第３節２（1）参照。

*2
*1に同じ。

*3
*1に同じ。

*4
国家がすべての国民に対し最低限の生活水準を保障することをさす。イギリスのウェッブ夫妻によって提唱され、イギリス社会政策に大きな影響を与えた。

貧法を解体すべきであると主張した。

　しかしながら、多数派報告は、あまりに道徳的であるということで、また、少数派報告は、あまりに急進的過ぎるということで、政策に直接反映されることはなかった。そのため、政府は、旧来の救貧法を引き続き存続させる一方で、救貧法のほかで貧困化の諸原因に対応する新たな方策を打ち出すことになる。

　この時期の一連の制度の変革をリベラルリフォームとよび、次の主だった法律が出されている。1906年「学校給食法」、1908年「児童法」及び「無拠出老齢年金法」、1909年「職業紹介法」及び「住宅及び都市計画法」、1911年「国民保険法」（健康保険・失業保険）などである。

　1920年代に入ると、失業者の増大が社会問題化し、とりわけ、1929年に始まる大恐慌によって、それまでの失業保険制度の建て直しと失業保険から漏れた人々の救済が、喫緊の課題となった。その対応として、政府は、1934年に失業保険と失業扶助から成る失業法を新たに制定した。これにより、労働能力のある者が失業により貧困に陥った場合は失業扶助を適用し、救貧法は、労働能力のない者を対象にした制度に変容していったのである。

（3）福祉国家の成立と公的扶助

　第二次世界大戦下の1941年、政府は社会保障委員会を設置し、翌年、報告書「社会保険および関連サービス」（Social Insurance and Allied Services）を公表した。同報告は委員長のベヴァリッジ（Beveridge, W. H.）の名をとり、一般に**ベヴァリッジ報告**[*5]とよばれ、戦後イギリス社会保障制度の骨格となった。

　それは、均一拠出均一給付、行政責任の統一、ナショナルミニマム保障という原則に基づき、社会保険が基本的なニーズに対応し、社会保険を補完するものとして公的扶助が、そして基本的なニーズを超えるものには任意保険で対応する、という方法を提示した。そして、戦後、同報告に基づき、社会保障・社会福祉に関する諸法律が次々と制定・施行され、福祉国家が確立されることになる。

　公的扶助に関する法律としては、1948年に「国民扶助法」が制定され、ここに、長く続いた救貧法の歴史に幕を閉じることになる。国民扶助法により、新たに国民扶助庁が設置され、財源は中央政府がまかなうこととなった。

　同法では、扶助の対象を原則として国民すべてとしているが、①16歳

＊5
戦時下の連立内閣（チャーチル内閣）によって、1941年「社会保険と関連制度に関する関係各省委員会」が設置され、1942年に報告書が出された。戦後イギリス社会保障の基本的方向性を示した。同報告は、社会再建を阻むものとして「窮乏・欠乏（want）」「疾病（disease）」「無知（ignorance）」「不潔・陋隘（squalor）」「無為・怠惰（idleness）」があり、それを「5つの巨悪（five giants）」とした。それらに対応する対策として社会保障、保健医療、教育、公衆衛生、雇用対策があり、「窮乏・欠乏（want）」に対し社会保険を中心として社会保障を提供することにあるとした。

12

以下の者、②フルタイム労働者及びその家族、③ストライキ中の労働者本人、は適用除外とした。また、扶助申請者の所有する家屋の全価値を資産としてみなさない、一定額の貯蓄及びそこから生じる利子も認定しない、申請手続きを簡素化（申請は郵便局で所定の用紙に記入し提出）する、などの措置がとられた。

　1950年代後半から1960年代前半にかけ、各種調査によって老齢退職者に代表される非稼働者の一部が貧困状態に置かれている、という指摘がなされた。それは、1つには、多数の年金受給者が、同時に国民扶助の受給者であったということである。これは、老齢者の年金額が国民扶助額より下回っていたこと、またもう1つには、貧困であるにもかかわらず国民扶助を受給していない年金受給者も多数いる、という捕捉率をめぐる問題があった。

　その理由には、制度に対する周知の不足や誤解、扶助に伴うスティグ[*6]マの問題などがあった。

　1966年、社会保障省を設置し、同年、国民扶助庁が廃止され、新たに補足給付委員会が創設された。これによって国民扶助は補足給付に改称され、年金受給年齢以上の老齢者には補足年金、その他の者については補足手当を支給することとなった。そして、種々の改善を行い、要保護者の救済拡大とスティグマの軽減を図った。

　しかしながら、国民扶助法で規定されているフルタイム労働者への扶助の禁止や、扶助額については働いて得られる収入水準までしか支給しないとする「賃金停止条項」が、補足給付になっても引き続き規定されていた。

　1960年代後半からは、稼働者の貧困が問題とされた。[*7]タウンゼント（Townsend, P. B.）らの調査を通して、1953・1954年から1960年にかけて貧困者が約400万人から約750万人に増大し、そのうち34.6％がフルタイム労働者であること、そして、貧困世帯人員の約3分の1が16歳以下の児童で占められている、という結果が明らかになった。このことをさし、「児童の貧困」とよんだ。これを契機として家族手当の引き上げをめぐる論議が保守党、労働党の間で起こり、普遍主義対選別主義という、社会保障の原則をめぐる論争にまで展開されていったのである。

　そうした論議をふまえて、時の労働党政権は次のような方策を打ち出した。1970年、フルタイム労働に従事して16歳未満の児童を養育している者で、その所得が一定の基準に満たない者に支給する「世帯所得補足制度」を、また、1975年には補足給付法を改正し、賃金停止条項を撤廃、

*6
社会的恥辱感や烙印（らくいん）をさす。生活保護のような公的扶助においては、貧困の事実認定として資力調査（ミーンズテスト）を行うにあたり、資産・労働能力・扶養などの個人の生活に立ち入らなければならないことから、スティグマが伴いがちとなる。そのため、本人の尊厳を尊重した民主的手続きによって行うことが必要となる。

*7
本章第3節2（2）参照。

さらに同年、従来の家族手当に代わる「児童給付法」を制定した。

1980年代に入り、1970年代からの経済的停滞から脱却するための政策が保守党政権から打ち出されてくる。社会保障においては、増大する社会保障費支出に対応するため、ベヴァリッジ報告以来の「大改革」に乗り出し、1985年に緑書『社会保障の改革』、白書『社会保障の改革』^{*8} が公表され、補足給付の問題点が指摘された。

そこで、1986年に「**社会保障法**」（Social Security Act）を制定し（1988年に完全実施）、補足給付制度は、所得補助、社会基金（Social Fund）、家族給付（Family Credit）に再編成されることになった。

所得補助制度は、①年齢・単身・夫婦別に支給する個人手当、②被扶養児童を有する者に支給する家族割増金、③年金受給者・障害者・ひとり親のグループに属する受給者に支給する割増金、④家賃相当分を支給する住宅給付、から成っている。受給資格は、18歳以上、フルタイム労働者、資産額一定額以下とした。

社会基金は、一時的かつ特別な需要に対応するために設けられた貸付金・給付金であり、①家計貸付金、②緊急貸付金、③高齢者・障害者などのコミュニティケア給付金、④出産給付金、⑤葬祭給付金、⑥寒冷気候支出金、⑦冬季燃料支出金、から成る。

家族給付は、常用で働いても収入が少ない場合に支給されるものである。支給開始後一定期間は申請時と同額が支給される。児童人数、年齢、手取り収入、資産額により支給額が決められている。

また、1990年代になると、長引く不況に伴う長期失業・若年失業の問題がクローズアップされるようになり、所得補助が就労インセンティブに対する阻害要因となっているのではないか、という議論が盛んに繰り広げられるようになった。こうした状況の中で、1995年には新たに「求職者手当（Jobseeker's Allowance）制度」が導入された。これは、いわば、所得補助の受給者から失業者を切り離そうとする試みである。

この枠組みのもとでは、国民保険の保険料拠出要件を満たす失業者には、最初の一定期間に限り、ミーンズテストなしの「拠出制求職者手当」（Contribution-based Jobseeker's Allowance）が支給されることになった。その後、求職者には無拠出制求職者手当、病気や障害等で就労できない者に対しては雇用支援給付、高齢者には年金クレジット（Pension Credit）による給付がなされ、また、その他の手当等で生計が維持できない者に対しては所得補助（Income Support）が給付されるようになっている。

*8

緑書はGreen Paperの訳。イギリスにおいて国会審議のため政府が国会に提案する資料のこと。表紙が緑色であることからこのよび名が付いている。白書はWhite Paperの訳。政府が国政の各分野について、その現状と課題を広く国民に提示する公式報告書。当初、外交に関する国民向け報告書の表紙が白かったことから白書という呼称が付いている。

このように、イギリスにおける公的扶助制度は、救貧法から現代の所得補助、社会基金、家族給付等へと大きく変貌を遂げている。そこには、貧困を個人の問題から社会の問題としてとらえる考え方の転換、また救済責任が共同体から国家に移り、国家が積極的に国民の生活を保障する制度へと進展していった歴史を見ることができる。

このような貧困のとらえ方や近代的公的扶助制度の枠組みの変遷は、わが国の公的扶助制度にも大きな影響を与えた。

2 わが国における公的扶助の歴史

（1）明治以前における公的救済制度

明治以前における公的救済制度は、飛鳥期から平安朝末期にあたる古代社会のものと、鎌倉期から江戸末期までの武家社会のものとの、2つに分けて考えることができる。前者は天皇制国家で、皇室や朝廷が中心となる公的救済制度であり、後者は封建領主や幕府を中心とした公的救済制度である。

わが国における公的救済制度は、古くは大宝律令（701年）に定められた救済制度に、その萌芽を見ることができる。

その第一として、戸令に規定されている救済制度があり、61歳以上で妻のない者（鰥）、50歳以上で夫のない者（寡）、16歳以下で父のない者（孤）、61歳以上で子のない者（独）、財貨のない者（貧窮）、66歳以上の者（老）、疾病の者（疾）等で、自存することができない者などについては、近親者（親族）が、扶養すべき近親のいない場合には、その村里（村落共同体）で保護すべきと規定し、それが不可能な場合に、公的救済を行うとした。

第二に、同じく戸令において、行旅病人がある場合には、その地の郡司が、その村里に命じて医療を加えさすべきこととなっていた。

第三に、凶作飢饉に備え、義倉という備荒貯蓄制度が設けられた。これらの制度は、武家政治が始まると、全く行われなくなった。

奈良朝期前後においては、仏教思想を背景として、施設保護が皇室により盛んに行われた。それは、実質的には公権力に基づく国家的施策という性格をもっていた。この代表例として、推古天皇（在位592～628年）の時代に、厩戸王（聖徳太子）は、四天王寺に敬田院、施薬院、悲田院、及び療病院の四箇院を建立（593年）し、孤老・貧者・病者を収容し、寺僧に救済にあたらせるとともに、施薬、治療を行わせてい

る。これがわが国における最初の収容保護施設であって、院内救済の発端といわれている。

その後、院内救済は、歴代の皇室に引き継がれ、とりわけ光明皇后の施薬院及び悲田院（創設730年）が有名である。その施設救護にあたっては、ときには、その費用が一定の租税でまかなわれたり、官吏がその経営にあたるといったこともあり、公的な救済施策であったとみることができる。その後、こうした公的救済は、天皇の権力の衰退により振るわなくなり、わずかに僧侶、寺院等による救護事業がみられるといった時代が長く続いた。

鎌倉幕府より始まる武家社会は、室町末期、安土桃山期を境として、前期封建社会と後期封建社会の2つに分けて考えられる。

前期封建社会にあたる鎌倉時代は、封建領主による領国内の荘園や公領での救済が主であり、律令期の中央集権的な救済とは異なり、共同体での相互扶助に頼ったものであった。続く室町時代になると、幕府そのものが守護大名の勢力均衡の上に立つ連合政権としての性格をもち、組織的な救済活動はほとんどなされなかった。そのため、農民や宗教団体を中心とした一揆により、貧困救済を求める運動などが起きている。

戦国時代は、大名が富国強兵対策の一環として、民政安定のため慈善救済を熱心に行っている。その代表例として、凶作に備え、備荒や救済を行った上杉謙信（1530～1578年）、治水等に努めた武田信玄（1521～1573年）などがいる。

後期封建社会にあたる江戸時代に入ると、徳川家を中心とする強力な幕藩体制のもと、救済政策は、政治支配の一翼としての制度的側面が強まっていった。それは、幕府が行った救済と、藩の行ったものとに分けて考えられる。幕府においては、経済力の低い藩への援助のように全国的に行われたものと、商業資本の発展に伴い、江戸において行われた窮民救済が注目される。

とりわけ、後者の都市貧困対策として行われた施策に、将軍綱吉によって行われた御救小屋、御救金、御救米、溜預の措置がある。御救小屋とは、災害のため多数の窮民が生じた場合、都合のよい土地に小屋を建て、窮民を任意に入舎させて救済する施設であり、御救金、御救米とは、御救小屋による救済が長期間に及んでも、なおかつ自立のできない者に行われるもので、一種の生業扶助にあたるものである。溜預は、獄中で重病にかかった者や無宿行旅病人の救療、無宿軽犯罪者、出獄者等の収容保護施設として設けられたが、その後対象を拡大し、一般の貧

窮者も保護するようになった。

　また、江戸後期に行われた公的救済として、町会所による救済（1791年）がある。これは天明の飢饉を直接的契機として、その当時の老中、松平定信を中心とする幕府が、町方の協力を得て行った窮民施策であり、過去５年間の実績と比較して、その年において節減すべき金額を定め、その中の７割をその町内における鰥寡孤独、疾病または災凶などによる不時の救恤用に充てるというものであった（七分積金制度）。

　これは一面においては、大宝律令における義倉の制度を一般に拡大したものであるが、その実施は町会所という一種の自治的組織が担った。また、幕藩体制の下部組織として五人組制度を設けた。これは、村落の身分関係の確立、納税確保、農村秩序の保持、農村共同社会の倫理や悪風矯正、個人道徳など、あらゆる村民生活や救済に関係していた。そこでは政治・経済・道徳が一体化された救済が行われていた。

　また、各藩においては、備荒対策を中心とした防貧対策、堕胎防止などの人口対策、教化や矯風に重点を置いた救済に尽力している。その代表例として上杉鷹山（1751〜1822年）、前田綱紀（1643〜1724年）などがいる。

（2）明治・大正期と恤救規則の成立と展開

　明治に入り、**恤救規則**が制定された。同法は、昭和４（1929）年の救護法制定に至るまで、救済法規の中心となった基本的制度であった。同法は、前文と５条から成る短いものであり、その前文には、明治政府の救貧思想が表れている（本書資料編参照）。

　すなわち、「済貧恤救ハ人民相互ノ情誼ニ因テ」とし、救済は親族相扶、隣保相扶という地縁血縁関係による扶養と相互扶助にて行うべきであり、ただ、どうしても放置できない「難差置無告ノ窮民」だけは、やむを得ずこの規則により国庫で救済してよい、とするものであり、その施行にあたり、内務省に伺いを出させる中央集権制をとっていた。貧困の社会性や国家責任は否定され、救済には強い制限主義と中央集権制をとっていたのである。

　そして条文においては、「廃疾者」及び「七十年以上ノ者」は年間１石８斗、「十三年以下ノ者」には年間７斗、「疾病者」は１日当たり男３合・女２合をそれぞれ前月の米相場によって金銭給付するとし、その救済対象と方法は、極めて制限的であったといえる。

　前近代的な性格をもつ恤救規則は、その後の資本主義社会の生成発展

により生み出される貧困の問題に対応することができず、たびたび改正意見が出されるようになる。とりわけ、明治23（1890）年の第1回帝国議会には、諸外国にならい立案された窮民救助法案が提案されているが、「窮民救助の如きは隣保相扶の情誼に委かして何等差し支えないし、公衆一般の金を一人一個のために使用することは種々の弊害を伴う」とする意見が支持され、成立しなかった。

このように、恤救規則の不備は絶えず問題にされながら、その当時の支配的な考え方に阻まれ、根本的な改正には至らなかった。

そのため、それを補完する形で、次のような各種の特別法が制定されている。主たるものとして、明治13（1880）年の「備荒儲蓄法」、明治32（1899）年の「罹災救助基金法」「行旅病人及行旅死亡人取扱法」、さらに明治34（1901）年の日本赤十字社条令の発布、明治44（1911）年の恩賜財団済生会の設立などがあげられる。

救済行政機構については、明治以来内務省の所管であったが、大正6（1917）年に救護課の設立、大正7（1918）年、救済事業に関する事項を調査審議し対策を樹立する機関として救済事業調査会を設立した。大正9（1920）年には社会課が昇格して内務省内の社会局となり、さらに大正11（1922）年に、それまで他省に分属していた救済関係の事務を統一して、内務省の外局として社会局を設けるに至った。この社会局は、救済行政の中央機関として、昭和13（1938）年に厚生省（現　厚生労働省）が設置されるまで、救済業務の処理にあたることになる。

（3）昭和期と救護法の成立と展開

大正から昭和にかけ、米騒動（大正7〔1918〕年）、関東大震災（大正12〔1923〕年）、世界恐慌（昭和4〔1929〕年）などが起き、国民生活を窮乏下に置いた。それまでの恤救規則を中心とする救済法規では、その当時の社会不安や要援護者の増大に対応できなくなっていた。

そこで、社会事業の第一線にあった方面委員（大正6〔1917〕年創始の済世顧問制度を前身とする）や、内務省社会局などが近代的な救貧法を強く要請し、昭和4（1929）年に「救護法」を制定（昭和7〔1932〕年1月施行）することになる。

同法の内容は次のようなものであった（本書資料編参照）。

①救護対象は、65歳以上の老衰者、13歳以下の幼者、妊産婦、不具廃疾・疾病・傷痍・その他精神的または障碍によって労務を行うのに支障がある者

②救護の種類は、生活扶助、医療、助産、生業扶助の4種類、そのほかにも埋葬費を支給

③救護費用は、国は市町村・道府県の負担した費用に対して1/2以内を、道府県は市町村の負担した費用に対して1/4を補助

④救護機関として市町村長が救護事務を取り扱い、方面委員は市町村を補助

このように、救護法は、救護を国の義務とする建前を初めてとった点、救護費用について国・道府県の高率の補助義務を定めた点、方面委員の補助について規定している点、救護施設を規定している点などにおいて、恤救規則より前進した内容を示している。

しかし、依然としてその救貧思想は、家族制度や隣保相扶の良風美俗のもとに行われるべきであるとし、要保護者の保護請求権を認めなかった点、救済対象を限定した点（高齢者・児童の年齢制限、扶養義務者のいる者の排除、労働能力者の排除）、被保護者の地位について何ら保障の規定がない点、補助機関として名誉職の方面委員を置いた点、救護費用は国、道府県、市町村の三者分担制を採用した点など、課題が残された。この救護法は財政上の理由により、施行を無期延期としたが、救護法実施促進運動などに押され、公布から3年近く後の昭和7（1932）年1月に実施されている。

さて救護法は、公的救済についての総合的な制度である、という建前をとっているが、その内容が制限的な救護措置にとどまっていたため、要保護者の救済に十分対応することができず、その補完として、その後「母子保護法」（昭和12〔1937〕年）、「軍事扶助法」（昭和12〔1937〕年）、「医療保護法」（昭和16〔1941〕年）といった各種法律が、次々と制定され、救護法の役割は相対的に縮小していった。

（4）第二次世界大戦後と生活保護法の成立展開

昭和20（1945）年8月、第二次世界大戦の終結によって社会経済情勢は激動のもとに置かれ、国民生活は窮乏状態にあった。とりわけ、戦争被災者、引揚者、離職者、遺族などの生活は困窮を極め、その対策を緊急に講じなければならない状況にあった。そこでGHQは、「救済並びに福祉計画の件」という覚書で、日本政府に公的救済に関する方向性を示し、その考えのもとに包括的な計画を樹立していくよう求めている。

政府は同年12月、これら生活困窮者の臨時的応急的な措置として、宿泊、給食、医療、衣料、寝具、その他生活必需品の給与、食料品の補給

などの生活援護を内容とした「生活困窮者緊急生活援護要綱」を閣議決定し、翌年4月から実施した。

　昭和21（1946）年2月、GHQより覚書「社会救済」（SCAPIN775）が日本政府に出され、そこで示された、国家責任による無差別平等の保護、公私分離の原則、必要な保護費に制限を加えない、という3つの原則を参考に、政府は救護法以下の救貧法規の根本的改正と、新たな統一的公的扶助法の制定について、検討を始める。そして昭和21（1946）年9月、法律第17号として「生活保護法」（以下、旧法）が制定され、同年10月から実施された。

　旧法は、現行の生活保護法が制定された昭和25（1950）年5月までの3年8か月の間、統一的な公的扶助法として機能することになる。旧法は、要保護者に対し、国家責任によって無差別平等に扶助を行うことを初めて示すなど、これまでの伝統的な救貧思想がかなり払拭されたものであった。

　旧法では、保護の種類を、生活扶助、医療扶助、助産扶助、生業扶助、葬祭扶助の5種類と定め、保護に要する費用は国が8割、都道府県1割、市町村1割にするなどと規定されていた。しかし、保護対象として素行不良者、怠惰者、扶養義務者を有する者は排除、また保護請求権・不服申立権を認めない（その後、不服申立権は昭和24〔1949〕年5月に認められる）など、いくつか課題があった。また旧法では、民生委員（それまでは方面委員とよばれていた）が、実施機関である市町村を補助して保護事務にあたるとしており、この点でも救護法下での体制をそのまま踏襲していたともいえる。

　そして、「民生委員法」の制定（昭和23〔1948〕年）などを通じて民生委員制度の整備強化が図られたが、旧法の運営実施が複雑化する中で、無給非専任である民生委員にその職務を置くことが適当でないとする意見が出され、昭和24（1949）年10月、「公的保護事務に於ける民生（児童）委員の活動範囲」（通知）で、有給専門吏員が補助機関として置かれ、民生委員は協力機関となった。

　保護基準については、昭和23（1948）年8月の第8次改定で、生活扶助基準算定方式にマーケット・バスケット方式[*9]を採用し、改善を図った。

　このほか、日本国憲法（昭和21〔1946〕年11月公布、昭和22〔1947〕年5月施行）下における社会保障制度のあり方そのものについて、さまざまな議論が行われ、生活保護制度についても、現実の社会情勢のもとで、困窮者や要援護階層に対する施策として十分な役割を果たすことが

できるよう、これを拡充強化すべしという意見が出された。そして、昭和24（1949）年5月より審議活動を開始していた社会保障制度審議会も、同年9月には「生活保護制度の改善強化に関する件」を出した。このような背景のもとに、現行「生活保護法」が昭和25（1950）年5月に制定・実施されることになった。

現行生活保護法では旧法を全面的に見直し、主に次のような改正が行われた。

①生活保護制度を憲法第25条の生存権理念に基づく制度として明記したこと

②国民は一定の要件を満たす場合は保護を受ける権利を有するものとしたこと

③保護の水準が健康で文化的な最低限度の生活維持に足るものであるべき、としたこと

④保護の実施は社会福祉主事という専門職員によって遂行するものとし、民生委員を協力機関にしたこと

⑤保護の種類として新たに教育扶助及び住宅扶助を加えたこと

⑥保護の実施事務について、国や都道府県が実施機関を指揮監督、監査することを規定したこと

⑦医療扶助のための医療機関指定制度を創設し、診療方針、診療報酬等についての規定を置いたこと

⑧不服申立制度を設けたこと

またその後、関係法の改正により、以下のような変更が行われている。

①生活保護法に基づき設置されていた社会福祉主事が、広く社会福祉各法に基づく業務に携わる職員として、社会福祉主事の設置に関する法律（その後の「社会福祉事業法」〔現 社会福祉法〕に吸収され、規定）によって設置されることになったこと

②福祉事務所制度の発足（昭和26〔1951〕年6月）に伴い、保護の実施機関を市町村長から都道府県知事、市長及び福祉事務所を設置する町村長に改め、福祉事務所長を第一線機関とする実施体制に改めたこと

③ ②に伴って、保護に要する費用の負担割合を国8割、保護の実施機関（都道府県または市町村）2割に改めること

　なお、これはその後、昭和60（1985）年度は「国の補助金等の整理及び合理化並びに臨時特例等に関する法律」により、昭和61

（1986）〜63（1988）年度は「国の補助金等の臨時特例等に関する法律」により、国庫負担率7/10の暫定的措置がとられた。また平成元（1989）年度以降、「国の補助金等の整理及び合理化並びに臨時特例等に関する法律」により、保護を要請する費用の負担割合が国3/4、都道府県または市町村1/4に恒久化されている

④行政不服審査法の制定（昭和37〔1962〕年10月）により、生活保護法独自の不服申立制度が改正されたこと

⑤老人福祉法の制定（昭和38〔1963〕年7月）に伴い、生活保護法における保護施設として規定されていた養老施設が老人福祉法に移管されたこと

なお、1990年代から現在までの公的扶助の状況や施策動向については、本章第4節3を参照されたい。

第3節 現代社会における貧困・低所得者問題 －公的扶助の対象としての貧困・低所得者問題

1 貧困・低所得とは何か

　「貧困」とは、一般的には、個人もしくは家族が社会生活を営むために必要な資源(モノ・サービス)を欠く状態をさしている。それは、一般的に、収入・所得あるいは資産の不足という経済的原因により発生する。

　このことについて労働と生活の関係を手がかりに説明すれば、次のことがいえよう。

　私たちは一般的に、労働することにより収入を得てそれにより生活に必要なモノ・サービスを購入して日常的な生活を営んでいる。すなわち、私たちの日常的な営みは、生活に必要なモノ・サービスを購入するために働く労働の場面（労働力の消費過程＝労働過程）と、それを消費する生活の場面（労働力の再生産過程＝生活過程）の2つから構成されている。私たちの日常的な営みはこれら両過程を通して、人間の最も基本的な営みである生命を生産・維持・発展させる一連の過程、すなわち、自己の生命と次代の生命の再生産、そして、そのことを通して生産・再生産される人と人の関係性を時間軸と空間軸の中でとらえることができる。

　そこで「貧困」とは、労働と生活の両過程の中で生活がたちゆかなくなる事由（例えば、失業、労災、老齢、傷病、障害、多子等）により生活の維持ができない事態となることをさしている。それは、言い換えれば、最低生活の維持が困難な状態と同時に労働が困難な状態をもたらし、また精神的・肉体的状態の悪化のみならず社会的諸関係を希薄化・喪失させるような労働と生活の両面にわたる非人間的状態にある、と考えることができる。

　さらに、ここで述べる「貧困」あるいは「低所得」な状態にある人々の集合体を「社会階層」概念を使用し説明すれば、次のことがいえよう。

　一般に「社会階層」とは、職業・所得・社会的威信などの共通性を有した集団をいい、何らかの要因により階層内での生活の維持ができなくなれば上位階層から下位階層へ階層移動が起こり、その最後に位置しているのが「貧困層」となる。これは、別な言葉で言い換えるならば、フローとしての所得とストックとしての資産がともに不十分であるために、

社会生活を維持していくことができない階層としてとらえることができる。また「低所得」とは、所得というフローの側面に視点を当てた概念である。所得とは、収入から必要経費を差し引いた額をさし、低所得とは、所得の高低という観点から相対的に低位にある状態にあることをさしている。要するに、所得の源泉となる収入が十分でないことから生じてくるものと考えられる。低所得階層は、低所得により社会生活が十分維持できない階層としてとらえることができる。

社会福祉の制度概念においては、最低生活水準以下の生活状態にある層を「貧困層」（これは要保護層に相当）、また要保護層と同等あるいはそれに近い生活水準にある層を低所得層と限定して使用しているのが一般的である。この低所得層を、かつてはボーダーライン層とよんでいたこともある。このように貧困・低所得層とは、社会階層の下位に位置している階層であるといえよう。

2 貧困の概念

「貧困」は、大きくは、貧困を絶対的にとらえる「絶対的貧困」と、相対的にとらえる「相対的貧困」という2つの軸で考えるのが一般的である。前者は、時代、国、地域、生活様式などを超えて、絶対的・普遍的なものとしてとらえる考え方であり、後者は、ある時代、国、地域における標準的な生活様式と比較して、許容できない状態としてとらえる考え方である。以下、これらに関するいくつかの学説を紹介していこう。

（1）絶対的貧困

絶対的貧困は、一般的には生存が可能な最低限度の生活、すなわち生理的・生物学的レベルをメルクマールとして貧困をとらえようとするところに特徴がある。

ブースは、イギリスの東ロンドンに居住する労働者を職業、生活水準、その他を総合的に判断し、8つの社会階層に分け調査を行っている。この調査結果によれば、貧困を「貧困」（poor）と「極貧」（very poor、lowest）に分け、ロンドン市民の約3割（30.7%）が**貧困線**以下の生活（「貧困」＋「極貧」）をしており、その原因が不規則労働、低賃金、疾病、多子にあることを明らかにしている。

また、同調査に影響を受けたラウントリーは、ヨーク市において貧困調査を行っている。そこでは貧困を「第一次貧困」（Primary Poverty）

と「第二次貧困」（Secondary Poverty）に区分し、前者を「その総収入が、単なる肉体的能率を維持するのに必要な最小限度にも足りない家庭」、後者を「その総収入が（もし、その一部が他の支出にふり向けられぬ限り）単なる肉体的能率を保持するに足る家庭」としている。同市の調査結果では「第一次貧困」と「第二次貧困」にあたる者が合わせて約3割弱（27.6%）と、ロンドンとほぼ同様の者が貧困線以下の生活をしており、そこには疾病、老齢、失業、低賃金、多子という原因があることを明らかにしている。

　なお、ラウントリーは、「貧困線」を設定するにあたり、栄養学の知見を導入し、必要カロリー量から飲食物費を計算し、さらに諸経費を積み上げて最低生活費とし、これに基づいて貧困線を設定している。同方式はその後応用され、**マーケット・バスケット方式**とよばれ、最低生活費の算定に採用されている。

　さらに、労働者の生活は「困窮」と「比較的余裕のある生活」との交替によって5つの違った生活様相に直面するとして、そのうち、3度（少年期、中年期の初期、老年期）は貧困線以下の生活をせざるを得ない、と指摘し、その一生において貧困の浮沈があるという生活周期（ライフサイクル）を明らかにしている。

　ブースとラウントリーの貧困調査を通して、貧困は個人的原因に基づくものであるというとらえ方から、社会的原因に基づくものであるという考え方へと、貧困観の転換がもたらされた。

　その他、ウェッブ夫妻（Webb, S. & B.）は、『窮乏の防止[2]』において「窮乏とは、生活必需品のあれこれが欠如することによって、健康や体力をそこない、気力さえもおとろえて、ついに生命それ自身を失う危険にある状況をいう。それは単に肉体的状況にあるだけではない。近代都市社会での困窮は、まさに、食物・衣服・住居の欠如を意味するだけではなく、精神的荒廃を意味する」とし、絶対的貧困について記述している。

　このように絶対的貧困とは、生存することが不可能な状態をさしており、先述のブース、ラウントリー、ウェッブ夫妻の貧困の概念はこの考え方に立っているといえる。絶対的貧困は、現代社会においても消滅していない。開発途上国における飢餓や先進国におけるホームレスの存在などがそれに相当する。

（2）相対的貧困

　相対的貧困は、特定の社会における標準的な生活様式との比較により

許容できない状態として理解されるため、その状態は時代や社会において異なることになる。すなわち、絶対的貧困のように単なる衣食住が欠乏した状態としてではなく、その社会の標準的な生活様式や慣習、活動に参加することが困難、あるいはできない状態をさしている。

この点についてタウンゼントは、貧困を「相対的はく奪」という視点から、次のように位置付けている。すなわち、「個人、家族、諸集団はその所属する社会で慣習とされている、あるいは少なくとも広く奨励または是認されている種類の食事をとったり、社会的諸活動に参加したり、あるいは生活の必要諸条件や快適さをもったりするために必要な社会資源を欠いている時、全人口のうちでは貧困な状態にあるとされるのである」、つまり「貧困な人々の生活資源が平均的な個人や家族が自由にできる生活資源に比べて、極めて劣っているために、通常社会で当然と見なされている生活様式、慣習、社会的活動から事実上締め出されているのである」としている。

このようにタウンゼントは、相対的はく奪という視点から貧困・低所得層の生活問題の多様性・広汎性・複合性を提示している。

3 貧困をめぐる新しい考え方

（1）社会的排除としての貧困

これらの「貧困」にかかわる概念として、1980年代以降に欧州を中心に注目されているのが「社会的排除」（social exclusion）である。社会的排除の概念については統一した見解はなく、これまで見たような貧困の概念と重複する側面がある。

社会学者であるギデンズ（Giddens, A.）によれば、「社会的排除とは、人びとがもっと広い社会への十分な関与から遮断されている状態」であり、「社会的排除のなかに貧困が内包されるとはいえ、貧困よりももっと広い概念である」とし、それは社会関係の観点から、次の3つの側面より見ることができるとする。

1つは、経済的排除。これについては、生産と消費からの排除、具体的に、生産場面では雇用と労働市場への参入などの排除、また消費場面では電話、銀行口座、住宅などの排除をあげている。2つには、政治的排除。これについては、政治過程からの排除、具体的に政治に関与するために必要な資源・情報・機会からの排除をあげている。3つには、社会的排除。これについては、主として地域社会からの排除、具体的には

公共施設や社会的ネットワークなどからの排除をあげている。

わが国においては、厚生省（当時）から出された「**社会的な援護を要する人々に対する社会福祉のあり方に関する検討会**報告書」（平成12〔2000〕年12月）において、家族、地域、職域から排除されている人々を社会が包み込み包摂していくこと、すなわち、社会的に排除されている人々を社会と結び付け、つながりのある社会をつくっていくことを提唱している。

ここでいう社会的に排除されている人々とは、「社会の中で十分なつながりをもつことができない層」または「社会的に抑圧されている層」であり、心身の障害あるいは不安（社会的ストレス、アルコール等）、社会的排除や摩擦（ホームレス、外国人、中国残留孤児等）、社会的孤立（孤独死、自殺、家庭内虐待、暴力等）などの状態に置かれている層を類型化し、これらの人々に対して、「公的制度の柔軟な対応を図り、地域社会での自発的支援の再構築が必要である」と述べている。

（2）ケイパビリティ（潜在能力）の欠如としての貧困

近年、国連（United Nations：UN）の開発指標などにも援用され、注目されているのが、**セン**（Sen, A.）の理論である。

センは、貧困を従来のように財や所得の多寡からではなく、「ケイパビリティ」（潜在能力）という観点からとらえている。潜在能力とは、特定の財を用いて望ましい状態を達成するために、個々人が有している「選択肢の幅」のことである。この潜在能力の概念には、いわゆる身体的・知的能力のほかに、その人が利用できる資源の程度や、社会環境による制約要因（例えば「差別」）までもを含んでいる。

この概念を媒介することで、先に示した絶対的貧困と相対的貧困との関係を次のように整理することが可能となる。「所得で測った相対的な貧困は、潜在能力における絶対的な貧困をもたらすことがある」[5]とする。例えば、「十分に栄養をとる」「衣料や住居が満たされている」「恥をかくことなく人前に出ることができる」「コミュニティの生活に参加できる」といった状態を達成できないことが貧困の重要な要素になるということは、どのような社会においても（いわば絶対的に）妥当する。しかし、そうした状態に関する具体的な達成方法やそのためにかかる費用の程度は、社会ごとに異なっている（相対的である）のである、と。

したがって、センによれば、経済的手段が不足したり、差別を被っていたり、障害を負っているなどのさまざまな理由で、「受け入れ可能な

最低限の水準に達するのに必要な基本的な潜在能力が欠如した状態[6]」が貧困であるということになる。

　センの考え方は、これまで多くの国際機関や諸国からの援助によってさまざまな形で行われてきた、開発途上国における貧困問題の解決への取り組みがなぜうまくいかなかったのか、という命題に対する理論的な再検討を迫る上で、大きな影響を与えている。また、貧困問題や人々の福祉ニーズの内容を論じる上で、単なる物質的充足や欠乏にだけでなく、各人の生き方の幅にまで目を向けることを強調する彼の理論は、いわゆる先進諸国の中でも、徐々にその重要性が認識されるようになっている。

（3）貧困の「物質的な側面」「関係的・象徴的な側面」

　これまでの貧困研究をふまえて貧困研究者のリスター（Lister, R.）は、貧困を「物質的な側面」のみならず、「関係的・象徴的な側面」からも理解する必要があると述べている[7]。ここでいう貧困の「物質的な側面」とは、「容認できない困窮」（生活に必要な資源を欠いていること）をさしている。

　これに対して、貧困の「関係的・象徴的な側面」とは、屈辱的な扱いを受けること（軽視、恥辱やスティグマ、尊厳及び自己評価への攻撃、人権の否定とシチズンシップの縮小、無力さなど）をさしている。また、貧困の「関係的・象徴的な側面」には、「他者化」（貧困は「我われ」の問題ではなく「かれら」の問題であると線引きすること）を含めて述べている。

　リスターは、以上の貧困の「物質的な側面」と「関係的・象徴的な側面」との切り離し難い関係を「貧困の車輪」として表現し、「貧困の車輪」の「物質的核」（中心部）では「容認できない困窮」とは何かが社会的・文化的に規定されるとした。そして、この「容認できない困窮」が「関係的・象徴的な側面」（外輪部）に取り次がれているとし、人々（政治、学問、メディアなど）が、貧困状態にある人々をどのように語り、取り扱うかによって、この貧困の「関係的・象徴的な側面」が生じることになるとしている[7]。

　以上の議論は、貧困とは何かを解釈し概念化するにあたり、「物質的な側面」における正義（＝「容認できない困窮」に対する「再分配」）のみならず、「関係的・象徴的な側面」における正義（＝貧困状態に置かれている人々の「承認と尊重・敬意」）をも同時に求めていく必要性があることを示している。

4 貧困の測定

　貧困の量（割合）や程度の測定については、貧困の概念で説明したように、貧困をどう規定するかによって方法等も違ってくる。大きくは、「絶対的貧困」か「相対的貧困」かのどちらでとらえるかに分かれる。

　一般的に、先進諸国をはじめ多くの国々が、相対的貧困に基づいて所得ベースや社会的はく奪指標等の方法で測定している。例えば、OECD[*10]では、等価可処分所得が全人口の中央値の半分以下を相対的貧困者として算出している。[*11]

　わが国における相対的貧困率[*12]は、1990年代なかば以降全体的に上昇傾向にあったが、令和3（2021）年は15.4％、子どもがいる現役世帯においては10.6％（そのうち大人が1人の世帯は44.5％で大人が2人以上の世帯8.6％と比べ高い数値）となっている（**表1－1**）。国際比較においてもわが国はOECD加盟国34か国中、子どもの相対的貧困率は10番めに高く[*13]、大人が1人の世帯の相対的貧困率は加盟国中最も高い数値を示すなど、有子世帯の貧困が深刻であったため、この社会問題への対応策として、平成25（2013）年6月に子どもの貧困対策の推進に関する法律が成立した。

　また、生活保護法の保護基準をベースに算出される貧困測定も相対的貧困に基づく測定の範疇（はんちゅう）に入る。

＊10
Organisation for Economic Co-operation and Development の略。経済協力開発機構。

＊11
世帯の可処分所得を世帯人員の平方根で割り算出。

＊12
OECDの作成基準に基づき作成された、厚生労働省「2022年 国民生活基礎調査」。

＊13
2010年の子どもの相対的貧困率の国際比較（内閣府「平成26年版 子ども・若者白書」）。

〈表1－1〉貧困率の年次推移　（単位：％）

		昭和60年 (1985)	63 (1988)	平成3年 (1991)	6 (1994)	9 (1997)	12 (2000)	15 (2003)
相対的貧困率		12.0	13.2	13.5	13.8	14.6	15.3	14.9
子どもの貧困率		10.9	12.9	12.8	12.2	13.4	14.4	13.7
子どもがいる現役世帯		10.3	11.9	11.6	11.3	12.2	13.0	12.5
	大人が1人	54.5	51.4	50.1	53.5	63.1	58.2	58.7
	大人が2人以上	9.6	11.1	10.7	10.2	10.8	11.5	10.5

		18 (2006)	21 (2009)	24 (2012)	27 (2015)	30 (2018)	新基準	令和3年 (2021)
相対的貧困率		15.7	16.0	16.1	15.7	15.4	15.7	15.4
子どもの貧困率		14.2	15.7	16.3	13.9	13.5	14.0	11.5
子どもがいる現役世帯		12.2	14.6	15.1	12.9	12.6	13.1	10.6
	大人が1人	54.3	50.8	54.6	50.8	48.1	48.3	44.5
	大人が2人以上	10.2	12.7	12.4	10.7	10.7	11.2	8.6

※平成30（2018）年の「新基準」とは、OECDの所得定義の新基準（可処分所得の算出に用いる拠出金の中に、新たに自動車税等及び企業年金を追加）に基づき算出したもの。令和3（2021）年からは新基準の数値である。
（出典）厚生労働省「2022年 国民生活基礎調査の概況」をもとに一部改変

第 **4** 節

わが国における貧困・低所得者問題の現代的課題と近年の政策動向

1 現代社会における貧困・低所得者問題の態様

　貧困・低所得者が抱える生活問題の根底には、所得や資産が十分に備わっていないといった経済的問題がある。それは労働にかかわる側面（雇用の不安定、低賃金、失業など）にとどまらず、経済的基盤の不安定によりもたらされる消費の萎縮、家族関係の破綻、居住環境の悪化など、生活のさまざまな側面にわたって現れるのが特徴である。

　つまり、貧困・低所得者の生活問題は、直接的には経済的問題という形で現れるが、その影響は非経済的側面にまで広がり、問題をより重層化させていく側面をもっている。そのため生活問題は量的広がりとともに、質的深さを伴うのが一般的であるといえる。

　近年、わが国において雇用・失業問題は国民・住民生活の経済的基盤を揺るがし、貧困と格差の拡大・深化をもたらしている。これまで正規雇用・自営業などで生計を維持してきた稼働世帯が、失業や不安定雇用（派遣、パート、フリーター、日々雇用など）により、世帯の経済的基盤である稼働収入の喪失・減少の状況に置かれる。そこで現行生活を維持するために、預貯金などの資産を取り崩し、あるいは生計中心者以外の世帯員も稼ぎに出て何とか生計を支えようとする。もしそれもむずかしい事態となれば、世帯の生計維持は困難となり、世帯規模の縮小化や単身化の方向へ進むことになる。

　これは稼働世帯だけの問題ではない。これまで仕送りなどで経済的支援をしてきた非稼働世帯（家族、親族）への支援が困難となる事態をもたらす。すなわち稼働・非稼働世帯ともに生活が困難になるのである。さらに、それは単に経済的問題のみならず非経済的問題としても出現し、結果的に世帯員それぞれにさまざまな生活課題となって現れてくることにも注目しなければならない。

　一方、雇用・失業問題の究極の形の一つとして、家族、地域、職域からも切り離されて都市公園や河川、道路などを起居の場としているホームレスの人たちを見ることができる。ホームレスの人たちは、失業や

日々雇用といった不安定な雇用関係、また居住の喪失や一時寄宿といった不安定な居住、稼働収入の喪失・低位性などによって、心身状態が悪化していき、最終的に社会的諸関係（社会的つながり）から排除される存在としてとらえることができる。これは貧困と社会的排除の究極的な形ともいえよう。

　このような状態に至らないまでも、現代社会においては次のようなさまざまな問題が貧困・低所得者問題として現れている。まず、労働市場を経由して現れる貧困・低所得者問題として、働いても生計維持ができないワーキングプアなどの問題があげられる。また、労働市場を経由しない、すなわち十分な雇用機会が得られない傷病者・障害者・高齢者は貧困・低所得に陥るリスクが高いといえる。これは疾病・障害・高齢を理由として、労働市場から遠ざけられていることを意味する。

　さらには労働市場において男性に比べ雇用機会や労働条件が低位に置かれている女性、とりわけ母子世帯においては、就労と養育の両面での環境が十分でないことから、貧困となる可能性が高い。その他、国際化の進展に伴う困窮外国人などの問題があげられる。これらの問題は、労働、健康、障害、高齢、女性、国籍などと、貧困・低所得者問題との関係をどのように考えるかという課題を示しているともいえる。

2 貧困・低所得者問題とセーフティネット

　社会保障制度は、国民・住民に対し、救貧または防貧という範囲にとどまらず広く生活の回復・安定・向上を図る公的システムとして機能している。

　社会保障制度審議会の分類にそって社会保障制度体系を見てみれば、制度別では、社会保険、公的扶助、社会福祉、公衆衛生及び医療、老人保健を狭義の社会保障、それに恩給と戦争犠牲者援護を加えたものが広義の社会保障とされている。さらに住宅対策と雇用（失業）対策が社会保障関連制度として位置付けられている。

　狭義の社会保障である5分野は、それぞれ次のような特徴をもつ。

①社会保険は、生活上の困難がもたらす一定の事由（保険事故）に対して、保険技術を用い、被保険者があらかじめ保険料を拠出し、保険事故が生じた場合に保険者が給付を行う公的な仕組みである。

②公的扶助は、生活困窮（要保護）者に対し、国家が一般租税を財源とし最低限度の生活を保障するため、最低生活費の不足分を扶助費

として金品を支給する制度である。生活保護制度がこれに該当する。

③社会福祉は、個別の必要（ニーズ）に対応して主として対面的なサービス（個別的な対人サービス）を提供する仕組みである。

④公衆衛生及び医療には、疾病を予防し健康増進を図る公衆衛生制度と、医療従事者の養成や医療機関の整備など医療サービスを支援する医療制度がある。

⑤老人保健には高齢者の健康の保持と適切な医療の確保を図るための制度がある。

さらに、狭義の社会保障制度を、国民・住民生活のセーフティネットの観点から見ていくと、次のように位置付けられる。

第一のセーフティネットは、国民・住民が、通常生活をしていくなかで生活の困難が生じた場合に対応するものである。それは、国民・住民が強制加入する社会保険制度であり、これには、失業・労災に対応する労働保険（雇用保険・労災保険）、障害・老齢・死亡に対応する年金保険、傷病・出産に対応する医療保険、介護に対応する介護保険の5つの社会保険がネットとして張られる。この第一のセーフティネットは、雇用されているか自営であるかを問わず、主として稼得者及びその家族を中心に組み立てられている制度であり、社会保障制度の中では貧困を予防する防貧的機能をもつものとして位置付けられる。

第二のセーフティネットには、主として低所得であるという経済的要件が課せられる低所得者対策がある。所得調査（制限）を課する制度がそれにあたり、生活福祉資金貸付制度、ホームレス対策、社会手当（児童扶養手当、特別児童扶養手当、障害児福祉手当、特別障害者手当等）、求職者支援制度、住宅手当（現 生活困窮者自立支援法の住居確保給付金）、公営住宅制度、法律扶助、災害救助法等があげられる。これらは、労働市場への参入の促進も含めて、次に述べる最後のセーフティネットである生活保護制度の手前のセーフティネットとして機能していくことを企図している。

第三に最後のセーフティネットといわれる資力調査（ミーンズテスト）を課す生活保護制度がある。生活保護制度は、セーフティネットの中で最後に位置しているだけでなく、社会保障制度全体の中でも最後のセーフティネットとしての役割・機能を担っている。そのため、この生活保護制度の制度的枠組みが今後どのように設定されていくかにより、国民・住民生活がどの範囲でどの程度保障されるかが決まってくる。生活保護制度は、セーフティネットとしての所得保障が最終的施策として

位置付けられており、この国民・住民生活を守るネットがどのように張られるかによって国民が信頼と安心をもって生活していけるかどうかの分岐となる。

　近年の諸問題は、貧困・低所得者問題の予防策として位置していた関連制度（雇用・住宅）や社会保障・社会福祉諸制度が十分機能しなくなっていることを意味しており、救貧対策である公的扶助制度（貧困・低所得者対策）の担う役割も大きくなってきているといえよう。

3 近年の貧困・低所得者問題と政策動向

　1990年代以降、わが国の経済は失速し、雇用環境も悪化の一途をたどった。それに伴い、国民・住民生活の経済的基盤は脆弱化し、貧困と社会的格差の拡大・深化をもたらした。さらに1990年代後半以降、貧困・低所得者問題をめぐる格差・不平等、ワーキングプア、ホームレス、子どもの貧困、無縁社会、貧困ビジネスといった用語（ターム）が社会を席巻し、失業者・生活困窮者の問題を社会問題化させている。

　そこで、これらの問題状況に対し、政府はどのように取り組んだか、以下では、近年の政策動向について概観する。

（1）平成9（1997）年〜平成19（2007）年
❶社会福祉基礎構造改革、介護保険制度、地方分権
　社会福祉基礎構造改革の結果、関係法の改正により現行生活保護法では以下のような変更が行われた。

　まず、介護保険法の制定（平成9〔1997〕年12月）に伴い、生活保護法に現行法制定以来8つめの扶助となる介護扶助が創設された。このことにより、保険料と入所者生活費（従来の施設入所者への入院患者日用品費に相当するもの）は生活扶助、自己負担分は介護扶助でそれぞれ対応する仕組みに変更された（平成12〔2000〕年4月施行）。

　また、地方分権一括法（平成11〔1999〕年7月制定）に伴い、機関委任事務が廃止され、新たに法定受託事務、自治事務に分類された。[14]
それに伴い、決定・実施に関して機関委任事務であった生活保護法においては、最低生活保障にかかわる部分が法定受託事務、相談援助部分が自治事務となった。また、国・都道府県による生活保護の指導監査が廃止（事務監査は存続）された（平成12〔2000〕年4月施行）。

　このほか、社会福祉事業法等の改正（平成12〔2000〕年6月、社会福

*14
法定受託事務、自治事務については本双書第6巻第3章第1節3を参照。

祉法制定）に伴い、従来生活保護法において、保護施設への入所を「収容」という用語で規定していたが、他の福祉各法と同様に「入所」へと変更された。このとき、低所得者対策制度の一つであった公益質屋法が廃止（同年6月）となっている。

❷ホームレス問題

さらに1990年代後半より都市問題の一つとして社会問題化したホームレス問題に対し平成14（2002）年7月には、「ホームレスの自立の支援等に関する特別措置法」（ホームレス自立支援法）が10年の時限立法で成立（8月公布・施行）した。同法は、法律改正によって2回の期限延長が行われている。[*15]

*15
本書第6章第2節を参照。

❸生活保護制度の在り方検討と見直し

昭和25（1950）年の制定以来大きな見直しがされてこなかった生活保護制度は、経済・雇用状況や制度環境等の変化を受け、平成15（2003）年8月には、社会保障審議会福祉部会に「生活保護制度の在り方に関する専門委員会」が設置され、平成16（2004）年12月までの1年余にわたり給付水準・制度の仕組み・運営実施体制など全面的な生活保護制度のあり方に関する検討が行われた。その結果、平成16（2004）年度から老齢加算の段階的廃止、平成17（2005）年度から生活扶助基準第1類年齢区分の簡素化、人工栄養費の廃止、母子加算の見直し、生業扶助による高等学校等就学費の創設、自立支援プログラムの導入等が進められた。

また、三位一体改革（国から地方への税源移譲）における生活保護費の負担金の見直しについては、平成16（2004）年11月の政府与党の合意をふまえ、地方団体関係者が参加する協議機関を設置して制度のあり方について幅広く検討を行い、平成17（2005）年秋までに結論を得て、平成18（2006）年度から実施することとされた。しかし、国と地方との協議で、平成17（2005）年12月、生活保護負担金の補助率削減は見送りとなった。

平成18（2006）年10月には、「新たなセーフティネット検討会」（全国知事会・市長会）より稼働世帯に対する有期保護制度、高齢者のための新たな制度、ボーダーライン層の生活保護移行防止策を柱とする「新たなセーフティネットの提案」報告書が提出され、平成19（2007）年10月から12月にかけ生活保護基準の妥当性を検討する「生活扶助基準に関する検討会」（厚生労働省）が開催された。

　また、平成19（2007）年度には、国より要保護者のうち自宅を保有している者についてはリバースモーゲージを利用した貸付を優先させる、とする「要保護世帯向け長期生活支援資金貸付制度[*16]」が創設・実施された。

　上記の政策動向の特徴は、①生活保護水準においては、一般世帯との均衡の観点から抑制の方向へ、②給付においては、稼働年齢層に対する就労支援とセットで考えるワークフェアの方向へ、ならびに非稼働層（高齢者）に対しては資産活用と別制度で、③国と自治体の財政負担は今後の先送りへ、などと要約できる。

（2）平成20（2008）年〜平成30（2018）年
❶生活困窮者の拡大

　平成20（2008）年に起きた**リーマンショック**を契機とする経済金融情勢の悪化は、わが国においても国民・住民の雇用と生活に大打撃を与え、多くの失業者・生活困窮者を生み出した。平成20（2008）年末から平成21（2009）年にかけては、民間支援団体等が「年越し派遣村」を開村し、「派遣切り」に遭うなどして住居を失った離職者などに炊き出しなどを行う（12月31日〜1月2日）取り組みが大きく注目された。民間支援団体では、国・自治体に雇用と生活保障対策を要望し、国・自治体は、厚生労働省庁舎内講堂を一時的に開放（1月2日〜5日）、その後、都内4施設に居所を確保（1月5日〜12日）、一部は日本青年館に居所を確保（1月12日〜）し、1月5日以降、ハローワークによる職業相談、生活保護の相談、緊急小口資金の貸付相談（出張による）等を実施した。

　その後、前述した「住居を失った離職者を支援する新たなセーフティネット」（第二のセーフティネット）といわれる求職者支援制度、住宅手当（現 生活困窮者自立支援法の住居確保給付金）、生活福祉資金貸付制度（総合支援資金）が平成21（2009）年10月1日より実施されている。また、子どもの貧困、女性の貧困解消の観点から、生活保護においては、母子加算が平成21（2009）年12月に復活した。[*17]

　これらの背景には、家族・地域・企業とのつながりが希薄化・喪失し、孤立した失業者・高齢者・障害者・ひとり親世帯などの生活困窮層がいる問題があり、貧困・低所得者問題の予防策として位置付けられている雇用や住宅などの関連制度や、社会保障・社会福祉諸制度が十分機能しなくなっていることを意味している。また、貧困の世代間継承（再生産）防止のさらなる取り組みなどが求められるようになってきた。

*16
平成21（2009）年10月の制度見直しにより、現在は「要保護世帯向け不動産担保型生活資金」となっている。詳細は本書第5章第1節3参照。

*17
この時期には、ナショナルミニマムやサービス供給組織の見直しを検討する「ナショナルミニマム研究会」（平成21〔2009〕年12月〜）や、生活保護受給者の生活再建（自立助長）に向けた支援のあり方については「生活保護受給者の社会的な居場所づくりと新しい公共に関する研究会」（平成22〔2010〕年4〜7月）、さらにパーソナルサポーター制度の創設（内閣府、平成22〔2010〕年）の検討が行われた。

　人口の高齢化に伴う無年金・低年金高齢者層の増加や、地域の中でネットワークをもたない孤立した失業者・高齢者・障害者など多様な生活課題を抱えた人たちの問題の表面化は、生活保護受給者数の増大につながっていった。生活保護受給者数の変化を見ると、戦後最低を記録した平成7（1995）年度の約88万人を境に毎年増加傾向にあり、平成24（2012）年1月には約209万2,000人に達していた。このような状況と並行して、生活保護制度が生活再建につながる仕組みや体制となっているかなどの課題が出されるようになってきた。

❷生活困窮者自立支援、ホームレス支援

　平成24（2012）年2月、政府は、「社会保障・税一体改革大綱」において「生活支援戦略」（仮称）の策定による、生活困窮者対策の充実強化と生活保護制度の見直しを打ち出した。

　同年4月に、社会保障審議会に「生活困窮者の生活支援の在り方に関する特別部会」が設置され、生活困窮者対策及び生活保護制度の見直しに関する具体的な制度設計について審議が重ねられ、平成25（2013）年1月に報告書が取りまとめられた。政府はこの報告をふまえつつ、同年5月、今後の生活困窮者対策・生活保護制度を総合的に見直すべく、生活保護法の一部を改正する法律案及び生活困窮者自立支援法案を国会提出した。しかし、政局のため一度廃案となり、同年10月に再提出され、12月に成立・公布された。次に述べる生活保護制度の見直しと合わせ、平成27（2015）年4月から生活困窮者自立支援法が施行されている。[*18]

＊18
本書第4章第1節・第2節を参照。

　同法の実施により、ホームレス支援策は、「ホームレスの自立の支援等に関する特別措置法」（ホームレス自立支援法）の趣旨をふまえながらも、生活困窮者自立支援法における一時生活支援事業、自立相談支援事業等に位置付けて実施されることとなった。このため、平成27（2015）年3月には、改正された「ホームレスの自立の支援等に関する基本方針」が出されている。

❸生活保護制度・基準の見直し

　社会保障審議会は、生活保護基準の見直しについて「生活保護基準部会」（平成23〔2011〕年4月～）を設置し、専門的な検証を定期的に実施している。また、貧困・低所得者対策の大幅見直しについても、前述の「生活困窮者の生活支援の在り方に関する特別部会」を設置し検討が行われた。

　これらの検討を経て、現行法制定以来初めての大きな改正となる「生活保護法の一部を改正する法律」が、生活困窮者自立支援法の創設と合わせて平成25（2013）年12月に制定された。

①生活保護制度の主な見直し

　㋐就労自立の促進を図る就労自立給付金の創設

　　生活保護受給中の就労収入のうち、収入認定された金額の範囲内で別途一定額を積み立て、安定した職業に就くことにより保護廃止に至ったときに支給される一時金（**就労自立給付金**）が、平成26（2014）年7月から実施された。就労のインセンティブを強化するとともに、脱却直後の不安定な生活を支え、再度保護に至ることを防止するための対策として位置付けられている。

　　就労自立給付金は、都道府県知事、市長及び福祉事務所を設置する町村長（以下、支給機関）が、安定した職業に就いたこと等により保護を必要としなくなったものと認めた者に対して支給するもので、支給の事務は行政庁または政令で定める支給機関に委託して行われる。

　　支給機関は、就労自立給付金の支給等のために必要があると認めるときは、被保護者、過去に保護を受給した者、またはこれらの者の雇用主等に、報告を求めることができるとしている。なお、就労自立給付金の支給に関する処分についての審査請求や再審査請求については、生活保護の場合と同様に行うことができる。なお、支給を受ける権利は、2年を経過したときは、時効によって消滅する。

　㋑健康・生活面等に着目した支援

　　受給者の自立に向けて、自ら、健康の保持・増進に努め、また、収入、支出その他生計の状況を適切に把握することを受給者の責務として位置付けた。

　㋒不正・不適正受給対策の強化等

　　不正・不適正な受給に対し適正な保護の実施や厳正な対処を行うことを目的として、「福祉事務所の調査権限の拡大」「罰則の引き上げと不正受給にかかる返還金の上乗せ」「不正受給にかかる返還金の保護費との相殺」「扶養義務者に対する通知、報告徴収」などが規定された。

　㋓医療扶助の適正化

　　医療扶助の不正防止の観点から、指定医療機関制度の見直しや指定医療機関に対する指導体制の強化を、また、医療扶助における後

発医薬品の使用の促進を図ることとした。

②就労・自立支援の充実

　従来は予算事業だった被保護者就労支援事業を法改正により平成27（2015）年４月より法定事業とし、生活困窮者自立支援法の自立相談支援事業の就労支援と同様の位置付けにした。

　同事業に関して保護の実施機関は、就労の支援に関する問題について、被保護者からの相談に応じ、必要な情報の提供及び助言を行い、その事務の全部または一部を、厚生労働省令で定める者に委託することができるとしている。また委託を受けた者には、秘密保持義務が付される。

　その他、被保護者就労準備支援事業（予算事業）を創設し、生活困窮者自立支援法の任意事業とあわせて、支援対象者の特質に応じて効果的・効率的な継続支援ができるよう既存事業を整理した。

　なお、被保護者就労支援事業と被保護者就労準備支援事業は、生活困窮者自立支援法の自立相談支援機関等との連携を図ることとされている。

③生活保護基準の段階的な見直し

　生活保護基準の一つである生活扶助基準については、５年に１度実施される全国消費実態調査の特別集計データなどを用いて、一般所得世帯と消費実態の均衡が適切に図られているかを定期的に検証することとしている。前述の社会保障審議会生活保護基準部会において、平成25（2013）年１月には報告書が取りまとめられた。

　平成25（2013）年８月の生活扶助基準の見直しでは、検証結果に基づき、年齢・世帯人員・地域差といった制度内の「歪み」を調整するとともに、物価の下落分を勘案するという考え方が取り入れられ、必要な適正化を図るとした。また、生活保護受給世帯への影響に配慮するため、激変緩和の観点から３年間かけて段階的に見直しを行うとともに、改定幅を10％以内とすることとした。

　具体的な見直しは、平成25（2013）年８月、平成26（2014）年４月、平成27（2015）年４月と段階的に行われた。平成27（2015）年度にはそれらに引き続き、７月に住宅扶助、10月に冬季加算が見直されている。

　住宅扶助は、近年の家賃の動向をふまえながら見直しが行われた。世帯人員区分を細分化するとともに、人数別の上限額を見直した。また、単身世帯は床面積によって上限額を減額することとした。適切で

ない住宅環境にもかかわらず家賃を住宅扶助の上限額に設定してきた、いわゆる貧困ビジネスの是正を図ることをめざすものとされた。

　冬季加算は、地区別の実態をふまえて適正な支給水準となるよう見直された。また、支給月は、それまですべて11月から３月とされていたものを、Ⅰ区及びⅡ区は７か月間（10月〜４月）、Ⅲ区及びⅣ区は６か月間（11月〜翌４月）、Ⅴ区及びⅥ区は５か月間（11月〜３月）に変更した。さらに特別基準が創設されている。

　平成29（2017）年12月に生活保護基準部会報告書が取りまとめられ、それをふまえて、生活扶助基準、児童養育加算、母子加算、教育扶助・高等学校等就学費が見直され、平成30（2018）年10月から実施されている。その際、生活保護世帯への周知等と、また、激変緩和のために見直しは３年間をかけて段階的に実施することとされた。

❹子どもの貧困対策の推進に関する法律（子どもの貧困対策推進法）

　子どもの貧困については、厚生労働省が平成21（2009）年に、相対的貧困率及び子どもの貧困率を発表して以降、大きな注目を集めるようになり、前述の「生活困窮者の生活支援の在り方に関する特別部会」報告書でも、子ども・若者の貧困の防止について指摘されている。

　子どもの貧困率の高さ、ひとり親世帯の貧困率の高さ、生活保護世帯の子どもの高等学校等進学率の低位、世代を超えた「貧困の連鎖」の解消・改善に向けて、平成25（2013）年６月「子どもの貧困対策の推進に関する法律」（子どもの貧困対策推進法）が成立した。[19]

❺「貧困ビジネス」への対応

　厚生労働省は、無料低額宿泊所や簡易宿所等であって、居室が著しく狭<ruby>隘<rt>きょうあい</rt></ruby>で設備が十分でない住宅であるにもかかわらず、住宅扶助特別基準による家賃額を悪用して不当な利益を得ている、いわゆる「**貧困ビジネス**」が存在するものと考えられるとしている。この間は、厚生労働省社会・援護局保護課長通知「生活保護受給者が居住する社会福祉各法に法的位置付けのない施設及び社会福祉法第２条第３項に規定する生活困難者のために無料又は低額な料金で宿泊所を利用させる事業を行う施設に関する留意事項について」[20]等により、生活保護行政の適正な運用及び生活保護受給者に対する適切な支援の確保が図られるよう実施機関に要請していた。

　しかし、貧困ビジネスは依然としてなくならないため、平成27

*19
本書第１章第４節３（3）❸参照。

*20
平成21（2009）年10月20日／社援保発1020第１号。

（2015）年４月に厚生労働省社会・援護局長通知「社会福祉法第２条第３項に規定する生計困難者のために無料又は低額な料金で宿泊所を利用させる事業を行う施設の設備及び運営について」を改正し[*21]、７月から施行することとした。

*21
平成15（2003）年７月31日／社援発第0731008号。

　前述のように、生活保護基準の検討がされるなかで、宿泊施設において生活保護費を利用した貧困ビジネスが存在することなどの指摘をふまえて、平成28（2016）年10月からは、「生活保護受給者の宿泊施設及び生活支援の在り方に関する意見交換会」が開催された。ここで出された意見は平成29（2017）年３月に取りまとめられて、その後、社会保障審議会「生活困窮者自立支援及び生活保護部会」で審議された。

　この部会での取りまとめ結果をふまえて、社会福祉法及び生活保護法の一部改正（平成30〔2018〕年６月）が行われ、次項で述べるように、貧困ビジネス対策として無料低額宿泊所の規制強化がされている。

（3）平成30（2018）年生活保護法の改正から現在まで

❶生活保護法の改正

　平成25（2013）年の生活保護法改正では、５年経過後の見直しが謳われていた。そのため、平成30（2018）年６月には前述の貧困ビジネスへの対応を含む諸点の法改正が行われた。

①医療扶助における後発医薬品の使用原則化

　後発医薬品（ジェネリック医薬品）の使用割合は約70％となっていたが、これを80％まで高めることを目標として、取り組みをさらに進めていくため、第34条第３項の改正が行われたものであり、毎年度の使用割合を80％達成することに向けて、適正に運用していくことが求められた。

②単独での居住が困難な方への日常生活支援

　社会福祉法による無料低額宿泊所の規制強化に合わせ、単独での居住が困難な生活保護受給者について、サービスの質が確保される施設（「**日常生活支援住居施設**」）において、必要な日常生活上の支援を提供する仕組みが新たに創設された[*22]。この支援は、福祉事務所が良質なサービスの基準を満たす無料低額宿泊所等に委託することができるものとされ、そのための基準も生活保護法に新たに創設された。日常生活支援住居施設への委託は、認定申請を令和２（2020）年４月から受け付け、10月から開始された。

*22
生活保護法第30条第１項但し書。

③無料低額宿泊所等からの居宅移行支援

　従前より、無料低額宿泊所の入居者等に対する居宅生活への移行支援として、入居者等へ日常生活における自立支援・就労支援を行う「居宅生活移行支援事業」を実施しており、また居住先の確保が困難な者について、家賃の代理納付の推進や不動産業者への同行など居宅の確保支援を行う「居住の安定確保事業」を実施してきた。

　令和2（2020）年4月より無料低額宿泊所の最低基準を制定し、日常生活支援住居施設への委託制度が創設されたことをふまえ、これら2事業を再編して、一時的な宿泊施設である無料低額宿泊所や簡易宿所等からの居宅生活移行をいっそう推進するとともに、退去後の地域生活定着支援を実施するなど、安定した居宅生活に向けて総合的な支援体制を構築する居宅生活移行総合支援事業が新たに創設された。

　また、令和2（2020）年度第2次補正予算では、居宅生活移行緊急支援事業が追加され実施されてきた。令和3（2021）年度においては、居宅生活移行総合支援事業及び居宅生活移行緊急支援事業を再編し、新たに居住不安定者等居宅生活移行支援事業として、これまでの無料低額宿泊所の入居者に加え、その他の居住支援を必要とする被保護者や生活困窮者を支援対象とした。

④生活習慣病の予防等の取り組みの強化

　生活保護受給者は、医療保険の加入者等と比較して生活習慣病の割合が高く、これが医療扶助費を押し上げる一要因となっている。その一方で、保護受給者の健診データ等の集約がなされておらず、生活習慣病の予防・重症化予防の取り組みが十分に実施できていない状況にある。「被保護者健康管理支援事業」は、これらに関するデータ等の集約を行った上で、令和3（2021）年1月から実施されている。

　同事業では、①自治体ごとに地域の被保護者の健康課題を把握し、地域分析を実施、②それに基づく自治体ごとに事業方針を策定、③方針に基づく事業の実施、④事業評価、というサイクルが想定されている。これらの取り組みを通じて保護受給者の健康の保持増進を図り、自立を助長することがめざされており、その実施に向け、試行事業の実施やシステム基盤整備などの準備が行われた。

　本事業は必須事業化され、すべての福祉事務所での実施が求められ、頻回受診対策とともに医療扶助の適正化がめざされている。

❷日常生活支援住居施設による支援

①日常生活支援住居施設の認定要件

日常生活支援住居施設は次のいずれの要件にも該当すること。

・施設の経営者が、自治体または法人であること。

・無料低額宿泊所であって、経営者が社会福祉事業の経営の制限または停止を命ずる処分を受けていないこと。

・経営者が日常生活支援住居施設の認定の取り消しまたは社会福祉事業の経営の停止を命ずる処分を受けてから5年を経過していない者でないこと。

なお、都道府県知事は、地域における要保護者の分布状況その他の状況からみて、日常生活支援住居施設の認定が必要でないと認める場合は認定しないことができる。

②日常生活支援住居施設の位置付け（入所対象者及び支援の内容）

・対象者

保護の実施機関が、本人の心身の状況、生活歴、生活上の課題、活用可能な社会資源や家族等との関係などをふまえて、日常生活支援住居施設で支援を行うことが必要と総合的に判断する者。

・支援内容

入所者の生活課題に関する相談、必要に応じた食事等の便宜の供与をするとともに、自立した日常生活及び社会生活を営むことができるよう、個別支援計画に基づき、家事等に関する支援、健康管理の支援、金銭の管理の支援、社会との交流その他の支援及び関係機関との調整を行う。

・職員配置基準

日常生活支援住居施設は、利用者15人に対して職員1人（常勤換算15：1）の配置を要件とし、当該体制を整備した上で、入居者に日常生活支援を行う場合に、支援に要する委託事務費を交付する。

❸「子供の貧困対策に関する大綱」から「こども大綱」へ

子どもの貧困対策推進法は、全文16条から構成されており、第1章総則（第1条～第7条）で目的、基本理念、国の責務、地方公共団体の責務、国民の責務、法制上の措置等及び対策の実施状況の公表を、第2章 基本的施策（第8条～第14条）では、子どもの貧困対策に関する大綱、都道府県子どもの貧困対策計画、施策の4本柱である教育支援・生活支援・保護者に対する就労支援・経済的支援、そして調査研究が定め

られている（本書資料編参照）。

　同法では貧困の状況にある子どもが健やかに育成される環境を整備するとともに、教育の機会均等を図るため、子どもの貧困対策を総合的に推進することを目的とし、基本理念として、子どもの貧困対策は、子どもの将来がその生まれ育った環境に左右されることのない社会の実現を旨として推進されなければならない、国及び地方公共団体の関係機関相互の密接な連携の下に総合的な取り組みとして行わなければならない、としている。

　子どもの貧困対策推進法第8条の規定に基づく大綱は、平成26（2014）年8月29日の子どもの貧困対策会議（第2回）で大綱案を決定し、同日閣議決定された。

　大綱では、「子供の貧困対策に関する基本的な方針」「子供の貧困率、生活保護世帯に属する子供の高等学校等進学率など子供の貧困に関する指標及び当該指標の改善に向けた施策」「教育の支援に関する事項」「生活の支援に関する事項」「保護者に対する就労の支援に関する事項」「経済的支援に関する事項」及び「調査及び研究に関する事項」を定めるとされた。

　また都道府県は、当該都道府県における子どもの貧困対策についての計画を定めるとしている（策定努力義務）。さらには、関係閣僚で構成する子どもの貧困対策会議を設置するとされた。

　子どもの貧困対策推進法については、目的規定や基本理念の見直しを主な内容とする改正法が令和元（2019）年6月に成立した。そこでは子どもたちの実情に応じた対策を講じていく姿勢がより鮮明となった。また、都道府県の努力義務としていた子どもの貧困対策の計画策定について、市町村も対象とした。

　この改正法に基づき「子供の貧困対策に関する大綱」についても見直しが行われ、令和元（2019）年11月に閣議決定された。先の大綱においては25であった指標が大幅に追加・拡充され、「電気、ガス、水道料金の未払い経験」などの生活の実態に即した新たな指標が大きな特徴である。

　なお、「子供の貧困対策に関する大綱」は、令和5（2023）年4月のこども基本法の施行及びこども家庭庁の創設を受けて策定される、「こども大綱」に組み込まれることとなった。[23]

*23
本双書第5巻第2部第4章参照。

〈図1-1〉生活保護の申請件数（対前年同月伸び率）の推移

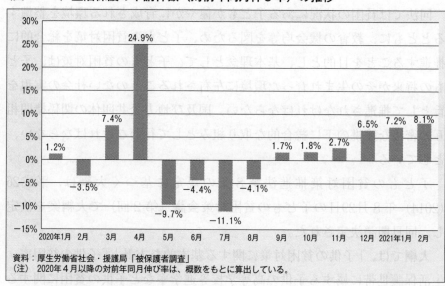

資料：厚生労働省社会・援護局「被保護者調査」
（注）2020年4月以降の対前年同月伸び率は、概数をもとに算出している。

（出典）厚生労働省『厚生労働白書（令和3年版）』

❹新型コロナウイルス感染症の影響等への対応

　生活保護法においては、令和2（2020）年度の生活保護受給者世帯数は全国的には前年度に比べてほぼ横ばいだったが、新型コロナウイルス感染症の流行拡大に伴う経済活動の停滞の影響を受けて、令和3（2021）年度初めには大都市を中心に相談が増加し保護の申請が前年度に比して多くみられた（**図1-1**）。

　また、こうした時期を考慮して、保護の要否判定等、医療券の取り扱い、特別定額給付金等の収入認定などについて弾力的な運用が行われるとともに、速やかな保護決定等、一時的な居所の確保が緊急的に必要な場合の支援に留意することとされた。

第5節　<u>低所得者対策</u>

　低所得者対策とは、所得が低位にある人々を対象とする施策をさしている。具体的には、生活保護基準と同等か、あるいはそれに近い所得水準にあり、場合によっては生活保護基準以下に陥るリスクをもっている、いわゆるボーダーライン層を対象とした諸施策が実施されている。以下では、その概要について述べる。

　なお、主要な対策である生活困窮者自立支援制度は本書第4章、生活福祉資金貸付制度は本書第5章、ホームレス状態にある人々への支援は本書第6章で述べる。

（1）無料低額診療事業

　社会福祉法第2条第3項第9号に基づく第二種社会福祉事業として実施されるもので、生活に困窮する者が経済的な理由により必要な医療を受ける機会を制限されることのないよう、医療機関が無料または低額な料金によって診療を行う事業である。「低所得者」「要保護者」「ホームレス」「DV被害者」「人身取引被害者」などの生計困難者がその対象とされる。

　無料低額診療事業の基準は、生活保護法による保護を受けている者及び無料、または低額な料金で診療を受けた者の延数が取り扱い患者の総延数の10%以上であること等とされている。そして、固定資産税や不動産取得税の非課税など、税制上の優遇措置がとられる。

（2）無料低額宿泊所

　社会福祉法第2条第3項第8号に定める「生計困難者のために、無料又は低額な料金で、簡易住宅を貸し付け、又は宿泊所その他の施設を利用させる事業」に基づき、第二種社会福祉事業として設置される施設である。設置にあたっては、都道府県に対しての届け出が必要である。運営主体の多くは、NPO法人（特定非営利活動法人）であるが、社会福祉法人や財団法人などによる設置もある。

　宿泊所の提供するサービスには、①宿所の提供のみ、②宿所と食事を提供するもの、③宿所と食事のほか入所者への相談援助や就労支援等を行うもの、などのバリエーションがある。

　無料低額宿泊所については、近年、ホームレスの人などを宿泊所に入

所させた上で生活保護の申請をさせてその保護費を搾取したり、劣悪な環境に置くなど、いわゆる「貧困ビジネス」が問題になっている。自治体によっては、宿泊所の設置運営について支援指針などを策定して支援にあたっている場合もある。

こうした状況について検討が行われ、平成30（2018）年、社会福祉法が改正された。

具体的には、社会福祉法第68条の2〜68条の6が新設され、住居の用に供する施設と、第二種社会福祉事業を行う「社会福祉住居施設」が創設された。

これは、いわゆる「貧困ビジネス」への規制強化を図るもので、その内容は以下のとおりになる。

①無料低額宿泊事業について、新たに事前届出制を導入
②現在ガイドライン（通知）で定めている設備・運営に関する基準について、法定の最低基準を創設（令和元年8月省令公布済）し、各自治体が条例を施行
③最低基準を満たさない事業者に対する改善命令の創設

（3）社会手当

＊24
本双書第6巻第11章第1節参照。

わが国における社会保障制度では、社会保険制度を中心とし、一方で最低生活の保障のため、公的扶助としての生活保護制度がある。社会手[＊24]当は、それら、社会保険制度と生活保護制度の中間に位置するものととらえることができる。つまり、社会保障制度における所得保障の3つの類型（社会保障、社会手当、公的扶助）の一つである。諸外国においても、公的扶助や社会保険の原理の枠を超えた所得保障として位置付けられていることが少なくない。

現在、社会手当の制度として、児童手当、児童扶養手当、特別児童扶養手当、経過的福祉手当、障害児福祉手当、特別障害者手当などがある。

（4）求職者支援制度

＊25
本書第1章第4節、第4章第1節参照。

求職者支援制度は、第二のセーフティネットにおいて、雇用保険を受[＊25]給できない失業者が、ハローワークの支援指示によって職業訓練を受講する場合に、職業訓練受講期間中の生活を支援するため、職業訓練受講給付金を月10万円等受けることができる制度である。

この制度は、平成23（2011）年に施行された「職業訓練の実施等による特定求職者の就職の支援に関する法律」（以下、求職者支援法）に基

づき実施されている。なお、求職者支援法の目的は、第1条に規定されているように、「特定求職者に対し、職業訓練の実施、当該職業訓練を受けることを容易にするための給付金の支給その他の就職に関する支援措置を講ずることにより、特定求職者の就職を促進し、もって特定求職者の職業及び生活の安定に資すること」である。

　現在、コロナ禍への対応として制度を利用しやすくするため、令和5（2023）年3月末までの時限措置として、支給要件が一部緩和された。

（5）臨時特例つなぎ資金貸付

　臨時特例つなぎ資金貸付は、離職などに伴い、住居を喪失し、その後の生活維持が困難である離職者に対し、10万円を上限とした当座の生活費の貸付を行う制度である。離職者を支援する公的給付制度（失業等給付、住宅手当〔現　生活困窮者自立支援法住居確保給付金〕等）または公的貸付制度（就職安定資金融資等）の申請が受理されていること、また、生活困窮者自立支援制度の自立相談支援事業の利用が求められる。

（6）公営住宅

　公営住宅は、第二次世界大戦後の混乱期における住宅事情を背景として、主として低所得層など、住宅に困窮する人々を対象に発足した制度である。「公営住宅法」は昭和26（1951）年に制定され、その第1条では、「国及び地方公共団体が協力して、健康で文化的な生活を営むに足りる住宅を整備し、これを住宅に困窮する低額所得者に対して低廉な家賃で賃貸し、又は転貸することにより、国民生活の安定と社会福祉の増進に寄与することを目的とする」としている。これは、日本国憲法第25条を住宅において具体化する施策の一環と位置付けることができる。地方公共団体による建設、買い取り、借り上げなどが行われ、一定の要件に合致する人々に低廉な家賃により住居を提供してきた。

　同制度は、平成8（1996）年度に、高齢者等に配慮した入居者資格の設定、入居者の収入と住宅の立地条件・規模等に応じた家賃制度、民間事業者が保有する住宅の借り上げまたは買い取り方式の導入などの大改正が行われた。

　公営住宅は、母子世帯、高齢者世帯、障害者世帯などを対象とした特定目的住宅を含めて整備が行われており、これらの特定目的住宅については、入居者の生活に適するよう配置や設計にあたって特別の配慮がな

されるとともに、入居に際して優先的取り扱いが行われている。

（7）住宅セーフティネット制度

　平成19（2007）年7月より「住宅確保要配慮者に対する賃貸住宅の供給の促進に関する法律」（住宅セーフティネット法）が施行された。これは、自力では適切な住宅の確保が困難な低所得者、被災者、高齢者、障害者、有子家庭、その他住宅の確保に特に配慮を要する者など「住宅確保要配慮者」が、適切な住居を得られるよう配慮を求める基本法である。

　同法では、「住宅確保要配慮者に対する賃貸住宅の供給の促進に関する施策を総合的かつ効果的に推進し、もって国民生活の安定向上と社会福祉の増進に寄与することを目的」（第1条）とし、また、国及び地方公共団体の責務として「住宅確保要配慮者に対する賃貸住宅の供給の促進を図るため、必要な施策を講ずるよう努めなければならない」（第3条）と定めている。

　住宅セーフティネット法は、空き家等を活用した住宅セーフティネット機能の強化を図るため、平成29（2017）年4月に改正され、次の項目が規定された。

　①住宅確保要配慮者の入居を拒まない賃貸住宅の登録制度

　②専用住宅の改修・入居への経済的支援

　③住宅確保要配慮者のマッチング・入居支援

（8）法律扶助

　「日本司法支援センター」（**法テラス**）が行う民事法律扶助業務をさす。平成16（2004）年6月「総合法律支援法」が公布された。その実施機関となる法テラスは、独立行政法人の枠組みに従って設立された法人として機能している。

　法テラスの主たる業務は、情報提供業務、民事法律扶助業務、司法過疎対策業務、犯罪被害者支援業務、国選弁護等関連業務、受託業務などである。

　そのうち、民事法律扶助業務とは、経済的に困窮する者が法的トラブルに遭ったときに、無料で法律相談を行い（「法律相談援助」）、弁護士・司法書士等を紹介するとともにその費用の立替えを行う（「代理援助」「書類作成援助」）業務であり、従来、（財）法律扶助協会が実施してきた民事法律扶助業務を、平成18（2006）年10月より法テラスが引き

*26
法テラスの目的は「裁判その他の法による紛争の解決のための制度の利用をより容易にするとともに、弁護士及び弁護士法人並びに司法書士その他の隣接法律専門職者（弁護士及び弁護士法人以外の者であって、法律により他人の法律事務を取り扱うことを業とすることができる者をいう）のサービスをより身近に受けられるようにするための総合的な支援の実施及び体制の整備に関し、民事、刑事を問わず、あまねく全国において、法による紛争の解決に必要な情報やサービスの提供が受けられる社会の実現を目指して、その業務の迅速、適切かつ効果的な運営を図る」としている。本双書第13巻第3部第5章第2節3（2）参照。

継いだものである。

（9）災害救助法による応急的な救助

　災害救助法（昭和22〔1947〕年制定）は、地震、津波、台風など自然災害で被災した個人・世帯に対し、「国が地方公共団体、日本赤十字社その他の団体及び国民の協力の下に、応急的に、必要な救助を行い、被災者の保護と社会の秩序の保全を図ること」を目的としている（第1条）。

　同法による救助は、国の責任のもと、法定受託事務により都道府県知事が行うほか、都道府県知事の委任を受けた市町村長が実施する。同法の適用基準は、災害により市町村人口に応じた一定数以上の住家の滅失がある場合等である。また適用基準以下の被害のある場合、同法は適用されないが、災害対策基本法の規定により市町村長が応急的に措置をとることになっている。同法の救助の程度や方法、期間は政令で定められており、これに従い都道府県知事が定める。また救助は現物で給付されることを原則としている。救助の種類は、避難所及び応急仮設住宅の供与、炊き出しその他による食品の給与及び飲料水の供給、被服、寝具その他生活必需品の給与または貸与、医療及び助産、被災者の救出、被災住宅の応急修理、学用品の給与、埋葬、障害物の除去などである。救助に要する費用は都道府県が支弁する。また被害の程度等により都道府県は国に負担を求めることができる。

(10)　就学援助

　就学援助とは、小学校・中学校における義務教育において、経済的な理由により就学が困難となる小・中学生に対して、必要な費用（学用品費、修学旅行費、校外活動費、PTA会費、学校給食費等）を市町村が援助するものである。要保護者もしくはそれに準ずる程度に困窮していると認められる小・中学生の保護者に対し支援される。

　この就学援助費の受給率（公立小中学校児童生徒の総数に占める要保護・準保護児童生徒数の割合）は、子どもの貧困状況を示す指標としてよく用いられる。1990年代後半は6〜8％程度だったが、近年は15％程度まで増加した。[27]

(11)　その他

　生活保護世帯や低所得世帯に対して、法律上の給付・手当以外にも、

*27
この他、生活福祉資金の教育支援資金については、本書第5章第1節3・4を参照。

さまざまな減額・免除の適用が行われる。例えば、放送受信料の免除（生活保護世帯）、JR運賃の割引などである。また、保育所徴収金については、生活保護世帯は無料、低所得者世帯の場合は負担額が一般世帯より低く設定されている。そのほか、各自治体においては、独自の減免措置等を講じている場合もある。

BOOK 学びの参考図書

● 岩田正美・岡部　卓・清水浩一　編『社会福祉基礎シリーズ 10　貧困問題とソーシャルワーク』有斐閣、2003年
　　公的扶助の対象とする貧困・低所得者問題、その対処方策である制度・政策や社会福祉実践について全体理解を図ることができる。

引用文献

1）M. ブルース、秋田成就 訳『福祉国家への歩み−イギリスの辿った途〔第4版〕』法政大学出版局、1984年、314頁
2）Webb, B. et al（1911）*The Prevention of Destitution, Longmans*, London, Green And Co., p1.
3）Townsend, P. B.（1979）*Poverty in the United Kingdom: A Survey of Household Resources and Standards of Living*, London, Allen Lane and Penguin Books, p31.
4）A. ギデンズ、松尾精文・西岡八郎・藤井達也・小幡正敏・立松隆介・内田　健 訳『社会学〔第5版〕』而立書房、2012年、379〜380頁
5）A. セン、池本幸生・野上裕生・佐藤　仁 訳『不平等の再検討』岩波書店、1999年、179頁
6）A. セン、前掲書、172頁
7）R. リスター、松本伊智朗 監訳・立木　勝 訳『貧困とはなにか−概念・言説・ポリティクス』明石書店、2011年、21〜23頁

参考文献

● 籠山　京・江口英一・田中　寿『公的扶助制度比較研究』光生館、1968年
● 佐口　卓『社会保障概説〔第二版〕』光生館、1987年
● 右田紀久惠・高澤武司・古川孝順 編『社会福祉の歴史』有斐閣、1977年
● 一圓光彌『イギリス社会保障論』光生館、1982年
● 小山進次郎『改訂増補 生活保護法の解釈と運用〔復刻版〕』全国社会福祉協議会、1975年
● 日本社会事業大学救貧制度研究会 編『日本の救貧制度』勁草書房、1960年
● 厚生労働省「社会・援護局関係主管課長会議資料」各年度
● 岡部　卓『新版 福祉事務所ソーシャルワーカー必携』全国社会福祉協議会、2014年
● 岡部　卓『生活困窮者自立支援−支援の考え方・制度解説・支援方法』中央法規出版、2018年
● 岡部　卓「貧困問題と社会保障−生活保護制度の再検証」『社会福祉研究第83号』鉄道弘済会、2002年
● 『国民の福祉と介護の動向 2023/2024』厚生労働統計協会、2023年

第2章

生活保護制度の概要と実務

学習のねらい

　公的扶助の中心を成す現行生活保護法は、日本国憲法第25条に定める生存
権を実現するための法として制定され、現在に至るまで社会保障制度の根幹
を支える制度として機能している。本章では、こうした生活保護制度の概要
を理解することをめざしていく。

　初めに、生活保護法の目的、原理・原則、保護の種類、実施方法、保護の
実施責任、生活保護財政の仕組み、最低生活費と生活保護基準など、生活保
護制度の概要及び生活保護基準の体系について説明する（第1節・第2節）。

　次いで、生活保護の実施体制と実施プロセスを示す（第3節）。

　さらには、生活保護の実務のポイントについて述べる（第4節）。

　また、生活保護施設の種類と役割を紹介し（第5節）、最後に生活保護の動
向について解説する（第6節）。

第1節　生活保護制度の概要

　生活保護法は、日本国憲法第25条に定める生存権を実現するための法として制定され、現在に至るまで社会保障制度の根幹を支える制度として機能している。法文は第1条～第86条から成り、13章で構成されている（**表2-1**）。

　なお、現行法の条文の詳細は、本書資料編を参照されたい。

〈表2-1〉生活保護法の構成

第1章　総則（第1条～第6条）…保護の4原理
第2章　保護の原則（第7条～第10条）…保護の4原則
第3章　保護の種類及び範囲（第11条～第18条）…8種類の扶助の内容
第4章　保護の機関及び実施（第19条～第29条の2）…保護の実施機関と保護の決定に関する手続き
第5章　保護の方法（第30条～第37条の2）…8種類の扶助の方法（金銭、現物）
第6章　保護施設（第38条～第48条）…5つの保護施設
第7章　医療機関、介護機関及び助産機関（第49条～第55条の3）…指定と診療方針及び診療報酬
第8章　就労自立給付金及び進学準備給付金（第55条の4～第55条の6）
第9章　被保護者就労支援事業及び被保護者健康管理支援事業（第55条の7～第55条の9）
第10章　被保護者の権利及び義務（第56条～第63条）…3つの権利と5つの義務
第11章　不服申立て（第64条～第69条）…被保護者の救済に関する手続き
第12章　費用（第70条～第80条）…保護費用の支弁・負担（補助）と返還・徴収
第13章　雑則（第81条～第86条）
附則

（筆者作成）

1　生活保護法の目的

　生活保護法は、日本国憲法第25条に「すべて国民は、健康で文化的な最低限度の生活を営む権利を有する」と規定される「生存権」を具現化するために、昭和25（1950）年に制定された。

　第1条には「この法律は、日本国憲法第25条に規定する理念に基き、国が生活に困窮するすべての国民に対し、その困窮の程度に応じ、必要な保護を行い、その最低限度の生活を保障するとともに、その自立を助長することを目的とする」と謳われており、生活保護は国の責任において実施されること、そして、法の目的は「最低限度の生活の保障」と「自立の助長」の2つであることが明らかにされている。

　生活保護法に規定される生活保護制度は、単に生活に困窮している国

＊1
「全世代対応型の社会保障制度を構築するための健康保険法等の一部を改正する法律」（令和3年6月11日法律第66号）第8条により、公布の日から起算して3年を超えない範囲内において配布で定める日から、目次中「第81条～第86条」を「80条の2～第87条」に改める。とされている（「生活保護手帳 2023年度版」中央法規出版、2023年、103～110頁）。

民に対して、最低生活を保障することにとどまらず、積極的に、制度を必要とする人々の自立の助長を行うことを目的としていることが、その特徴であるといえる。

2 生活保護法における原理・原則

生活保護法には、4原理（第1条～第4条）4原則（第7条～第10条）が規定されており、これらが生活保護制度を実施していく上での根幹となる考え方となる。[*2]原理は法律の揺るぎない考え方、原則は制度を具体的に実施していく上での基本的な決まりであるが、原則も原理と同様に、制度の考え方を示す重要な考え方であるといえる。[*3]

（1）生活保護制度の4原理

❶国家責任による最低生活保障の原理（基本原理Ⅰ：第1条）

第1条に規定される「国家責任による最低生活保障の原理」（**国家責任の原理**）は、生活保護法の最も根本的な原理である。その内容は、以下のとおりである。

①生活保護は国の直接の責任において行われること[*4]

②生活に困窮する国民に対し、その困窮の程度に応じて保護を行い、健康で文化的な最低限度の生活を保障しようとするものであること[*5]

③最低生活の保障とともに、自立の助長を行うことを目的としていること

❷保護請求権無差別平等の原理（基本原理Ⅱ：第2条）

第2条では、「すべて国民は、この法律の定める要件を満たす限り、この法律による保護を、無差別平等に受けることができる」とされており、この条文に規定される「**保護請求権無差別平等の原理**」（無差別平等の原理）は、国民が生活に困窮した場合に、保護を受けることが法律上の権利として保障されていることを明らかにしたものである。

旧 生活保護法では、勤労を怠る者などに対する欠格条項が規定されていたが、現行法の基本原理においては、生活困窮者の信条、性別、社会的な身分等による差別的な取り扱いを否定し、困窮に陥った原因を問わずに無差別平等に保護を実施しなければならないことが示されている。

*2
第5条には、第1条～第4条の規定が、この法律の基本原理であり、この法律の解釈及び運用は、すべてこの原理に基づいてなされなければならないこととされている。

*3
第6条には、生活保護法における用語の定義が規定されている。
被保護者：現に保護を受けている者。
要保護者：現に保護を受けているといないとにかかわらず、保護を必要とする状態にある者。
保護金品：保護として給与し、又は貸与される金銭及び物品。
金銭給付：金銭の給与又は貸与によって、保護を行うこと。
現物給付：物品の給与又は貸与、医療の給付、役務の提供その他金銭給付以外の方法で保護を行うこと。

*4
制度は国の直接の責任において実施されているが、事務は、地方公共団体の長が国から受託して実施することになっている。

*5
保護の対象は「国民」に限られているが、人道的・国際道義上の配慮により、外国人に対する保護も行われている。ただし、外国人には保護請求権、不服申立ての権利は認められていない。

❸健康で文化的な最低生活保障の原理（基本原理Ⅲ：第3条）

　第3条では、「この法律により保障される最低限度の生活は、健康で文化的な生活水準を維持することができるものでなければならない」とされており、「健康で文化的な**最低生活保障の原理**」（最低生活の原理）は、生活保護法により保障される生活水準について、単に生存を維持できるものではなく、憲法第25条に規定されている「健康で文化的な最低限度の生活」を送ることのできる水準でなければならないことを明示している。

❹保護の補足性の原理（基本原理Ⅳ：第4条）

　第4条の条文では、「保護は、生活に困窮する者が、その利用し得る資産、能力その他あらゆるものを、その最低限度の生活の維持のために活用することを要件として行われる。2　民法（明治29年法律第89号）に定める扶養義務者の扶養及び他の法律に定める扶助は、すべてこの法律による保護に優先して行われるものとする。3　前2項の規定は、急迫した事由がある場合に、必要な保護を行うことを妨げるものではない」とされている。

　ここに規定される内容が「**保護の補足性の原理**」（補足性の原理）であり、生活困窮者は、まず、自身の資産や能力を活用し、その上で、生活保護制度は「足りないところを補う」形で実施されることを示している。補足性の原理を満たしているかどうかを確認するために行われる資産、能力、扶養、他法他施策等の調査を資力調査（ミーンズテスト）という。

　補足性の原理は、制度の実施や利用にあたっての、重要な原理である。以下に、その内容を述べていく。

　①資産・能力等の活用

　　活用すべき資産としては、土地、家屋、事業用品、生活用品などがある。資産は売却を原則とするが、次のような場合には、保有することを認めている。

　　㋐資産が現実に生活維持のため活用されており、かつ、処分するよりも保有しているほうが生活維持及び自立の助長に実効が上がっているもの

　　㋑近い将来活用されることが確実であり、処分するよりも保有するほうが生活維持に実効が上がるもの

　　㋒処分することができないか、著しく困難なもの

㋓売却代金よりも売却に要する経費が高いもの

㋔社会通念上処分させることを適当としないもの

　また、生活用品については、地域住民との均衡を考慮し、地域の普及率が70％程度を超えるものについては、原則保有を認めている。

　能力とは、労働の能力のことで、生活保護実施上では、稼働能力ともよばれている。能力の活用については、場合によっては、育児や介護などによるその不活用が認められることがある。

　活用すべき「その他あらゆるもの」は、現時点でまだ活用できない状況にあるが、受給権のある社会保険給付や交通事故等による損害補償などがそれにあたる。

②扶養義務の優先

　生活保護法では、民法に規定されている扶養義務者による扶養を、法による保護に優先することが規定されている。なお、ここでいう「優先」は、優先して行われるべきという方針を定めているものであり、扶養義務者の扶養を「要件」として求めているわけではないことに留意したい。民法における扶養義務者の範囲は、**図2－1**のとおりである。[*6]

　生活保護の運用にあたっては、まず、絶対的扶養義務者、相対的扶養義務者となり得る者について存否の確認を行い、存在が確認された扶養義務者について、扶養の可能性を調査することとされている。

　扶養の程度については、民法の解釈上通説とされる「**生活保持義務関係**」[*7]（夫婦相互の関係、未成熟の子〔義務教育修了前の子〕に対する親）と「**生活扶助義務関係**」[*8]（未成熟の子に対する親を除く直系血族、兄弟姉妹、及び三親等以内の親族で家庭裁判所が特別の事情ありと認める者）を取り扱いの目安としている。

③他の法律による扶助の優先

　生活保護を実施するにあたっては、他法他施策による扶助を、生活保護に優先して活用する必要がある。ここで定める「優先」の考え方も、扶養義務の優先と同じである。

④急迫した事由がある場合の保護

　保護の補足性の原理は、基本的に、資産、能力、その他あらゆるものの活用、さらには扶養義務や他法他施策優先の考え方を示すものである。しかしながら、生活困窮者が急迫した状況にある場合や、社会通念上放置できないと認められる状況にあるときには、必要な保護を行うことが可能であることを明示している。なお、急迫した事由によ

[*6]
例えば、実際に扶養義務者から金銭的扶養が行われた場合、これを被保護者の収入として取り扱う。また、扶養義務者による扶養の可否等が保護の要否判定に影響を及ぼさない。

[*7]
同居の事実の有無、親権の有無にかかわらず、扶養義務者の最低生活費を超越する部分が扶養の程度となる。

[*8]
社会通念上、その者にふさわしいと認められる程度の生活を維持した上で、経済的に余力がある場合の援助義務が扶養の程度となる。

〈図2-1〉扶養義務者の範囲

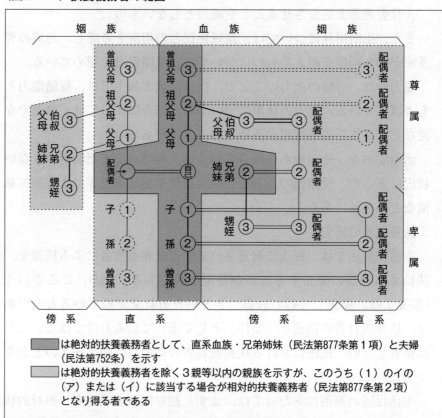

　は絶対的扶養義務者として、直系血族・兄弟姉妹（民法第877条第1項）と夫婦（民法第752条）を示す

　は絶対的扶養義務者を除く3親等以内の親族を示すが、このうち（1）のイの（ア）または（イ）に該当する場合が相対的扶養義務者（民法第877条第2項）となり得る者である

（出典）厚生省「生活保護法による保護の実施要領について（昭和38年4月1日社発第246号）」を一部改変

り保護を実施した場合、後で被保護者に資力があることが確認されたときには、支給した保護費を返還させることが、第63条に規定されている。

（2）生活保護実施上の4原則

❶申請保護の原則（基本原則Ⅰ：第7条）

　申請保護の原則は第7条に規定されており、「保護は、要保護者、その扶養義務者又はその他の同居の親族の申請に基いて開始」されること、「但し、要保護者が急迫した状況にあるときは、保護の申請がなくても、必要な保護を行うことができる」ことが示されている。

　生活保護法では、すべての国民に保護を請求する権利を保障しているが、申請は、その権利を実現させる前提となる重要な行為と位置付けられる。また、自ら申請できない急迫した状況にある要保護者については、職権による保護を行うことができるとされている。

　申請権を保障するためには、実施機関が制度の周知を図るとともに、要保護者を積極的に発見することや、福祉事務所の面接窓口を申請しやすい環境にすることなどが求められている。

❷基準及び程度の原則（基本原則Ⅱ：第8条）

　基準及び程度の原則は、保護の実施にあたり、保障すべき基準とその程度の考え方を示すものである。

　保護の程度は、「厚生労働大臣の定める基準により測定した要保護者の需要を基とし、そのうち、その者の金銭又は物品で満たすことのできない不足分を補う程度において行うものとする」とされている。保護の程度は、実際には資力調査によって決定されている。

　また、保護基準については「要保護者の年齢別、性別、世帯構成別、所在地域別その他保護の種類に応じて必要な事情を考慮した最低限度の生活の需要を満たすに十分なものであって、且つ、これをこえないものでなければならない」とされている。基準は、要保護者が最低限度の生活を維持するための需要を測定する尺度であり、時代状況をふまえて、改定されている。

❸必要即応の原則（基本原則Ⅲ：第9条）

　必要即応の原則は、保護は世帯の必要に応じて行われるものであり、画一的に行うものではないことを規定したものである。

　第9条では、「保護は、要保護者の年齢別、性別、健康状態等その個人又は世帯の実際の必要の相違を考慮して、有効且つ適切に行うものとする」とされており、機械的運用ではなく、要保護者個々の状況に即した弾力的な運用が求められているといえる。

❹世帯単位の原則（基本原則Ⅳ：第10条）

　世帯単位の原則は第10条にその考え方が示されており、「保護は、世帯を単位としてその要否及び程度を定めるものとする。但し、これによりがたいときは、個人を単位として定めることができる」とされている。

　世帯とは、家計を一にする消費生活上の単位であり、必ずしも血縁関係のない者同士でも世帯とみなす。また、1人でも世帯と考える。

　世帯として認定することが適当でない場合には「世帯分離」を行う。世帯認定の例については、**表2－2**のとおりである。

〈表2-2〉世帯認定の例

居住を一にしていないが、同一世帯と判断する例	居住を一にするが、世帯分離を行う例
①出稼ぎしている場合。 ②子が義務教育のため他の土地に寄宿している場合。 ③生活保持義務関係にある者が就労のため他の土地に寄宿している場合。 ④行商または勤労等の関係上、子を知人等に預け子の生活費を仕送りしている場合。 ⑤病気治療のため病院等に入院または入所（介護老人保健施設への入所に限る）している場合。 ⑥職業能力開発校等に入所している場合。 ⑦その他①～⑥までのいずれかと同様の状態にある場合。	①世帯員のうちに、稼働能力があるにもかかわらず収入を得るための努力をしない等保護の要件を欠く者があるが、他の世帯員が真にやむを得ない事情によって保護を要する状態にある場合。 ②要保護者が自己に対し生活保持義務関係にある者がいない世帯に転入した場合であって、同一世帯として認定することが適当でないとき（直系血族の世帯に転入した場合には、世帯分離を行わなければ、その世帯が要保護世帯になるときに限る）。 ③保護を要しない者が被保護世帯に当該世帯員の日常生活の世話を目的として転入した場合であって、同一世帯として認定することが適当でないとき（当該転入者がその世帯の世帯員のいずれに対しても生活保持義務関係にない場合に限る）。 ④同一世帯員のいずれかに対し生活保持義務関係にない者が収入を得ている場合であって、結婚、転職等のため1年以内において自立し同一世帯に属さないようになると認められるとき。 ⑤貸与金、給付金等を受けて大学で就学する場合。

（注）これらは世帯認定の例。取り扱いの詳細は『生活保護手帳 2023年度版』中央法規出版、2023年、228～234頁の実施要領を確認のこと。
（筆者作成）

3 保護の種類及び範囲と保護の実施方法

（1）生活保護の種類及び範囲

　生活保護は、第11条に規定されるように、①生活扶助、②教育扶助、③住宅扶助、④医療扶助、⑤介護扶助、⑥出産扶助、⑦生業扶助、⑧葬祭扶助の8種類の扶助により実施される。いずれも、困窮のため最低限度の生活を維持することができない者に対して、法に定められた範囲で実施することとされている。

　以下が、各扶助の内容である。

❶生活扶助（第12条）

　生活扶助は、第12条に規定されている最も基本的な扶助であり「衣食その他日常生活の需要を満たすために必要なもの」と「移送」の給付を行うものである。

　居宅の場合の生活扶助は、第一類費（個人的経費、年齢別）と第二類費（世帯共通的経費、世帯人員別）に分けられ、特別な需要をもつ者には

---

*9
妊娠の判明した翌月から設定。産婦に対しては、出産月から6か月（人工栄養によって保育する産婦については3か月）認定するが、病院の給食を受けている入院患者等には行わない。

*10
父母の一方もしくは両方が欠けているかこれに準ずる場合に、父母の他方または祖父母・兄・姉等、児童の養育にあたる者に対して行う加算である。なお、平成17（2005）年度より段階的に縮減され、平成21（2009）年4月に廃止されたが、子どもの貧困を解消する観点から同年12月より復活した。

*11
障害等級表の1・2級もしくは3級、または国民年金法施行令別表1級もしくは2級に該当する者等に対して行う加算。

*12
介護施設に入所している者で、介護施設入所者基本生活費が算定されている者（母子加算または障害者加算が認定されている者を除く）に対して行う加算。

各種加算が合算される。特別な需要をもつ者に対して認定される加算には、妊産婦加算[9]、母子加算[10]、障害者加算[11]、介護施設入所者加算[12]、在宅患者加算[13]、放射線障害者加算[14]、児童養育加算[15]、**介護保険料加算**[16]がある。第二類費は、基準額に地区別に 5 か月間から 7 か月間の冬季加算[17]が、このほか、期末一時扶助が12月に計上される。

なお、入院患者に対しては入院患者日用品費[18]が、また介護施設入所者に対しては、介護施設入所者基本生活費[19]が基準生活費として支給される。

また、救護施設等の入所者には、別に定められた基準生活費が認定される。

日常生活の需要は、月々支給される生活費により満たされるが、それ以外の臨時的な需要に対して、一時扶助が支給される。一時扶助には、被服費、家具什器費、移送費、入学準備金、就労活動促進費、配電設備費、水道・井戸または下水道設備費、液化石油ガス設備費、家財保管料、家財処分料、妊婦定期健診料、不動産鑑定費用等、除雪費がある。

❷ 教育扶助（第13条）

教育扶助は第13条に規定されており、「義務教育に伴って必要な教科書その他の学用品」「義務教育に伴って必要な通学用品」「学校給食その他義務教育に伴って必要なもの」の給付を行うものである。

教育扶助の対象は小・中学校の義務教育にかかる経費であり、高等学校等に必要な経費は、❼の生業扶助の高等学校等就学費として給付される。基準額、教材代、学校給食費、学習支援費、校外活動参加費のほか、必要な場合には通学のための交通費が給付される。ワークブック・和洋辞書・副読本的図書類の費用は教材代として、課外クラブ活動の費用は学習支援費として対応される。

❸ 住宅扶助（第14条）

住宅扶助は第14条に規定されており、「住居」「補修その他住宅の維持のために必要なもの」の給付を行うものである。

家賃・間代・地代など月々にかかる費用のほか、福祉事務所が認めた場合において、転居にかかる敷金等[20]、契約更新にかかる契約更新料等[21]について給付することができる。

また、被保護者が現に居住する家屋の畳、建具等の破損などにより住居としての機能に障害が出た場合、住宅維持費として、小規模の補修を行うことが認められている。なお、住宅維持費に関連して、生活扶助の

[13]
居宅療養に専念している患者で、医師の診断により栄養の補給が必要と認められる者について行う加算。

[14]
原子爆弾被爆者に対する援護に関する法律（平成 6 年、法律第117号）によって認定を受けた者、または放射線を多量に浴びたため負傷や疾病にかかっている者、及び治癒した者に対して行う加算。

[15]
18歳に達する日以後の最初の 3 月31日までの間にある児童の養育にあたる者に対して行う加算。

[16]
介護保険の第一号被保険者で、普通徴収の方法で保険料を納付する者に対して行う加算。

[17]
地区は、ⅠからⅥの 6 区に分類されている。冬季加算の認定月はⅠ・Ⅱ区10〜翌 4 月、Ⅲ・Ⅳ区11〜翌 4 月、Ⅴ・Ⅵ区11〜翌 3 月である。

[18]
1 か月以上の期間にわたり病院等に入院する者には、生活扶助の第一類と第二類に代わり、入院患者日用品費が計上される。

[19]
介護施設に入所する者の基本的日常生活費として計上されるもの。

[20]
権利金、礼金、不動産手数料、火災保険料、保証料。

[21]
更新手数料、火災保険

料、保証料。

一時扶助に配管設備費、水道・井戸または下水道設備費、液化石油ガス設備費が規定されている。

❹医療扶助（第15条）

医療扶助は第15条に規定されており、「診察」「薬剤又は治療材料」「医学的処置、手術及びその他の治療並びに施術」「居宅における療養上の管理及びその療養に伴う世話その他の看護」「病院又は診療所への入院及びその療養に伴う世話その他の看護」「移送」の給付を行うものである。

具体的には、病気の治療に必要な入院または通院による医療の給付を行うもので、治療の一環として行われる薬剤や治療材料、柔道整復、あんま・マッサージ、はり・きゅうなどの施術もそれに含まれている。また、看護、入院、通院等に必要となる移送費の給付も認められる。

医療扶助は、医療扶助のための医療を担当する機関として指定された「指定医療機関」に委託して行われることを原則としている。また、医療扶助による給付は、国民健康保険の診療方針や診療報酬の例によることとされており、原則として社会保険診療と同様の医療の給付がなされている。社会保険の保険給付の場合には、自己負担分が医療扶助として行われる。

❺介護扶助（第15条の2）

介護扶助は第15条の2に規定されており、介護保険法に規定される要介護者、要支援者、及び居宅要支援被保険者等に相当する者（要支援者を除く）を対象に、「居宅介護（居宅介護支援計画に基づき行うものに限る）」「福祉用具」「住宅改修」「施設介護」「介護予防（介護予防支援計画に基づき行うものに限る）」「介護予防福祉用具」「介護予防住宅改修」「介護予防・日常生活支援（介護予防支援計画又は介護保険法に規定する第1号介護予防支援事業による援助に相当する援助に基づき行うものに限る）」「移送」の給付を行うものである。

対象者は、具体的には要介護状態または要支援状態にある65歳以上の者、加齢に起因する一定の範囲の疾病（特定疾病）により要介護状態または要支援状態にある、40歳以上65歳未満の者が対象となる。[*22]

介護保険の保険給付の場合には、補足性の原理により介護保険給付を優先するため、自己負担分が介護扶助として行われる。

なお、65歳以上の者で普通徴収により介護保険料を納付しなければな

＊22
介護保険法では、医療保険に加入していない40歳以上65歳未満の者は被保険者とならないが、介護扶助はこれらの者も対象としている。

らないものについては、生活扶助の介護保険料加算が対応することとなっている。

❻出産扶助（第16条）

　出産扶助は第16条に規定されており、「分べんの介助」「分べん前及び分べん後の処置」「脱脂綿、ガーゼその他の衛生材料」の給付を行うものである。

　出産扶助は、自宅分べんのほか、病院、助産所等の施設において分べんする場合も認められている。施設分べんについて、出産扶助と医療扶助と競合する場合には、まず医療扶助を適用し、医療扶助の適用されない部分について出産扶助を適用するのが原則とされる。帝王切開による出産は、医療扶助による給付の対象となる。

　また、分べんについては、補足性の原理により一般的に児童福祉法第22条による「入院助産」の制度が優先される場合が多い。

　なお、妊産婦の産前産後の栄養補給については、生活扶助で妊産婦加算を計上するなどの配慮がなされている。

❼生業扶助（第17条）

　生業扶助は第17条に規定されており、「生業に必要な資金、器具又は資料」「生業に必要な技能の修得」「就労のために必要なもの」の給付を行うものである。「但し、これによって、その者の収入を増加させ、又はその自立を助長することのできる見込のある場合に限る」としている。

　具体的には、①生業費（生計の維持を目的として営まれる事業のために必要な資金）、②技能修得費（生業に就くために必要な技能を修得する経費）、③**高等学校等就学費**（基本額のほか、授業料、教材代、入学料及び入学考査料、通学のための交通費、学習支援費等）、④就職支度費（就職が確定した場合の洋服類、履物等の購入の費用）が給付される。

　なお、生業扶助は、他の7つの扶助と異なり「困窮のため最低限度の生活を維持することのできない者又はそのおそれのある者」も対象としており、防貧的機能を有する仕組みであるといえる。

❽葬祭扶助（第18条）

　葬祭扶助は第18条に規定されており、「検案」[*23]「死体の運搬」「火葬又は埋葬」「納骨その他葬祭のために必要なもの」の給付を行うものである。葬祭扶助は、死亡者の遺族または扶養義務者が困窮のため葬祭を行

うことができない場合に、その申請により適用される。

　しかしながら、「被保護者が死亡した場合において、その者の葬祭を行う扶養義務者がないとき」「死者に対しその葬祭を行う扶養義務者がない場合において、その遺留した金品で、葬祭を行うに必要な費用を満たすことのできないとき」においても、それらの者の葬祭を行う第三者がいる場合には、その資力にかかわらず適用される。ただし、市町村長が身元不明の死亡者に対して葬儀を行った場合には「墓地、埋葬等に関する法律」が優先され、葬祭扶助の対象にはならない。

（2）保護の実施方法

　生活保護における給付は、第6条の規定により、「金銭給付」または「現物給付」の形で行われる。生活扶助、教育扶助、住宅扶助、出産扶助、生業扶助、葬祭扶助は原則として金銭給付によるとされる。また、医療扶助、介護扶助は原則として現物給付によるとされる。金銭給付は、金銭の給与または貸与により保護を行うことを意味しており、一般的に、被保護者に金銭が給付される形で行われる。現物給付は、物品の給与または貸与、医療の給付、役務の提供その他金銭給付以外の方法で保護を行うことであり、被保護者に医療などのサービスや、布団や紙おむつなどの物品が直接給付されるような形で行われるものである。サービスや物品にかかった費用は、福祉事務所から直接、それらにかかわる団体や業者に金銭が支払われる。

　一般的に、被保護者に対する毎月の保護費の支給は、①被保護者本人の居宅口座（金融機関）への振込、②福祉事務所や町村役場での窓口払い、③現金送金（現金書留による郵送）のいずれかにより行われている。生活扶助費については、1か月分を月の初めに前渡しすることになっている。

　8種類の扶助については、世帯の必要に合わせて1種類、または2種類以上の組み合わせで行われるが、1種類だけ支給することを「単給」、2種類以上の場合を「併給」とよんでいる。

4 保護の実施責任

（1）保護の実施機関と実施責任

　要保護者に対する法に定める保護を決定・実施する責任と権限をもっているのは、第19条に定められている、都道府県知事、市長、福祉に関

する事務所（福祉事務所）を設置する町村の長である。これらは、法律上「保護の実施機関」とよばれている。保護の実施機関は、通常その事務を福祉事務所長に委任している（第19条第4項）。

　保護の実施機関が負う、要保護者に対する保護決定・実施についての責任を「実施責任」とよんでいる。この実施責任の明確化は、国民が速やかに保護を受けられるため、また、費用負担が明確にされ、実施機関において円滑な事務が行われるために必要といえる。

（2）実施責任に関する規定

　実施責任については、第19条に、以下のような規定が置かれている。
①居住地保護（第19条第1項第1号）
　実施機関が管理する福祉事務所の所管区域内に居住地を有する要保護者に対する保護。
②現在地保護（第19条第1項第2号）
　居住地がないか、または明らかでない要保護者であって、同じく福祉事務所の所管区域内に現在地を有するものに対する保護。
③急迫保護（第19条第2項）
　他管区内に居住地があることが明らかであっても、要保護者が急迫した状況にあるときは、その急迫した事由が止むまでは、その者に対する保護は、その者の現在地を所管する実施機関が保護を実施する。
④施設入所保護の場合の特例（第19条第3項）
　被保護者が、他管内の救護施設、更生施設、介護老人福祉施設等に入所、または入所委託した場合には、入所前の居住地または現在地の実施機関が保護を実施する。平成30（2018）年の一部改正では、この特例が有料老人ホーム、養護老人ホーム及び軽費老人ホームで特定施設入居者生活介護または介護予防特定施設入居者生活介護が行われる場合を含めることとした。
⑤町村長による応急保護（第19条第6項）
　福祉事務所を設置しない町村の長は、その町村内において、特に急迫した事由により放置することのできない状況にある要保護者に対して、応急的措置として、必要な保護を行うものとする。

　居住地保護にいう居住地とは、保護の実施上の世帯単位の原則から、要保護者の属する世帯の生計が営まれる場所をいう。また、現在地保護をすべき要保護者の実施責任については、保護の実施要領において、詳

細な取り決めが定められており、実施機関はそれに基づき判断の上、保護を実施している現状にある。

5 生活保護の財政

（1）生活保護費の財源と費用負担の仕組み

　生活保護は、国がその責任において、憲法に定める最低限度の生活を保障するものであることから、公費により費用がまかなわれる。国の歳出予算は、一般歳出、地方交付税、国債の返済に充てられるが、生活保護費は、社会保障関係費とともに、一般歳出の中に位置付けられている。

　生活保護費の総額は、令和5（2023）年度は、約2.7兆円超となっている。国の社会保障関係費に占める生活保護費の割合を見ると、昭和40（1965）年度の20.4％から、令和5（2023）年度には7.7％に減じており、社会保障制度の整備拡充とともに、生活保護費の占める割合が少なくなっていることがわかる（**表2－3**）。

（2）費用負担の仕組みとその特質

　生活保護費に関する費用については、国が市町村及び都道府県が支弁する保護費等の3/4、生活保護を実施する地方公共団体が1/4を負担することになっている（**表2－4**）。

〈表2－3〉国の予算と生活保護費の年次推移

（単位：億円）

	年度	昭和40	50	60	平7	17	27	令2	3	4	5
予算額	一般会計予算（A）	36,581	212,888	524,996	709,871	821,829	963,420	1,026,580	1,066,097	1,075,964	1,143,812
	一般歳出予算（B）	29,199	158,408	325,854	421,417	472,829	573,555	634,972	669,020	673,746	727,317
	社会保障関係費（C）	5,184	39,282	95,740	139,244	203,808	315,297	358,121	358,421	362,735	368,889
	厚生労働省予算（D）	4,787	39,067	95,028	140,115	208,178	299,146	330,366	331,380	335,160	331,686
	生活保護費（E）	1,059	5,347	10,815	10,532	19,230	29,042	28,640	28,652	28,434	28,320
生活保護費の占める割合	対一般会計予算比（E/A）	%2.9	%2.5	%2.1	%1.5	%2.3	%3.0	%2.8	%2.7	%2.6	%2.5
	対一般歳出予算比（E/B）	3.6	3.4	3.3	2.5	4.1	5.1	4.5	4.3	4.2	3.9
	対社会保障関係予算比（E/C）	20.4	13.6	11.3	7.6	9.4	9.2	8.0	8.0	7.8	7.7
	対厚生労働省予算比（E/D）	22.1	13.7	11.4	7.5	9.2	9.7	8.7	8.6	8.5	8.5

（出典）生活保護制度研究会 編『生活保護のてびき 令和5年度版』第一法規、2023年、50頁

〈表2－4〉費用負担区分

経　　費	居　住　地　区　分	国	都道府県 指定都市 中　核　市	市町村
保護費 施設事務費および委託事務費を含む	市または福祉事務所を設置している町村内居住者	$\frac{3}{4}$	−	$\frac{1}{4}$
	福祉事務所を設置していない町村内居住者	$\frac{3}{4}$	$\frac{1}{4}$	−
	指定都市または中核市内居住者	$\frac{3}{4}$	$\frac{1}{4}$	−
	居住地の明らかでない者	$\frac{3}{4}$	$\frac{1}{4}$	−
就労自立給付金・進学準備給付金		$\frac{3}{4}$	$\frac{1}{4}$	−
		$\frac{3}{4}$	−	$\frac{1}{4}$
被保護者就労支援事業に係る費用		$\frac{3}{4}$	$\frac{1}{4}$	−
		$\frac{3}{4}$	−	$\frac{1}{4}$

（注）なお、生活保護費予算のうち保護費については、その事業の本質に鑑み、予算執行上、財政法第35条第3項ただし書による予備費使用の特例が認められている。

（筆者作成）

　また、国は保護施設の整備・設置に要する費用の1/2を補助することになっている。社会福祉法人または日本赤十字社が保護施設を設置する場合、整備費用は、国1/2、都道府県1/4が補助され、保護施設事務費等は、国が3/4、市町村及び都道府県が1/4を負担することになっている。

　生活保護の施行に伴う人件費、行政事務費は、生活保護法の規定上は国の負担が法定化されておらず、これらの経費は、地方交付税交付金により財政措置される。地方公共団体の財政は、地方交付税交付金により財源の均衡化が図られており、生活保護に関する費用も他の財政需要と合わせて、一定の基準に従って算入される。この算定の基礎となる基準財政需要額[24]と、当該地方公共団体の財政収入及び国庫負担金等の収入とを対比した不足額について、地方交付税が交付される。地方交付税制度では、普通交付税[25]のほか、特別交付税[26]があり、生活保護費の負担が大きい県、市などがその対象となっている。

　国の財政においては、生活保護費として国が負担すべき額は、厚生労働省所管予算として計上される。国の予算の作成にあたっては、厚生労働大臣による概算要求、財務大臣による調整、閣議による決定という手続きがとられ、国会の議決を経て予算が成立することになる。生活保護

*24
地方交付税交付金の算定基礎となる、地方公共団体の事務費等に必要な経費の総額を一律の基準により算定した額。

*25
行政上データ（人口、面積等）をもとに基準財政需要額を算定し、地方税、国庫補助金等の収入額を控除した額に対し交付（交付税総額の94%）。

*26
災害や予測できない事件等の特別の事情に応じて交付（交付税総額の6%）。

費についてもこの予算に織り込まれるが、生活保護費と他の国家予算とでは、その性格が異なるため、以下のような扱いとされる。

　通常、国または地方公共団体の一般事業は、予算によって事業の規模または運営が拘束される場合が多い。しかし、生活保護については、厚生労働大臣が定める保護の基準によって、保護を要すると認められる生活困窮者に対する正当な保護に要する経費である限り、国がその負担を逃れたり、地方公共団体が支弁を回避したりすることはできない。要保護者に保護請求権が法律上の権利として保障されていることから、予算の不足等を理由に、必要な保護をしないということは認められていないのである。

　このような性格の経費である生活保護費は、財政法の規定の「法律上国の義務に属する経費」にあたり、これに不足が生じたときは、補正予算を計上することになっており、予備費の使用についても手続き上の特例が講じられている。

（3）生活保護に関する費用

　生活保護を実施するにあたり必要となる費用を分類すると、以下のようになる。

①保護の実施に関する費用（保護費）

　被保護者に対する給付に必要な費用であり、生活、住宅、教育、医療、介護、出産、生業、葬祭の各扶助費として支給される額。なお、保護施設入所にかかる被保護者の生活扶助費は、施設の長に交付することも認められているが、次の保護施設事務費とは区分され、保護費に属する。

②保護施設事務費

　被保護者が保護施設に入所した場合、当該施設に対して支出される施設運営に必要な経費をさす。この保護施設事務費は、職員の人件費、運営経費をまかなうものであり、被保護者の支援にかかる間接的な経費である。施設の規模に応じて定められた入所者1人当たりの支弁基準額によって、実施機関から当該保護施設に支出される。

③委託事務費

　生活扶助の方法として、被保護者が、保護施設以外の適当な施設や私人の家庭に委託して入所した場合に支払われる事務費である。

④保護施設の設備費

　保護施設を新設する場合に必要な経費のほか、施設の改築、拡張、

修繕費、器具などの施設及び設備の整備に要する費用のことをさす。

⑤就労自立給付金支給及び進学準備給付金支給に要する費用

　被保護者の自立助長を図るために、安定した職業に就いたことなどにより保護を必要としなくなったと認めた者に対して、就労自立を促進するための給付金の費用。また、大学等に進学の際の新生活立ち上げの費用として進学準備金を一時金として給付する費用である。

⑥被保護者就労支援事業及び被保護者健康管理支援事業の実施に要する費用

　就労支援に関する問題につき、被保護者からの相談に応じて必要な情報提供及び助言を行う事業に必要な経費。また、地域の被保護者の健康課題を把握した上で、頻回受診指導その他の取り組みの方針を策定し地域の実情に応じた支援を行う事業に必要な経費も含まれる。

⑦法の施行に伴い必要な地方公共団体の人件費

　生活保護の決定・実施にあたる都道府県、指定都市、中核市本庁の関係職員及び福祉事務所の職員の給与、その他の手当のことをさす。実施機関に対して協力義務を果たす町村長の下で、関係事務に従事する職員の人件費も含まれる。

⑧法の施行に伴い必要なその他行政事務費

　生活保護の決定・実施にあたる実施機関の職員の活動旅費、事務に必要な消耗品、通信運搬費及び福祉事務所嘱託医手当等が中心であるが、都道府県、指定都市本庁職員による指導監査に伴う経費も含まれる。

第 2 節　生活保護基準の体系

1　最低生活費と生活保護基準

（1）最低生活費の概念

　生活保護制度は、国が無差別平等に、生活に困窮する国民に対して「健康で文化的な最低限度の生活」を保障するものである。この法律のもとで設定される最低生活費は、単に日常生活を営むだけでなく、人としての尊厳を保ち、社会生活が維持できる水準であることが求められている。

　また、最低生活費は、単に生活保護の保障水準としてではなく、国家が保障する「ナショナルミニマム」としてもとらえられる。さらには、最低生活費は、生活困窮状態にあるかどうかを判断する、貧困線としての役割も果たしているといえるだろう。

（2）生活保護基準

　生活保護法では、保障すべき生活内容と水準の程度を、第3条に「健康で文化的な最低限度の生活」という抽象概念として示している。それを、実際に具体的尺度として示したものが、第8条に基づき厚生労働大臣が定めた生活保護基準である。

　要保護者の生活需要に応じて、生活、教育、住宅、医療、介護、出産、生業、葬祭の8つの扶助ごとに、基準が定められている。また、これらの基準は、要保護者の年齢別、世帯構成別、所在地域別等、各扶助の必要な事情を考慮し設定されている。

（3）生活保護基準の算定方式

　生活保護基準の算定方式は、次のような変遷をたどり設定されてきた。

①マーケット・バスケット方式（昭和23〔1948〕年〜35〔1960〕年）

　マーケット・バスケットとは、買い物かごを意味しており、最低生活を営むために必要な食費、被服費、光熱水費、家具什器など、個々の費目を積み上げて、最低生活費を算定する方法である。ラウントリー方式、理論生計費方式、全物量方式ともよばれている。

②エンゲル方式（昭和36〔1961〕年〜39〔1964〕年）

生活費の総額に占める飲食物費の割合により生活程度を測定する、エンゲルの法則の考え方に基づき最低生活費を算定する方法である。具体的には、栄養審議会で算定した日本人の標準的栄養所要量を満たすことができる飲食物費を理論的に計算し、その理論計算による飲食物費と同額の飲食物費を、現実に支出している低所得者世帯を家計調査から引き出して、その世帯のエンゲル係数で割り戻して総生活費を計算していた。

③格差縮小方式（昭和40〔1965〕年〜58〔1983〕年）

一般世帯と生活保護世帯の生活水準を縮小する観点から、生活扶助基準の改定率を決定する方法である。具体的には、予算編成直前に公表される政府経済見通しの、当該年度の民間最終消費支出の伸びを基礎として、それに格差縮小分を加味して、生活扶助基準の改定率を決定していた。

④水準均衡方式（昭和59〔1984〕年〜現在）

格差縮小方式による基準額が、おおむね一般国民の生活水準との均衡が保てるようになったと判断されたことから、一般国民の消費水準の変動に即した改定を行う方法である。当該年度の民間最終支出の伸び率を基礎とし、さらに前年度までの一般国民の消費水準の実績との調整を行い決定される。

以上のように、昭和59（1984）年以降は毎年水準均衡方式により改定が行われているが、平成15（2003）年から平成16（2004）年の「生活保護制度の在り方に関する専門委員会」が、5年に1度は水準均衡が適切かどうか検証する必要があると提言した。このため平成23（2011）年には、社会保障審議会に生活保護基準部会が常設され、平成25（2013）年1月には検証結果に係る報告書が取りまとめられた。その後、平成25（2013）年8月からの改定を厚生労働省が決定している。

また、平成26（2014）年の上記部会の論議をふまえて、平成27（2015）年度中の住宅扶助、冬季加算の見直しが行われた。平成29（2017）年度は定期的な検証の年で、その結果、平成30（2018）年10月の改定が行われた。激変緩和のため、3年にわたり段階的に実施される。[27]

----

*27
本書第1章第4節参照。

2 各種扶助基準の概要

　生活保護基準の体系は、**図2−2**のとおりである。

　基準の設定にあたっては、要保護者の所在地域を考慮し「級地」の概念を用いており、生活扶助、住宅扶助、葬祭扶助の各基準は、所在地の物価や地価等に照らして設定している。[*28]

＊28
全国の市町村を1級地から3級地に分類し、生活扶助の基準生活費は、1級地−1、1級地−2のように、級地を2区分している。最も高い基準生活費は1級地−1である。

〈図2−2〉生活保護基準の体系

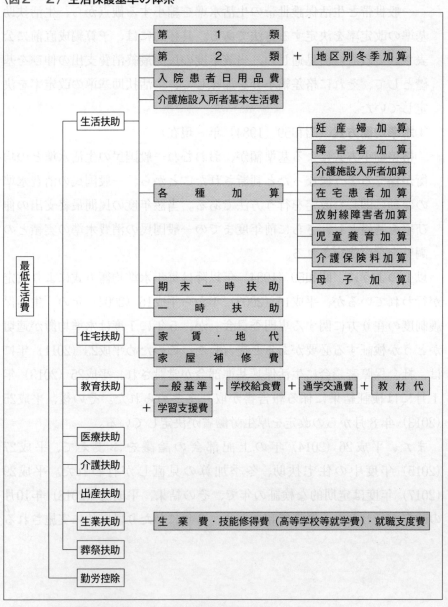

（出典）生活保護制度研究会 編『生活保護のてびき 令和5年度版』第一法規、2023年、43頁

3 勤労収入からの控除の仕組み

　勤労に伴う収入を得ている者に対しては、勤労に伴う必要経費の補填、及び勤労意欲の増進と自立助長を目的とした勤労控除の制度が設けられている。勤労控除には、①基礎控除、②新規就労控除、③未成年者控除の3種類がある。[*29]

　①基礎控除

　　勤労に伴い、被服、身の回りの物、知識・教養向上等の経費、職場交際費がかかることから、収入に応じて一定の金額を、収入額として認定しないものとして控除するものであり、勤労意欲の増進と、自立助長の促進を目的としている。同一世帯に複数の勤労者がいる場合には、金額を調整する仕組みとなっている。

　②新規就労控除

　　中学校等を卒業して、新規に継続性のある職業に従事した場合等において、6か月間に限り認定できる控除である。

　③未成年者控除

　　20歳未満の者が就労している場合に認定できる控除。[*30]

　①～③の勤労控除以外に、勤労収入からの実費控除として、社会保険料、所得税、労働組合費、通勤費等が認められる。[*31]

4 その他の控除

　その他の控除については、真に必要やむを得ないものに限り、以下のようなものについて、必要な最小限度の額を必要経費として認めることができることとされている。

　①出稼ぎ、行商、船舶乗組、寄宿等に要する一般生活費または住宅費の実費

　②就労に伴う子の託児費

　③他法他施策等による貸付金のうち当該被保護世帯の自立更生のために充てられる額の償還金

　④住宅金融公庫の貸付金の償還金

　⑤地方税等の公租公課

　⑥健康保険の任意継続保険料

　⑦国民年金の受給権を得るために必要な任意加入料

*29
勤労状況等を考慮して、年間を通じて一定限度額の金額を控除する仕組みである「特別控除」は、平成25（2013）年7月末で廃止された。

*30
ただし、①単身者、②配偶者または自己の未成熟の子とのみで独立した世帯を営んでいる場合、③配偶者と自己の未成熟の子のみで独立した世帯を営んでいる場合は、未成年者控除の対象としない。

*31
勤労収入以外の、農業、漁業、小売商業等の事業収入、財産賃貸や売却等による収入、年金収入、贈与収入についても、それぞれに実費控除が認められている。

5 最低生活費の算定方法

　　最低生活費とは、被保護世帯が健康で文化的な最低限度の生活を営むために必要な1か月の費用の総額をさす。なお、最低生活費の計算方法の概略は、**図2－3**のようになる。

〈表2－5〉生活保護制度における最低生活費の算出方法（令和5年10月）

【最低生活費＝A＋B＋C＋D＋E＋F】　　　　　　　　　　　　　　　　　（単位：円／月額）

生活扶助基準（第1類）						
年齢	基準額					
	1級地－1	1級地－2	2級地－1	2級地－2	3級地－1	3級地－2
0～2	44,580	43,240	41,460	39,680	39,230	37,000
3～5	44,580	43,240	41,460	39,680	39,230	37,000
6～11	46,460	45,060	43,200	41,350	40,880	38,560
12～17	49,270	47,790	45,820	43,850	43,360	40,900
18～19	46,930	45,520	43,640	41,760	41,290	38,950
20～40	46,930	45,520	43,640	41,760	41,290	38,950
41～59	46,930	45,520	43,640	41,760	41,290	38,950
60～64	46,930	45,520	43,640	41,760	41,290	38,950
65～69	46,460	45,060	43,200	41,350	40,880	38,560
70～74	46,460	45,060	43,200	41,350	40,880	38,560
75～	39,890	38,690	37,100	35,500	35,100	33,110

↓

人員	逓減率					
	1級地－1	1級地－2	2級地－1	2級地－2	3級地－1	3級地－2
1人	1.00	1.00	1.00	1.00	1.00	1.00
2人	0.87	0.87	0.87	0.87	0.87	0.87
3人	0.75	0.75	0.75	0.75	0.75	0.75
4人	0.66	0.66	0.66	0.66	0.66	0.66
5人	0.59	0.59	0.59	0.59	0.59	0.59

↓

生活扶助基準（第2類）						
人員	基準額					
	1級地－1	1級地－2	2級地－1	2級地－2	3級地－1	3級地－2
1人	27,790	27,790	27,790	27,790	27,790	27,790
2人	38,060	38,060	38,060	38,060	38,060	38,060
3人	44,730	44,730	44,730	44,730	44,730	44,730
4人	48,900	48,900	48,900	48,900	48,900	48,900
5人	49,180	49,180	49,180	49,180	49,180	49,180

※冬季には地区別に冬季加算が別途計上される。札幌市の例：4人世帯の場合は月額22,270円（10月～翌4月）

↓

生活扶助基準（第1類＋第2類）
※各居宅世帯員の第1類基準額を合計し、世帯人員に応じた逓減率を乗じ、世帯人員に応じた第2類基準額を加える。

生活扶助基準額（第1類＋第2類）＋特例加算（1人当たり月額1,000円）＋生活扶助本体における経過的加算【A】
※特例加算は入院患者や施設入所者等にも加算される。

〈図２−３〉　生活保護制度における最低生活費の計算方法例

| 生活扶助第一類費 | ＋ | 生活扶助第二類費 | ＋ | 生活扶助各種加算額 | ＋ | 住宅扶助基準 | ＋ | 教育扶助基準及び（生業扶助基準）高等学校等就学費 | ＋ | 介護扶助基準 | ＋ | 医療扶助基準 | ＝ | 最低生活費認定額 |

（注１）それぞれの扶助費についてその世帯に必要なものを計上していく。（注２）冬季には、地域別に冬季加算が認定される。（注３）出産扶助、葬祭扶助が必要な場合には、それらの経費の一定額が加えられる。
（筆者作成）

加算額　【B】			
	1級地	2級地	3級地
障害者			
身体障害者障害程度等級表1・2級に該当する者等	26,810	24,940	23,060
身体障害者障害程度等級表3級に該当する者等	17,870	16,620	15,380
母子世帯等			
児童1人の場合	18,800	17,400	16,100
児童2人の場合	23,600	21,800	20,200
3人以上の児童1人につき加える額	2,900	2,700	2,500
児童を養育する場合	10,190（児童1人につき）		

注1　該当者がいるときだけ、その分を加える。
注2　入院患者、施設入所者は金額が異なる場合がある。
注3　このほか、「妊産婦」などがいる場合は、別途妊産婦加算等がある。
注4　児童とは、18歳になる日以後の最初の3月31日までの者。
注5　障害者加算と母子加算は原則併給できない。
※一定の要件を満たす「母子世帯等」及び「児童を養育する場合」には、別途経過的加算（別表）がある。

住宅扶助基準　【C】			
	1級地	2級地	3級地
実際に支払っている家賃・地代	53,700	45,000	40,900

※東京都の例（単身の場合）。基準額の範囲内で実費相当が支給される。

教育扶助基準、高等学校等就学費　【D】			
	小学生	中学生	高校生
基準額	2,600	5,100	5,300

※このほか必要に応じ、教材費・クラブ活動費・入学金（高校生の場合）などの実費が計上される。

介護扶助基準　【E】
居宅介護等にかかった介護費の平均月額

医療扶助基準　【F】
診療等にかかった医療費の平均月額

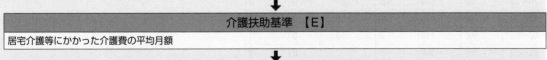

最低生活費認定額

※このほか、出産、葬祭などがある場合は、それらの経費の一定額がさらに加えられる。

（出典）生活保護制度研究会　編『生活保護のてびき　令和5年度版』第一法規、2023年、58〜59頁

（別表）

（1）生活扶助本体に係る経過的加算

（単位：円／月額）

年齢	単身世帯						2人世帯					
	1級地-1	1級地-2	2級地-1	2級地-2	3級地-1	3級地-2	1級地-1	1級地-2	2級地-1	2級地-2	3級地-1	3級地-2
0～2	150	0	0	410	0	0	550	0	0	990	0	0
3～5	150	0	0	410	0	0	550	0	0	990	0	0
6～11	0	0	0	0	0	0	0	0	0	350	0	0
12～17	0	0	0	0	0	0	0	0	0	0	0	0
18～19	1,330	0	0	910	0	0	890	50	0	1,380	0	0
20～40	700	0	0	910	0	0	890	50	0	1,380	0	0
41～59	1,520	0	0	910	0	0	890	50	0	1,380	0	0
60～64	1,160	0	0	910	0	0	890	50	0	1,380	0	0
65～69	1,630	0	0	0	0	0	0	0	0	90	0	0
70～74	0	0	0	0	0	0	0	0	0	90	0	0
75～	3,220	1,340	0	1,180	0	0	1,460	610	320	1,710	0	450

年齢	3人世帯						4人世帯					
	1級地-1	1級地-2	2級地-1	2級地-2	3級地-1	3級地-2	1級地-1	1級地-2	2級地-1	2級地-2	3級地-1	3級地-2
0～2	0	0	0	0	0	0	980	0	0	0	0	0
3～5	0	0	0	0	0	0	0	0	0	0	0	0
6～11	0	0	0	0	0	0	0	0	0	0	0	0
12～17	530	0	0	0	0	0	2,230	1,050	190	0	0	0
18～19	2,290	950	0	0	0	0	3,770	2,550	1,630	720	0	0
20～40	670	0	0	0	0	0	2,240	1,090	240	0	0	0
41～59	0	0	0	0	0	0	470	0	0	0	0	0
60～64	0	0	0	0	0	0	0	0	0	0	0	0
65～69	0	0	0	0	0	0	0	0	0	0	0	0
70～74	0	0	0	0	0	0	0	0	0	0	0	0
75～	390	0	0	0	0	0	320	0	0	0	0	0

年齢	5人世帯					
	1級地-1	1級地-2	2級地-1	2級地-2	3級地-1	3級地-2
0～2	2,340	1,840	1,220	0	0	0
3～5	250	0	0	0	0	0
6～11	0	0	0	0	0	0
12～17	3,810	2,720	1,910	1,120	0	0
18～19	5,190	4,060	3,200	2,350	650	70
20～40	3,730	2,680	1,880	1,090	0	0
41～59	2,060	1,070	340	0	0	0
60～64	960	110	0	10	0	0
65～69	1,230	380	0	0	0	0
70～74	0	0	0	0	0	0
75～	1,630	810	0	0	0	0

注1　世帯構成に合わせて、世帯員の該当する年齢別・級地別の加算額を加える。

注2　世帯構成には、入院患者、施設入所者は世帯人員数に含めない上で、加算もしない。

*32
収入充当額とは、収入から各種控除、必要経費を除いた金額のことをさす。

　また、実際に被保護世帯に支給される生活保護費の支給額のことを、保護費支給額という。保護費支給額は、最低生活費から収入充当額[*32]を引いたものであり、収入がない世帯は、最低生活費認定額が保護費支給額となる。

（2）「母子世帯等」に係る経過的加算

○3人以上の世帯であって、児童が1人のみの場合

	1級地－1	1級地－2	2級地－1	2級地－2	3級地－1	3級地－2
3人世帯						
0歳以上5歳までの場合	3,330	3,330	0	0	0	0
6歳以上11歳までの場合	3,330	3,330	3,200	0	0	0
12歳以上14歳までの場合	3,330	3,330	3,200	2,780	1,760	0
15歳以上17歳までの場合	0	0	0	0	0	0
18歳以上20歳未満の場合	3,330	3,330	3,200	2,780	1,760	0
4人世帯						
0歳以上2歳までの場合	3,330	3,330	3,200	3,200	2,900	0
3歳以上14歳までの場合	3,330	3,330	3,200	3,200	2,900	2,900
15歳以上17歳までの場合	0	0	0	0	0	0
18歳以上20歳未満の場合	3,330	3,330	3,200	3,200	2,900	2,900
5人世帯以上						
0歳以上14歳までの場合	3,330	3,330	3,200	3,200	2,900	2,900
15歳以上17歳までの場合	0	0	0	0	0	0
18歳以上20歳未満の場合	3,330	3,330	3,200	3,200	2,900	2,900

注1　該当者がいるときだけ、その分を加える。

※このほか児童が入院している等の一定の要件を満たす場合にも、別途加算される。

（3）「児童を養育する場合」に係る経過的加算

3人以下の世帯であって、3歳未満の児童が入院している等の場合	4,330（児童1人につき）
4人以上の世帯であって、3歳未満の児童がいる場合	4,330（児童1人につき）
第3子以降の「3歳から小学生修了前」の児童がいる場合	4,330（児童1人につき）

注1　該当者がいるときだけ、その分を加える。

（出典）生活保護制度研究会 編『生活保護のてびき 令和5年度版』第一法規、2023年、60〜61頁

　生活保護基準及び生活扶助基準額の算定方法については**表2−5**、令和5（2023）年10月時点の主なモデル世帯の生活保護基準額（月額）は**表2−6**、標準世帯の生活扶助基準額の年次推移は**表2−7**のとおりである。

〈表2－6〉主なモデル世帯の生活保護基準額（月額）（令和5年10月時点）

3人世帯（33歳、29歳、4歳）

（単位：円）

	1級地－1	1級地－2	2級地－1	2級地－2	3級地－1	3級地－2
世帯当たり最低生活費	177,860	173,400	169,250	165,090	159,050	153,870
生 活 扶 助	154,670	150,210	146,060	141,900	140,860	135,680
児 童 養 育 加 算	10,190	10,190	10,190	10,190	10,190	10,190
住 宅 扶 助	13,000	13,000	13,000	13,000	8,000	8,000

（注1）第2類は、冬季加算（Ⅵ区×5/12）を含む。以下同じ。
（注2）住宅扶助は、住宅費が上記の額を超える場合、地域別に定められた上限額の範囲内でその実費が支給される。
例：1級地－1（東京都区部　69,800円）、1級地－2（千葉市　53,000円）、
　　2級地－1（長崎市　47,000円）、2級地－2（尾道市　46,000円）、
　　3級地－1（天理市　43,000円）、3級地－2（さぬき市　42,000円）
（注3）上記の額に加えて、医療費等の実費相当が必要に応じて給付される。以下同じ。
（注4）勤労収入のある場合には、収入に応じた額が勤労控除として控除されるため、現実に消費しうる水準としては、生活保護の基準額に控除額を加えた水準となる。（就労収入が10万円の場合：23,600円）

高齢者単身世帯（68歳）

	1級地－1	1級地－2	2級地－1	2級地－2	3級地－1	3級地－2
世帯当たり最低生活費	90,980	87,950	86,090	84,240	78,770	76,450
生 活 扶 助	77,980	74,950	73,090	71,240	70,770	68,450
住 宅 扶 助	13,000	13,000	13,000	13,000	8,000	8,000

（注）住宅扶助は、住宅費が上記の額を超える場合、地域別に定められた上限額の範囲内でその実費が支給される。
例：1級地－1（東京都区部　53,700円）、1級地－2（千葉市　41,000円）、
　　2級地－1（長崎市　36,000円）、2級地－2（尾道市　35,000円）、
　　3級地－1（天理市　33,000円）、3級地－2（さぬき市　32,000円）

（出典）生活保護制度研究会 編『生活保護のてびき 令和5年度版』第一法規、2023年、47頁

〈表2−7〉　生活扶助基準額の推移　　　　　　　　　　　　　（標準世帯1級地−1）

実施年月日	標準世帯基準額（1級地）	生活扶助基準の考え方			
		標準世帯（モデル世帯）	改定方式	基準額体系	級地
昭和21. 3. 13	199.80 円	┐ 5人世帯	標準生計費方式	基準額（世帯人員別）	6地域区分制
21. 7. 1	303	│			21.7.1
23. 8. 1	4,100	23.8.1	23.8.1		3地域区分制
23. 11. 1	4,535	┐ 64歳男 標準5人世帯	マーケットバスケット方式	23.11.1 基準額制（性別・年齢別・世帯人員別方式）	26.5.1
26. 5. 1	5,826	35歳女 9歳男 5歳女			5級地制〔特級地プラス〕
32. 4. 1	8,850	1歳男 ┘			28〜31年度 32.4.1
36. 4. 1	10,344	36.4.1	36.4.1 エンゲル方式		4級地制
40. 4. 1	18,204	┐ 35歳男 標準4人世帯	40.4.1 格差縮小方式		
53. 4. 1	105,577	30歳女 9歳男 4歳女 ┘			53.4.1
59. 4. 1	152,960		59.4.1		3級地制
60. 4. 1	157,396 (124,487) ※1			60.4.1	
61. 4. 1	126,977	61.4.1			
62. 4. 1	129,136 ※2				62.4.1
平成元. 4. 1	136,444		水準均衡方式	基準額制（年齢別・世帯人員別方式）	
24. 4. 1	162,170	┐ 33歳男 標準3人世帯			3級地制〔各級地を2区分〕
25. 8. 1	156,810	29歳女 4歳子 ┘			
26. 4. 1	155,840				
27. 4. 1	150,110				
28. 4. 1	150,110				
29. 4. 1	150,110				
30. 10. 1	148,900				
令和元. 10. 1	149,790				
2. 10. 1	148,570				
3. 4. 1	148,570				
5. 10. 1	154,670				

※1　（　）内は、昭和61年4月1日との比較のために、昭和60年4月1日における標準3人世帯基準額を記載したもの。
※2　昭和62年4月1日以降の基準額は、1級地−1の基準額を記載した。
(出典)「第38回社会保障審議会生活保護基準部会」参考資料（令和3年4月27日）、13頁
　　　生活保護制度研究会 編『生活保護のてびき 令和4年度版』第一法規、2022年、47頁
　　　生活保護制度研究会 編『生活保護のてびき 令和5年度版』第一法規、2023年、47頁を一部改変

第3節 生活保護の実施体制と実施プロセス

1 生活保護の実施体制 －行政組織とそれぞれの役割

　生活保護の運営、実施のための行政組織は、国、都道府県、市及び町村である。また、生活保護法第19条においては、保護を決定し実施する保護の実施機関は都道府県知事、市長、福祉事務所を管理する町村長とされている。そして、保護の実施機関はその事務を福祉事務所長に委任している（第19条第4項）。以下では、それぞれの役割を見ていく。なお、実際の決定・実施の事務処理過程におけるそれぞれの役割は、**図2**

〈図2－4〉事務処理過程

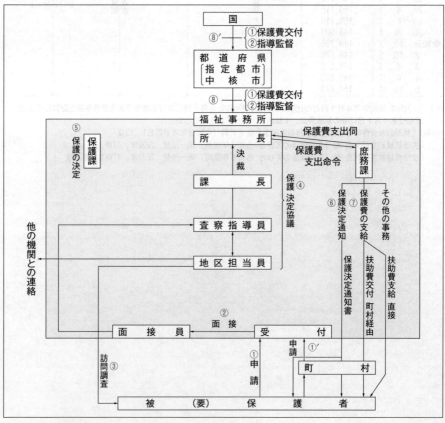

（出典）厚生労働省資料

－4のとおりである。

（1）国（厚生労働省）の役割

　国は、保護の基準を定めるほか、生活保護行政運営のための企画、連絡、調査ならびに指導監督等の業務を遂行する責任をもつ。生活保護に関する事務は、厚生労働省社会・援護局がつかさどっており、生活困窮者その他保護を要する者に対する必要な保護を行う保護課、ならびに都道府県知事及び市町村長が行う生活保護法の施行に関する事務についての監査、及びこれに伴う指導に関する事務を行う保護課自立推進・指導監査室で分掌している。

（2）都道府県（指定都市または中核市）の役割

　都道府県、市及び町村は、生活保護法の運営にあたり、国の法定受託事務として、保護の決定・実施、その他保護に関する事務を管理・執行する権限を有している。
　都道府県（指定都市または中核市）は、知事（市長）の権限に関する事務を分掌させるため、条例で部局を置いている。この部局における、生活保護を主管とする課は、主として以下の8つの事務を行っている。
　①福祉事務所に対する事務監査
　②保護施設の運営についての指導
　③医療機関の指定、及び立入検査等
　④医療費の審査、決定
　⑤介護機関（国以外の者が開設したもの）の指定
　⑥保護の決定・実施に関する処分について不服申立てがあった場合における裁決（指定都市及び中核市を除く）
　⑦生活保護関係予算の編成及び執行
　⑧医療扶助審議会の運営に関する事項（中核市を除く）

（3）市町村（特別区を含む）の役割

　市長・区長・福祉事務所を管理する町村長は、福祉事務所長に委任をして保護の決定・実施に関する事務を行う。また、国・都道府県より生活保護法による事務監査、技術的助言・勧告・是正の指示を受ける。
　一方、福祉事務所を設置していない町村の場合、町村長は、生活保護の決定・実施にあたり、急迫保護における応急的措置、要保護者の発見・通報等を行うとされている。

（4）社会福祉主事の役割

福祉事務所には、社会福祉法第18条により、社会福祉主事が置かれている。生活保護の実施上、社会福祉主事は生活保護法第21条に都道府県知事または市町村長の補助機関として位置付けられており、社会福祉法第15条により査察指導員、面接員、地区担当員の役割を担い、保護の事務にあたることになっている。

（5）民生委員の役割

生活保護法第22条には、民生委員が「市町村長、福祉事務所長又は社会福祉主事の事務の執行に協力する」**協力機関**として位置付けられている。[*33]

＊33
旧 生活保護法までは、民生委員（方面委員）が保護の実施機関に属して、その指揮命令を受けて実務を行う補助機関に位置付けられていた。現行法となり、社会福祉主事が補助機関となり、民生委員は協力機関となった。

2 福祉事務所

福祉事務所は、社会福祉法に「福祉に関する事務所」と規定されている。生活保護を担う専門機関であり、また、福祉各法の専門機関として、児童福祉法、身体障害者福祉法等にも規定されており、社会福祉行政を総合的に担う第一線の機関としての役割を果たしている。

（1）福祉事務所の成立と展開

まず、福祉事務所の成立と展開について見ていきたい（**表2−8**）。

❶福祉事務所の成立

福祉事務所は、第二次世界大戦後、GHQ（連合国軍総司令部）の指導のもと、日本政府が戦後社会福祉の枠組みをつくる一連の過程の中で議論され、設置されることになったものである。

GHQは、日本政府に対してGHQ覚書「社会救済」（SCAPIN775、昭和21〔1946〕年）を示し、国家責任による無差別平等の原則、公私分離の原則、必要充足の原則などを示した。それを受けた日本政府は、昭和24（1949）年9月に社会保障制度審議会が「生活保護制度の改善強化に関する件」において、民生委員を公的扶助責任からはずし、生活保護は公的責任による有給専門吏員により実施するものとすること、などの勧告を出した。

同年、GHQと日本政府との間で、厚生行政に関する6項目提案（①民生委員を公的扶助責任から排除すること、②社会福祉主事制度を創設

〈表2−8〉福祉事務所の創設と展開に関する略年表

区分	年代	体制	福祉事務所関連	法律等
1 前史	1940年代後半	福祉三法体制	GHQ、6項目提案　（1949）	旧生活保護法（1946） 児童福祉法（1947） 身体障害者福祉法（1949）
2 成立	1950年代前半		社会保障制度審議会勧告―民生安定所　（1950） 社会福祉主事の設置（1950） 福祉事務所の創設（1950） 福祉事務所運営指針（1953）	現行生活保護法（1950） 社会福祉事業法（1951） 　（現　社会福祉法） 町村合併促進法（1953）
3 展開①	1950年代後半〜1960年代前半	福祉六法体制	家庭児童相談室の設置（1964）	新町村建設促進法（1956） 精神薄弱者福祉法（1960） 　（現　知的障害者福祉法） 老人福祉法（1963） 母子福祉法（1964） 　（現　母子及び父子並びに寡婦福祉法）
4 展開②	1960年代後半〜1980年代後半		福祉五法現業員増員措置（1968〜1970） 新福祉事務所運営指針（1971） 実験福祉事務所（1973〜1975）	福祉六法等国庫補助率変更（1985、1986、1987） 福祉五法の団体委任事務化（1985） 社会福祉士及び介護福祉士法（1987）
5 変容①	1990年代前半〜2003年3月	（1993.4〜） 福祉四法体制（都道府県）　福祉六法体制（市）　福祉二法体制（町村）		老人福祉法等福祉関係八法改正（1990） 介護保険法（1997） 地方分権一括法（1999） 社会福祉法等改正（2000）
6 変容②	2003年4月〜	（2003.4〜） 福祉三法体制（都道府県）　福祉六法体制（市）　福祉三法体制（町村）		障害者自立支援法（2005） 障害者総合支援法（2012） 生活保護法改正（2013） 生活困窮者自立支援法（2013） 生活保護法改正（2018） 生活困窮者自立支援法改正（2018）

（注）法律は制定年、それ以外は施行・発令・発刊年で表している。
（出典）岡部　卓『〔新版〕福祉事務所ソーシャルワーカー必携―生活保護における社会福祉実践』全国社会福祉協議会、2014年、36頁を一部改変

すること、③福祉地区と福祉事務所の設置を行うこと、④公私分離・責任分離の措置をとること、⑤社会福祉協議会〔以下、社協〕を創設すること、⑥有給専門吏員の現任訓練と査察指導を実施すること）が合意され、昭和25（1950）年には、旧 生活保護法から現行生活保護法への改正が行われた。

翌昭和26（1951）年に社会福祉事業法が成立すると、社会福祉事業法において、福祉行政の中心的役割を果たす機関として福祉事務所（法律上の名称は「福祉に関する事務所」）の設置が規定され、当時の福祉3法である生活保護法、児童福祉法、身体障害者福祉法を所掌すること、またこれを社会福祉主事が行うことなどが規定された。

❷福祉事務所の展開

昭和28（1953）年の「福祉事務所運営指針」（旧 厚生省）では、福祉事務所職員の質と量の充実、現業機関としての性格の明確化、業務の標準化や組織形態の標準化などが提言された。

昭和35（1960）年の精神薄弱者福祉法（現 知的障害者福祉法）、昭和38（1963）年の老人福祉法、昭和39（1964）年の母子福祉法（現 母子及び父子並びに寡婦福祉法）の成立により福祉6法体制が確立されたことに伴い、精神薄弱者（現 知的障害者）福祉司、老人福祉指導主事、母子相談員が順次福祉事務所に配置され、その専門的な職務内容が通知等で示された。また、昭和39（1964）年には、福祉事務所に家庭児童相談室を設置し、家庭児童福祉業務に従事する社会福祉主事と、主として面接指導を行う非常勤の家庭相談員が置かれることになった。

昭和46（1971）年の「新福祉事務所運営指針」（旧 厚生省）では、生活保護への機能偏重を是正し、福祉に関する総合センターとしての機能を果たせるよう「迅速性」「直接性」「技術性」を備えた現業機関となることの必要性が示された。

同年には「福祉センター構想」（全国社会福祉協議会）が示され、経済給付とケースワークサービスを分離するとともに、住民に身近なところで質の高い専門的な福祉サービスを保障すること、各相談所にある措置の権限などの直接サービス機能を福祉センターに集中させることなどの提言がなされた。また、「新福祉事務所運営指針」が示した総合福祉センターのいわばモデル事業として「実験福祉事務所」が昭和48（1973）年から3年間実施された。

組織体制としては、昭和45（1970）年、当時の厚生省社会局長・児童

〈図2－5〉福祉事務所標準組織図（人口10万人の場合）

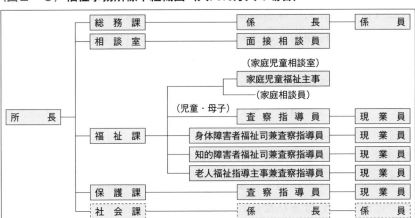

（出典）社会福祉法令研究会 編『社会福祉法の解説』中央法規出版、2001年、124頁

家庭局長連名の通知「福祉事務所における福祉五法の実施体制の整備について」（社庶第74号）で、人口10万人の場合の福祉事務所の標準的組織図が示された（**図2－5**）。それまでの庶務課・保護課の二課体制から、保護課（生活保護法）と福祉課（福祉5法）にそれぞれ所管課を分けたものになっているのが特徴である。この標準形は現在も踏襲されている。また、昭和53（1978）年には、福祉5法担当現業員の福祉事務所管内人口に応ずる所要数の標準が、当時の厚生省社会局庶務課長・児童家庭局企画課長連名の通知「福祉事務所の福祉五法担当現業員の充足について」（社庶第42号）で示されている。

❸福祉事務所の変容

　平成元（1989）年3月の福祉関係3審議会合同企画分科会の意見具申「今後の社会福祉のあり方について」による提言を受ける形で、平成2（1990）年6月に「老人福祉法等の一部を改正する法律」が成立した。いわゆる福祉関係8法改正で、老人福祉法、老人保健法（現 高齢者の医療の確保に関する法律）、社会福祉事業法（現 社会福祉法）、身体障害者福祉法、精神薄弱者福祉法（現 知的障害者福祉法）、児童福祉法、母子及び寡婦福祉法（現 母子及び父子並びに寡婦福祉法）、社会福祉・医療事業団法（現 独立行政法人福祉医療機構法）が改正された。

　この改正により、福祉事務所の所掌体制が、平成5（1993）年より、都道府県設置の場合は福祉4法体制、市設置の場合は福祉6法体制、そして町村の場合は福祉2法体制と分立した。

　都道府県設置の福祉事務所の場合、市町村において在宅福祉サービス、

施設福祉サービスが一元的に運用されるようになったことから、老人福祉施設と身体障害者更生援護施設への入所措置事務が町村に権限移譲され、一方で、市町村間相互の連絡調整、市町村に対する情報提供及び技術的支援、広域的見地からの実情把握、市町村老人保健福祉計画の作成に対する助言、都道府県における区域ごとの計画策定業務等、市町村圏域を中心とする「広域調整」及び対象者援助に関する「技術的支援」機能等が付与された。

市が設置する福祉事務所は、従来の福祉6法に基づく措置に関する業務や在宅福祉サービスに関する業務、ならびに相談援助を総合的に行うものとの位置付けがなされた。

次の大きな転換点は、1990年代後半から2000年代の変化である。平成9（1997）年に「介護保険法」が成立し、平成11（1999）年7月「地方分権の推進を図るための関係法律の整備等に関する法律」（以下、地方分権一括法）を受けて生活保護法が改正され、平成12（2000）年には、社会福祉基礎構造改革の具体化のため「社会福祉事業法」が「社会福祉法」へと改正された。

地方分権一括法では、行政機関による法執行について「機関委任事務」が「法定受託事務」と「自治事務」に整理されることになった。生活保護においては、最低生活保障に伴う指導・指示に関する事務は「法定受託事務」、相談・助言にかかわる項目は「自治事務」とされた。

社会福祉法においては、福祉事務所に関する規定について、現業を行う所員の数を「法定」から「標準」とした。また、人口10万人に1か所の「福祉地区」設定の規定をはずし、査察指導員の専任規定の緩和などが行われた。さらに、障害者福祉各法及び児童福祉法の障害関係（在宅部門）が措置制度から利用契約制度に移行、高齢者福祉についても一部措置機能を残しつつ、介護保険制度に移行したことに伴い、平成15（2003）年4月より、都道府県設置の場合は福祉3法体制、市設置の場合は福祉6法体制、町村は福祉3法体制に変更された。

（2）福祉事務所の運営・実施体制

福祉事務所に配置すべき職員とその機能、数については、社会福祉法第15条・第16条に規定がある。

所員としては、所長、査察指導員、現業員、事務員が置かれ、その数については「条例で定める」とされている。ただし、現業員については標準数が示されている。

　都道府県が設置する福祉事務所の場合は、被保護世帯数が390世帯以下であるときは6人とし、被保護世帯が65増すごとに1人の現業員を加える。また、市が設置する福祉事務所では、被保護世帯数が240世帯以下であるときは3人とし、被保護世帯が80増すごとに1人の現業員を加える。なお、町村が設置する福祉事務所の場合は、被保護世帯数160世帯以下であるときは2人とし、被保護世帯が80増すごとに1人を加えた人数の現業員を配置することが標準として定められている。

　福祉事務所の組織体制については、先に述べたように、人口10万人の場合の標準組織図（**図2−5**）が示されている（厚生省〔現 厚生労働省〕社会局長・児童家庭局長連名通知「福祉事務所における福祉五法の実施体制の整備について」昭和45〔1970〕年4月9日）。

　福祉事務所の組織は大きくは生活保護を所管する保護課と福祉5法を所管する福祉課に分けられ、福祉課には事項別担当制の形態をとって身体障害ならびに知的障害の各福祉司と老人福祉指導主事、家庭児童福祉主事（家庭児童相談室）が位置付けられている。福祉5法の現業員配置については、昭和43（1968）年に地方交付税算定基礎額に計上され、増員されるが、先に述べたように、福祉事務所の設置主体により所掌事項が異なること、また福祉事務所の所員数が法定ではないこと、自治体によっては保健・医療・福祉の総合化策をとり、福祉6法に準拠した事務のみを行う福祉事務所の形態をとっていないなど、各地において配置水準や窓口のあり方は多様である。なお、社会福祉法においては、所員が他の社会福祉または保健医療に関する事務を行うことは妨げない（第17条）とされている。

　また、総務課は、庶務的事務のほか、社会調査や地域福祉計画などの策定等、企画部門としての位置付けがなされている。相談室は、相談機能をもち、総合的な福祉相談に対応する面接員を配置している。社会課は、福祉6法以外の社会福祉行政を所管する部門であり、民生委員、社協、共同募金等、多様な業務を所管している。

　福祉事務所の活動については、**図2−6**に示したとおりである。

（3）社会福祉主事・査察指導員の役割

❶社会福祉主事の役割

　社会福祉主事は、社会福祉法第18条・第19条に規定される任用資格である。任用資格とは、公務員が特定の業務に任用されたときに必要となる資格であり、各種行政機関において福祉6法に基づく援護・育成また

〈図2-6〉福祉事務所の活動

郡部福祉事務所　市部福祉事務所		
生活保護の決定と実施（生活保護法）	児童、妊産婦の実情把握、相談・調査指導、助産施設及び母子生活支援施設への入所事務（児童福祉法）	ひとり親家庭の実情把握、相談及び調査指導等（母子及び父子並びに寡婦福祉法）

郡部福祉事務所		
老人福祉（老人福祉法）	身体障害者福祉（身体障害者福祉法）	知的障害者福祉（知的障害者福祉法）
広域連絡調整機関として、①市町村相互間の連絡調整、情報提供、助言・支援等、②各市町村の実態把握		

市部福祉事務所		
老人の実情把握、情報提供、相談及び調査指導、施設への入所事務等（老人福祉法）	身体障害者の発見、相談・指導、情報提供、施設への入所事務等（身体障害者福祉法）	知的障害者の実情把握、情報提供、相談及び調査指導、施設への入所事務等（知的障害者福祉法）

福祉事務所	1,251か所（令和5年4月）
査察指導員	3,762人（平成28年10月）
現 業 員	24,786人（平成28年10月）

所 長	老人福祉指導主事
査察指導員	家庭児童福祉主事
現 業 員	家庭相談員
面接相談員	婦人相談員
身体障害者福祉司	母子・父子自立支援員
知的障害者福祉司	嘱 託 医

その他福祉6法外の事務

婦人保護、災害救助、民生委員・児童委員、社会福祉協議会、生活福祉資金に関する事務等

（出典）社会福祉の動向編集委員会 編『社会福祉の動向 2023』中央法規出版、2023年、27頁を一部改変

は更生にかかわる業務に携わる職員に必要と位置付けられている。

　社会福祉主事は、当該地方公共団体の事務吏員または技術吏員としての身分を有し、次の要件をすべて備えた者の中から任用することになっている。

　①20歳以上の者であること

　②人格が高潔で思慮が円熟し、社会福祉に熱意を有する者であること

　③次のいずれかに該当すること

　　㋐大学（短大及び従前の高等学校及び専門学校を含む）において厚生労働大臣の指定する社会福祉に関する科目を修めて卒業した者

（当該科目を修めた専門職大学前期課程修了者を含む）

　　㋑都道府県知事の指定する養成機関または講習会の課程を修了した
　　　者

　　㋒社会福祉士

　　㋓厚生労働大臣の指定する社会福祉事業従事者試験に合格した者

　　㋔㋐～㋓の各号に掲げる者と同等以上の能力を有すると認められる
　　　者として厚生労働省令で定める者

　なお、③の㋐の「厚生労働大臣の指定する社会福祉に関する科目」
は、指定科目のうち3科目以上履修とされている。

　社会福祉法第15条第6項では、指導監督を行う所員ならびに現業を行
う所員は社会福祉主事でなければならないとしている。

　生活保護法の実施にあたり、都道府県知事、市長、福祉事務所を設置
する町村長は、要保護者に対する保護の決定や実施などを行う責任を負
うが、生活保護法第21条では「社会福祉法に定める社会福祉主事は、こ
の法律の施行について、都道府県知事又は市町村長の事務の執行を補助
するものとする」と規定されており、このため、社会福祉主事は、知事、
市長、所長の事務の執行を補助する形で、生活保護の決定・実施にかか
わる行政処分を行うことになる。

　社会福祉主事の職務は、社会福祉法第15条第4項に「現業を行う所員
は、所の長の指揮監督を受けて、援護、育成又は更生の措置を要する者
等の家庭を訪問し、又は訪問しないで、これらの者に面接し、本人の資
産、環境等を調査し、保護その他の措置の必要の有無及びその種類を判
断し、本人に対し生活指導を行う等の事務をつかさどる」と規定されて
いる。生活保護の業務に携わる社会福祉主事の業務は、保護の決定から
実施に際しての相談面接、保護の申請にあたっての各種調査、要保護者
ならびに被保護者の家に訪問しての面接など、多岐にわたっている。

　社会福祉主事の任用資格は民間の社会福祉施設等においても、一定の
社会福祉に関する専門知識を有することを証明する基礎的な資格として
位置付けられている場合がある。

❷査察指導員の役割

　査察指導員は、社会福祉法第15条第3項において福祉事務所の「所の
長の指揮監督を受けて、現業事務の指導監督をつかさどる」とされる所
員である。査察指導員も、社会福祉主事でなければならないとされてい
る。

福祉事務所では、現業員7人に対して1人の査察指導員の配置をすることが適当とされる。生活保護の運営実施にあたり、社会福祉主事が現業事務を円滑に進められるよう、サポートすることが職務である。

3 生活保護の実施プロセス

生活保護の決定・実施は、**図2-7**のような流れで行われる。ここでは、申請から保護の廃止に至る流れについて解説していく。

（1）保護の受付から申請まで

❶保護の受付段階（図2-7　①）

生活保護の相談は、福祉事務所の生活保護受付面接窓口、あるいは総合相談窓口等で行われている。この段階では、福祉事務所の面接員が対応する（地区担当員が面接員を兼務する場合もある）。

一般的には、相談者の相談内容を把握し、その上で他法他施策の活用等についての助言を適切に行うとともに、生活保護制度についての説明を行い、申請意思の確認及び調査への同意を得るところまでが、受付段階で行われることである。なお、申請の意思をもち窓口を訪れた相談者に対しては、速やかに申請段階に入る。[*34]

相談者に資産がある場合、または、他の制度を活用するほうが望ましいと判断された場合には、受付段階での相談のみで面接は終了し、他機関を紹介したり、送致することになる。

相談は相談者本人だけでなく、民生委員や近隣住民からもち込まれる場合もある。緊急に対応を要すると判断された場合には、直ちに調査す

*34
生活保護の申請は町村長を経由して行うこともできる（生活保護法第24条第10項）。

〈図2-7〉生活保護決定・実施の流れ

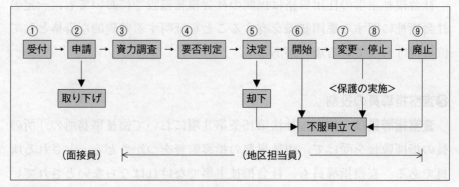

（筆者作成）

る必要があるが、特別な事情がない限りは、本人に保護の申請を促していく。

❷保護の申請段階（図2−7　②）

　保護の申請は、一般的には申請者が「申請書」などの書面を提出することによって行われる。書面は、福祉事務所に備えられた所定の用紙、あるいは自分で用意した用紙に、申請日、申請者の氏名、住所、要保護者の氏名、性別、生年月日、住所、資産及び収入の状況（生業、就職または就職活動の状況、扶養義務者の扶養の状況）及び申請者との関係、保護の開始を必要とする事由を記入することとなっている。

　申請書による申請の行為は、保護請求権を保障するものであり、要保護者が急迫した状況にある場合以外は、書面による申請がなされる必要がある。申請が受理された後の資力調査以降のプロセスは、地区担当員が担当する場合が多く、その場合ここで面接員から地区担当員に引き継がれる。

　申請が受理されたら、実施機関は申請のあった日から14日以内に、保護の要否判定を行い、そのことを書面によって申請者に通知しなければならない（生活保護法第24条第3項・第5項：以下、本節においては、原則として法律名を特定しない場合は生活保護法）。特別な理由がある場合には、30日以内に通知を延ばすことができるが、その理由を書面に明示しなければならないこととなっている（第24条第5項・第6項）。なお、30日以内に書面による通知がないときは、申請者は、保護の実施機関が申請を却下したものとみなすことができる（第24条第7項）。

　町村長が申請を受理した場合は、5日以内に、保護の実施機関である福祉事務所に申請書を送付しなければならないことになっている[35]（第24条第10項）。

　なお、申請者が行った生活保護の申請を、何らかの理由で取り下げることを「取り下げ」[36]という。取り下げは、申請と同様に書面をもって行う。

（2）資力調査、要否判定から決定まで

❶保護の要否判定のための資力調査等の内容と方法（図2−7　③）

　生活保護法第4条の保護の補足性の原理に基づき、申請後は、資力調査を中心とした調査を実施する。調査は、以下のような内容となる。

　①要保護者の居住地（保護の実施責任を確定させるため）

*35
その際、町村長は、要保護者に対する扶養義務者の有無、資産及び収入の状況、その他保護の決定にあたって参考となる事項を記載した書面を添えなければならないことになっている（第24条第10項）。

*36
「取り下げ」は、本人の意思に基づき申請を取り下げるものであることから、不服申立ての対象にはならない。

②世帯構成（保護を適用すべき世帯の範囲を確定させるため）

③収入、稼働の状況（資産調査のため）

④稼働能力の状況（稼働能力活用状況、可能性を判断するため）

⑤資産保有の状況（資産活用状況、可能性を判断するため）

⑥扶養義務者の有無及びその資力（扶養の有無、可否を判断するため）

⑦他法他施策の活用状況（優先すべき他法他施策の有無、可能性を判断するため）

⑧要保護者の生活歴（資産・能力等の活用、扶養義務者の状況把握につなげる観点から、必要最小限度の内容を確認する）

　調査の方法は、職員による要保護者への面接、居宅への訪問、関係者からの聴き取り、町村長への依頼、民生委員に協力を求めての状況把握などの方法で行われる。調査は、要保護者に対する説明と同意をもって行われることが原則であるが、生活保護が国民の生存権を支える制度であることから、実施機関には、保護の決定に必要な範囲で以下のような調査権限が与えられている。

①立入調査：要保護者の資産及び収入の状況、健康状況、その他の事項を調査するために、実施機関の職員が要保護者の居住の場所に立ち入って調査すること[*37]（第28条第1項）。

②検診命令：要保護者に対して実施機関が指定する医師または歯科医師の検診を受けるべきことを命ずること（第28条第1項）。

③関係先調査：要保護者又は被保護者であった者（保護受給期間中に限定）について、資産及び収入の状況、健康状態、他の保護の実施機関における保護の決定及び実施の状況その他政令で定める事項について官公署等に対し必要な書類の閲覧若しくは資料の提供、または雇主、銀行、信託会社そのほか関係人に報告を求めることができる。要保護者、被保護者（保護受給期間中に限定）の扶養義務者についても資産、収入その他政令で定める事項について報告を求めることができる（第29条第1項）。

④要保護者に関する調査について、町村長に依頼すること（第19条第7項第4号）。

❷保護の要否判定と決定（図2−7　④⑤）

　先の調査を経て、保護の要否判定が行われる。要否判定は図2−8のように、最低生活費と収入との対比により行われる。要否判定は、調査

[*37]
立入調査の権限は、犯罪捜査のために認められたものと解してはならないことが、第28条第4項に規定されている。

〈図2−8〉最低生活費と収入との対比

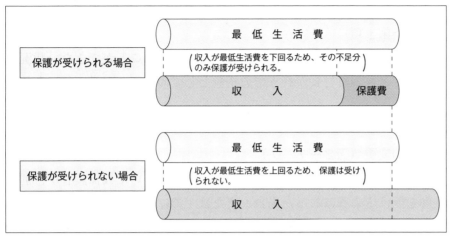

（出典）生活保護制度研究会　編『生活保護のてびき　令和5年度版』第一法規、2023年、21頁をもとに一部改変

を行った担当職員（社会福祉主事）が作成した、調査結果の正確な記録と要否の判断に基づき、実施機関での意思決定手続きを経て、行政処分として行われる。

　この要否判定の段階では、単に、保護の程度、すなわち経済給付の内容だけが判断されるのではなく、生活保護法が経済給付とともに自立助長を目的としていることから、援助方針の樹立も同時に行われる。

　ここで決定された保護の処分については、第24条の規定に基づき、以下のような手続きを経ることになっている。

　①保護の決定は、その要否、種類、程度及び方法について決定しなければならないこと。

　②これらの事由は申請者に対して書面で通知しなければならないこと。

　③その書面には、決定の理由を付さなければならないこと。

　保護の要否が「否」となった場合には、申請を「却下」するという行政処分が行われることになる。申請者は、却下の処分あるいは保護の決定内容に不服がある場合には、第64条に基づく不服申立てを行うことができる。保護の決定通知書には、行政不服審査法第82条の規定に基づき、不服申立てに関する教示がされている。[*38]

（3）保護の開始と変更

❶保護の開始（図2−7　⑥）

　保護の開始とは、それまで法の適用を受けていなかった者が、法に定める扶助の1つ以上を受けるようになった場合をさす。開始には、申請

*38
行政不服審査法第82条には「行政庁は、（略）不服申立てをすることができる処分をする場合には、処分の相手方に対し、当該処分につき不服申立てをすることができる旨並びに不服申立てをすべき行政庁及び不服申立てをすることができる期間を書面で教示しなければならない」と規定されている。

による保護の開始のほか、次の2つの職権による保護の開始がある。

①要保護者が急迫した状況[*39]にあるとき実施機関が行う保護の開始（第25条第1項）。

②要保護者が特に急迫した事由により放置することができない状況にあるとき、町村長が行う応急措置としての必要な保護[*40]（第25条第3項）。

＊39
ここでいう「急迫した状況」は、本来、申請保護の原則の例外として行われるものと解される。

＊40
この場合も、保護の種類、程度及び方法が決定されることになるが、特にこれを書面で通知することは要請されていない。

❷保護の変更（図2−7　⑦）

保護の変更とは、すでに何らかの扶助を受けていた被保護者が、別の扶助を受けるようになった場合、またはすでに受けている扶助について、その程度や方法が変更される場合をさす。変更には、申請に基づく変更（第24条第9項）のほか、職権に基づく変更（第25条第2項）が規定されている。

（4）保護の停止、廃止

❶保護の停止（図2−7　⑧）

保護の停止とは、保護を要しない状態が一時的である場合、あるいは保護を要しないという状態の根拠となる事実が不確実である場合に行われる処分である。

例えば、被保護者に基準生活費を超える臨時収入があったが、それを消費することにより、一定期間の後に確実に扶助費の支給を必要とすることが見込まれる場合には、臨時収入によって基準生活費がまかなえる期間に限り保護を停止することができる。また、収入が増加して扶助費を必要としなくなったが、安定的にその収入が得られるかどうか確実でない世帯の場合には、保護の停止を行い、様子を見ることができる。これは廃止を前提とした停止といえる[*41]。保護を停止する際にも、理由を付した書面で通知しなければならない。

＊41
保護の停止期間には、扶助費は全く支払われず、廃止と同様の状況になる（例えば、医療扶助を受給していた世帯は、停止となった場合に国民健康保険、あるいは社会保険に加入する）。しかしながら、停止期間中には、生活状況の確認等を含め、現業員である社会福祉主事の必要なかかわりは継続する。

❷保護の廃止（図2−7　⑨）

保護の廃止は、保護を要しないという事実が確実、かつ安定的である場合に、被保護者が保護を受ける状態を消滅させてしまう処分である。

例えば、世帯員が就労を始め、基準生活費を上回る収入が得られるようになった場合には、保護は廃止となる。また、医療扶助のみによる保護の場合、傷病が治癒して医療の必要がなくなれば、保護は廃止される。保護を受給していた者が死亡・失踪した場合もそれにあたる。保護を廃

止する場合も、理由を付した書面で通知しなければならない。

（5）保護に関する制裁処分

　生活保護法では、保護に関して主として制裁的な見地から、処分を行うことができる場合が定められている。それは、以下のような場合である。

①要保護者が法の規定による立入調査を拒み、妨げたり、医師の検診を受けるべき命令に従わないときの保護（開始または変更）の申請の却下、保護の変更、停止、廃止[42]（第28条第5項）。

②被保護者に対する生活扶助の方法として保護施設等へ入所させることを決定したにもかかわらず、これに従わないときの保護の変更、停止、廃止[43]（第62条）。

③保護施設を利用する被保護者が保護施設の管理規程に従わないときの保護の変更、停止、廃止[44]（第62条）。

④実施機関が被保護者に対し保護の目的達成上必要な指導指示を行ったとき、これに従わない場合の変更、停止、廃止（第27条、第62条）。

　第27条による指導・指示は、必ずしも書面によることを要しないが、ここでいう制裁的な処分が行われるのは、書面による指導または指示に従わなかった場合に限られている（生活保護法施行規則第19条）。

　これらの保護の制裁処分のうち、①は一定の事実に基づき直ちに処分を行うことも可能であるが、②③④については処分を行う前に、あらかじめ当該被保護者に弁明の機会を与えなければならないことが規定されている（第62条第4項）。

（6）費用の返還・徴収等

　保護の実施にあたっては、次のような場合に保護金品や保護に要した費用の返還、または徴収が行われる。

❶保護の変更、停止、廃止が行われたときの保護金品の返還

　生活扶助などでは、保護金品を被保護者に前渡しすることになっているため、生活の変化等により、保護の変更が行われた場合に、すでに支給された保護金品の全額または一部を返還しなければならなくなる場合がある。被保護者には返還の義務が生ずるが、これは、民法第703条の返還義務規定によるものであり、その財務手続きについては、地方自治法施行令第159条にいう「戻入(れいにゅう)」という取り扱いによることになる。

*42
これは、保護の実施上の制裁処分というよりは、適正な決定・実施をするために必要な事実が把握されない場合の措置といえる。

*43
保護施設の入所の決定はそれ自体は、被保護者の意に反して入所を強制し得るものではない（第30条第2項）。しかし、被保護者の親権者や後見人の異議があっても、入所の措置をとる道が開かれており（第30条第3項）、これに理由なく従わないときは、制裁的にこれらの処分を行うことができる。

*44
保護施設を利用する被保護者については、保護の目的達成上適切な処遇が与えられるよう、都道府県知事による指導等が行われることになっており（第46条第3項、第48条第3項）、管理規程に従うことは保護の目的達成上からも当然のことと考えられ、その違背に対しては制裁措置がとられる。

なお、生活保護法では、実施機関がやむを得ない事由があると認定するときは返還を免除できる、とする免除規定が置かれている（第80条）。

❷急迫の場合等に資力がありながら保護を受けた者の費用の返還

　一般的に、資力のある者は保護を受けることはできないが、急迫した場合等には、保護を実施することが可能である。このような場合に、受給した保護金品について、返還しなければならないことを規定している（第63条）。

　平成30（2018）年の改正では、資力がある場合の返還金債権の破産法上の偏頗（へんぱ）行為否認の例外化、同債権の保護費との調整が第77条の2・第78条の2に規定された。

❸不実の申請や偽りその他不正手段・不正行為により、受けるべきでない保護あるいは就労自立給付金もしくは進学準備給付金を受けた者等からの費用の徴収

　これは、不正受給者あるいは他人をして不正に保護を受給させた者からの徴収を規定したものである。

　支弁した都道府県または市町村長は、そのために要した費用の全部または一部を、その者から徴収することができるほか、その徴収する額に100分の40を乗じた額以下の金額を上乗せすることが可能である（第78条）。受けるべきでない保護についての徴収金については、本人からの申し出により、保護費等との相殺が可能となっている（第78条の2第1項）。

　なお、偽りその他不正の行為による医療機関等の不正受給の場合には、上記同様の費用徴収が行われる。

❹扶養義務者からの費用の徴収（第77条）

　扶養義務者が十分な扶養能力を有しながらも、扶養しなかった場合には、都道府県または市町村の長は、その者から費用の徴収ができることを規定したものである。

❺葬祭扶助を行ったときの遺留金品の費用充当（第76条）

　単身の被保護者が死亡した場合にも、葬祭扶助が行われるが（第18条第2項）、この場合、死者の遺留金品を、優先的に葬祭扶助に要した費用に充当することができることを規定したものである。物品については、

実施機関がこれを売却して費用に充てる。

❻不正受給の罰則（第85条）

　不正受給については、単に費用徴収にとどまらず、生活保護法上罰則
規定が設けられており、情状によって必要な措置がとられ、3年以下の
懲役または罰金が科される。ただし、刑法の規定に基づき処罰を受ける
場合には本条は適用されない。

　また、罰則規定についてはこれまでの30万円以下から、100万円以下
の罰金に引き上げられている。

（7）生活保護の実施要領

　前述した生活保護の実施プロセスにおける調査、決定等の対応は、
「保護の実施要領」に基づき行われる。これは、生活保護を実施するに
あたり、判断や取り扱いを定めたものであり、厚生労働事務次官通知、
厚生労働省社会・援護局長通知、厚生労働省社会・援護局保護課長通知
として出されているものをさす。

　これらの生活保護に関する行政通知は、時代状況に即して発出されて
おり、厚生労働大臣が定める保護の基準に関する事項のほか、法令の解
釈、制度運用上の方針など、多岐にわたる。いずれも、保護事務の処理
基準を定めるものである。

　「保護の実施要領」は、生活保護法や政省令、厚生労働省告示ととも
に『生活保護手帳』としてまとめられ、実務者やそれ以外の者が活用で
きる書籍になっている。

　また、保護の実施要領や医療扶助運営要領等に関する疑義を問答集と
してまとめたものとして『生活保護手帳 別冊問答集』がある。

4 被保護者の権利・義務と不服申立制度

（1）被保護者の権利

　生活保護を受給する上での被保護者の権利には、以下のようなものが
ある。

　①不利益変更の禁止（第56条）

　　「被保護者は、正当な理由がなければ、既に決定された保護を、不
　利益に変更されることがない」

　②公課禁止（第57条）

＊45
刑法等の一部を改正す
る法律の施行に伴う関
係法律の整理等に関す
る法律（令和4年6月
17日法律第68号）によ
り、令和4年6月17日
から起算して3年を超
えない範囲内において
政令で定める日から、
「懲役」と「禁錮」を一
元化し、「拘禁刑」が創
設される。

＊46
『生活保護手帳』は、生
活保護関係法令及び通
知等を分類整理してま
とめたものであり、生
活保護の業務における
指針としてワーカーが
活用している。『生活保
護手帳 別冊問答集』と
ともに、毎年度、内容
が改訂されている。

「被保護者は、保護金品及び進学準備給付金を標準として租税その他の公課を課せられることがない」

③差押禁止（第58条）

「被保護者は、既に給与を受けた保護金品及び進学準備給付金又はこれらを受ける権利を差し押さえられることがない」

（2）被保護者の義務

生活保護を受給する上での被保護者の義務には、以下のようなものがある。

①譲渡禁止（第59条）

「保護又は就労自立給付金若しくは進学準備給付金の支給を受ける権利は、譲り渡すことができない」

②生活上の義務（第60条）

「被保護者は、常に、能力に応じて勤労に励み、自ら、健康の保持及び増進に努め、収入、支出その他生計の状況を適切に把握するとともに支出の節約を図り、その他生活の維持及び向上に努めなければならない」

③届出の義務（第61条）

「被保護者は、収入、支出その他生計の状況について変動があったとき、又は居住地若しくは世帯の構成に異動があったときは、すみやかに、保護の実施機関又は福祉事務所長にその旨を届け出なければならない」

④指示等に従う義務（第62条）

「被保護者は、保護の実施機関が、第30条第1項ただし書の規定により、被保護者を救護施設、更生施設、日常生活支援住居施設若しくはその他の適当な施設に入所させ、若しくはこれらの施設に入所を委託し、若しくは私人の家庭に養護を委託して保護を行うことを決定したとき、又は第27条の規定により、被保護者に対し、必要な指導又は指示をしたときは、これに従わなければならない」（第1項）

「保護施設を利用する被保護者は、第46条の規定により定められたその保護施設の管理規程に従わなければならない」（第2項）

「保護の実施機関は、被保護者が前2項の規定による義務に違反したときは、保護の変更、停止又は廃止をすることができる」（第3項）

「保護の実施機関は、前項の規定により保護の変更、停止又は廃止の処分をする場合には、当該被保護者に対して弁明の機会を与えなけ

ればならない。この場合においては、あらかじめ、当該処分をしようとする理由、弁明をすべき日時及び場所を通知しなければならない」（第4項）

「第3項の規定による処分については、行政手続法第3章（第12条及び第14条を除く）の規定は、適用しない」（第5項）

⑤費用返還義務（第63条）

「被保護者が、急迫の場合等において資力があるにもかかわらず、保護を受けたときは、保護に要する費用を支弁した都道府県又は市町村に対して、すみやかに、その受けた保護金品に相当する金額の範囲内において保護の実施機関の定める額を返還しなければならない」

（3）不服申立制度

❶不服申立制度の意義

生活保護法は、国民の生存権を保障する重要な役割を担っていることから、第64条から第69条にわたり、不服申立ての特別規定を設け、国民の権利の早期救済が図られるよう配慮している。

国民の権利救済の最終手段としては、訴訟による方法もあるが、手続き、費用、時間等の面で提訴することは必ずしも容易でない。このようなことから、国民の権利救済を簡易迅速に行い、違法のみならず不当な処分等についても救済を行うことに、不服申立制度の意義がある。

福祉事務所長は、生活保護の相談・申請時に生活保護の仕組みを説明する（口頭・文書で教示）とともに、生活保護の決定（開始、却下、変更、停止、廃止）時にその根拠を説明し理解を求めなければならない（口頭・文書で教示）。さらに処分庁（福祉事務所長）を経由しても審査請求ができることに留意しなければならない（行政不服審査法第21条）。

❷審査請求（都道府県知事への不服申立て）

市区町村設置福祉事務所の長が行った保護の開始、変更、停止、廃止等及び就労自立給付金又は進学準備給付金の支給に関する処分に不服がある者は、第64条の規定に基づき、当該処分があったことを知った日の翌日から起算して3か月以内（行政不服審査法第18条）に、都道府県知事に対して**審査請求**[*47]を行うことができる。

都道府県知事は、審査請求があったときは、諮問の有無によって70日あるいは50日以内に裁決をしなければならない。また、この期間内に裁決がない場合には、審査請求を却下したものとみなすことができる（生

*47
本双書第13巻第1部第2章第4節2（2）❶参照。

活保護法第65条）。

❸再審査請求（厚生労働大臣への不服申立て）

第66条第1項では、都道府県知事が行った審査請求に対する裁決に不服がある者は、当該裁決があったことを知った日の翌日から起算して1か月以内（行政不服審査法第62条）に、厚生労働大臣に対して**再審査請求**を行うことができる。厚生労働大臣は、再審査請求があったときは、70日以内に裁決をしなければならない。

❹審査請求と訴訟との関係

第69条では、いわゆる審査請求前置主義を採用し、保護の実施機関または支給機関が行った処分の取り消しの訴え（行政事件訴訟）は、当該処分についての審査請求に対する裁決を経た後でなければ、提起することができないものとしている。

処分の取り消しの訴えをいきなり提起することはできないが、審査請求の裁決を経た後は、行政事件訴訟を提起することも、再審査請求をすることも、その双方を行うことも可能となる。

第4節　生活保護の実務のポイント

1 福祉事務所職員の職務と実務の留意点

（1）職員の職務内容

　福祉事務所で生活保護の実施機関としての業務を担当する職員及びその職務は、以下のとおりである。

❶福祉事務所長

　福祉事務所長は、都道府県知事または市町村長の指揮監督を受けて福祉事務所の業務を能率的に運営することを任務としている。生活保護事務においては、都道府県知事または市町村長の権限に属する事務のうち、保護の開始、変更、停止、廃止、被保護者への指導・指示などに関する委任を受けており、これを処理する権限を有している。[*48]

　福祉事務所の所員の指揮監督にあたり、権限を公正に行使するとともに、職員相互の融合を図り、職員の職能啓発と志気向上に努め、職員が職務に精励し、機関の機能が全うできるよう、率先して指導、統制の任にあたることが求められている。

❷査察指導員

　査察指導員は、社会福祉法第15条に基づき福祉事務所に置かれる指導監督を行う職員で社会福祉主事であることが求められている。査察指導は、組織において責任的地位にある者が、直接指揮下にある職員に対して行う権限を伴った指導監督の過程をさす。この過程において、相互信頼関係を基礎として、各職員が自らの職務能力の向上に意欲をもち、有効にその力を発揮できるような教育的機能を果たすとともに、生活保護の業務が適正かつ円滑に実施できるように管理的機能を発揮し、さらには、職員を支える支持的機能を果たすことが求められている。

　査察指導員の業務には、①実態に即した現業活動の実施方針の策定、②能率的事務処理方針の確立、③職員の手続き過程における形式・的確性の審査、④援助を適正にするための職員に対する助言・指導、⑤社会資源・関係機関との連絡調整による現業機能の向上、などがあげられる。

*48
福祉事務所長の権限には、以下のようなものがある。①保護の開始及び変更（生活保護法第24条・第25条）、②保護の停止及び廃止（同第26条）、③被保護者に対する必要な指導及び指示（同第27条）、④立入調査、検診命令、申請却下、または保護の変更、停止もしくは廃止（同第28条）、⑤保護の方法の決定（同第30条～第37条）、⑥届け出の受理（同第48条第4項）、⑦就労自立給付金及び進学準備給付金の支給（同第55条の4項第55条の5項）、⑧指示等に従う義務違反による保護の変更、停止または廃止（同第62条第3項）、⑨費用の返還額の決定（同第63条）、⑩遺留金品の処分（同第76条）、⑪保護金品の返還免除（同第80条）、⑫後見人の選任の請求（同第81条）。

❸面接員

　面接員は、受付面接を担当する、福祉事務所における現業を行う所員である。[*49] 福祉事務所によっては、面接員と地区担当員は兼務して行う場合がある。面接員は、単に生活保護の申請受理を担うばかりでなく、相談者の相談に対して、生活保護を含めたさまざまな社会資源の活用やその他の方法による、課題解決に向けた助言・支援をすることを重要な職務としている。このため、面接員は、社会福祉関係の知識や援助技術、そして、地域の社会資源に関する十分な理解を備えていることが求められている。

　面接員の主な職務は、①面接により相談者の主訴を明らかにすること、②相談者に必要な社会資源を紹介、送致すること、③生活保護の申請意思を有する者に対する生活保護法の趣旨・受給要件・手続き・権利義務の懇切ていねいな説明、④生活保護申請にあたっての手続きの援助、⑤申請書類の担当課への回付、⑥申請書を提出した者について地区担当員への引き継ぎ、などがある。

❹事務職員

　生活保護を実施する上で、生活保護の適切かつ適正な運営が行えるように、文書担当、庶務担当、経理担当などを担う事務職員を福祉事務所に配置している。

❺地区担当員

　地区担当員は、被保護世帯を受け持つ福祉事務所における現業を行う所員のことである。[*50] 査察指導員の指導監督の下、保護の決定・実施において、調査、決定手続き、被保護者への指導・指示・相談・助言などを行う。

　地区担当員は、社会福祉主事であることが求められており、社会福祉に関する一定の知識と熱意をもち、生活保護法がその趣旨にそって適切に実施されるよう、積極的な現業活動をすることが求められている。

　地区担当員の主な職務は、①訪問調査（申請時訪問・定期訪問・臨時訪問）、②各種調査（資産収入の調査・関係先調査）、③ケース記録の作成（保護台帳・保護決定調書・ケース記録〔経過記録〕）、④援助方針の策定、⑤援助方針に則った相談援助・自立支援、などがある。

　なお、地区担当員の行う調査の範囲と内容は、**表2-9**のとおりである。

*49
福祉事務所で生活保護に関する現業を行う所員は、面接員と地区担当員であるが、これらの所員は、一般的に「ケースワーカー」とよばれている。

*50
地区担当員の配置基準は、標準数として、市部福祉事務所では被保護世帯80世帯につき1人、郡部福祉事務所では65世帯につき1人とされている。

〈表2−9〉調査の範囲と内容

調査事項	内容
1　世帯の構成及び世帯員の状況	・世帯の構成及び不在者の有無とその状況。 ・世帯員個々についての心身の状況及び傷病歴、精神障害者、身体障害者、傷病者等がいる場合はその状況。 ・当該世帯に同居している者がある場合は、同一生計関係にあるかどうかの確認を行う。　等
2　住居の状況	・住居の種類・構造・広さ・室数・畳数・設備の状況。 ・自家・借家・借間の別、賃貸借契約の内容、家賃の納付状況、自家の場合は、固定資産税の額及びその納付状況。　等
3　扶養義務者の状況	・扶養義務者の氏名・住所・続柄・世帯構成・職業・収入・資産・生活程度及び扶養能力等。 ・扶養能力がある場合の親疎の状況、扶養を履行する場合は、その程度・方法及び時期。
4　資産の状況	・家屋・住宅については、2の調査による利用状況と活用余地の有無。 ・田畑・山林等の所有状況ならびに賃貸または処分等による活用。 ・預貯金・生命保険等の有無、有する場合はその種類・金額。 ・負債がある場合は、負債が生じた原因・負債の種類・負債額・借入先及び返済計画。　等
5　他法他施策の状況	・社会保険等の受給資格の有無、受給資格がある者については、その給付の種類・程度・給付期間。 ・社会保険等の受給資格をいまだ取得していない者について、資格取得の可能性。　等
6　収入の状況	収入の状況調査は、原則として要保護者の申告に基づいて行う。この申告には収入の有無、収入を得ている関係先・収入額及び収入を得るため必要とする経費の内訳等について立証する資料（給与証明書等）により確認する。なお、収入申告書は保護を申請する場合は、そのときに保護継続中必ず提出させることを原則とするものであるが、収入に変動がある場合はそのつど提出させる。
（1）勤労（被用）収入	・勤務先の名称・所在地・規模・職種・勤務条件・就労・日給・月給の別、基本給・超過勤務その他諸手当の状況・昇給時期・賞与等の支給状況、社会保険関係。 ・交通費の支給の有無、その他現物支給の状況。 ・本人の収入申告書には前3か月分の給与の明細を明記した給与明細書を添付させること。　等
（2）内職収入	・内職の種類、原材料の受取先、単価・従事口数・時間・月平均収入額。　等
（3）農業収入	・耕作面積・栽培品目別作付状況・地味・収穫量・売却量。 ・収入を得るための必要経費の種類・金額。　等
（4）農業以外の自営収入	・事業の種類・商品の販売先・原材料の仕入先及び収益の状況。 ・収入を得るための必要経費の種類・金額。　等
（5）財産収入	・家屋・宅地・田畑等から得られる家賃・地代・小作料。　等
（6）恩給・年金保険金等の収入	・恩給・年金・公務扶助料・児童扶養手当等がある場合は、証書番号・裁定期日・受給時期・受給額を確認する。　等
（7）その他の収入	・ほかからの仕送り・贈与等による収入がある場合、その仕送り者・贈与者・金額。 ・不動産・動産・物品処理等による収入額。　等

（出典）厚生労働省資料をもとに筆者作成

（2）実務にあたっての留意点

　福祉事務所が一つの行政組織体として業務を円滑に遂行するためには、合理的な組織のもとに適切な職員配置が行われ、各職員の職務権限、職務内容が明確にされ、かつ合理的手段に従って事務処理されることが必要である。福祉事務所は、単なる事務処理機関ではなく、現業活動を行う機関であるため、業務の運用にあたっては常に以下のような点に留意する必要がある。

①管内の社会経済状況（人口動態・産業構造・就業構造・所得水準・低所得者の実態と動静等）を把握し、それに即した事業計画を樹立すること。

②関係機関との連携体制を密にすること。

　関係機関には、市町村、自立相談支援機関、民生委員・児童委員、主任児童委員、指定医療機関、指定介護機関、児童相談所、身体障害者更生相談所、知的障害者更生相談所、婦人相談所[*51]、精神保健福祉センター、ハローワーク、職業能力開発校、労働基準監督署、年金事務所、保健所、学校、警察署、保護司、社協、社会福祉施設、地域包括支援センター、障害福祉サービス事業者等があげられる。

③業務の能率的運用を図り、現業活動の充実強化を最重点に運営体制を整備すること。

2　医療扶助実施の流れと指定医療機関

（1）医療扶助の内容

　医療扶助は、医療を必要とする被保護者に対して、「診察」「薬剤又は治療材料」「医学的処置、手術及びその他の治療並びに施術」「居宅における療養上の管理及びその療養に伴う世話その他の看護」「病院又は診療所への入院及びその療養に伴う世話その他の看護」「移送」の給付を行うものである（生活保護法第15条）。現物給付を原則としており、指定医療機関に委託して行われる[*52]。また、医療扶助の適正化として、平成30（2018）年10月より後発医薬品の使用の原則化が規定された（生活保護法第34条第3項）。

（2）医療扶助実施の流れ

　医療扶助を必要とする被保護者は、福祉事務所に医療扶助の申請を行う。福祉事務所は、原則として医療要否意見書により医療の要否を判定

する。医療扶助が決定されると、医療扶助のみの適用を受ける者については、本人支払額が決定され、本人が直接指定医療機関に支払い、不足分を医療扶助において負担することとなる。

また、医療券が発行されるが、医療券は、社会保険における被保険者証または受給者証に相当するものであり、指定医療機関に提出することによって受診できる。

指定医療機関は、医療券が有効であることを確認の上、診療を行い、その診療の結果を診療報酬明細書（レセプト）に記載の上、社会保険診療報酬支払基金に提出し、都道府県知事の決定を経た後、診療報酬の支払いを受けることができる。診療以外の、治療材料費、施術などの支払いは、福祉事務所が行うことになっている。

（3）指定医療機関

医療扶助は、生活保護法第49条に規定されているように、国立の病院、診療所、薬局については厚生労働大臣が、それ以外の病院、診療所、薬局については都道府県知事が指定した指定医療機関が行うこととなっている。また指定の更新は6年ごととされる。

第50条に基づき、指定医療機関は、懇切ていねいに被保護者の医療を担当するとともに、被保護者の医療について、厚生労働大臣または都道府県知事の行う指導に従わなければならない。この規定及び第52条（診療方針及び診療報酬）に違反、または指定を不正の手段により受けたときなどには、指定医療機関は、厚生労働大臣の指定した医療機関については厚生労働大臣が、都道府県知事が指定した医療機関については都道府県知事が、その指定を取り消すこと、または期間を定めて指定の全部または一部の効力を停止することができることが、第51条第2項に規定されている。なお、第78条第2項には、偽りその他不正の行為によって医療の給付に要する費用の支払いを受けた指定医療機関から返還させるべき額の徴収規定がある。

3 介護扶助実施の流れと指定介護機関

（1）介護扶助の内容

介護扶助は、介護保険法に規定される要介護者、要支援者、及び居宅要支援被保険者等に相当する者（要支援者を除く）を対象に「居宅介護（居宅介護支援計画に基づき行うものに限る）」「福祉用具」「住宅改修」

「施設介護」「介護予防（介護予防支援計画に基づき行うものに限る）」「介護予防福祉用具」「介護予防住宅改修」「介護予防・日常生活支援（介護予防支援計画又は介護保険法に規定する第1号介護予防支援事業による援助に相当する援助に基づき行うものに限る）」「移送」の給付を行うものである。医療扶助と同様に、現物給付を原則としており、指定介護機関に委託して行われる。

（2）介護扶助実施の流れ

介護扶助実施に伴う介護扶助給付事務手続きの流れは、**図2－9**のとおりである。

介護扶助を必要とする被保護者は、福祉事務所に介護扶助の申請を行うが、被保険者が居宅介護等を申請する場合には、居宅介護支援計画等の写しも提出することになっている（ただし、介護保険法第9条各号のいずれにも該当しない者であって、保護を要する者が介護扶助の申請を行う場合には、申請の際に居宅介護支援計画等の写しは要さないこととされている）。

介護扶助の決定がなされると、介護扶助のみ、または介護扶助及び医療扶助のみの適用を受ける場合には、本人支払額が決定され、本人が直接指定介護機関に支払い、不足分を介護扶助において負担することとなる。

介護券が発行されるが、介護券は、介護保険における被保険者証に相当するものである。介護扶助は、福祉事務所長から直接介護券を指定介護機関に送付することにより行われる点で、医療扶助とは異なる。

指定介護機関は、福祉事務所から送付された介護券が有効であることを確認の上介護サービスを行い、その介護サービスの結果を介護給付費明細書に記載の上、国民健康保険団体連合会に提出し、都道府県知事の決定を受けた後、介護報酬の支払いを受けることができる。

（3）指定介護機関

介護扶助は、生活保護法第54条の2に規定されているように、厚生労働大臣、都道府県知事が指定した、指定介護機関が行うこととなっている。

指定介護機関も、指定医療機関と同様に、懇切ていねいに被保護者の介護を担当するとともに、被保護者の介護について、都道府県知事の行う指導に従わなければならない。この規定に違反などした指定介護機関

は、指定医療機関と同じく、その指定を取り消されることがある。なお、第78条第2項不正受給の徴収の規定は、指定介護機関も対象とする。

〈図2－9〉介護扶助給付事務手続きの流れ

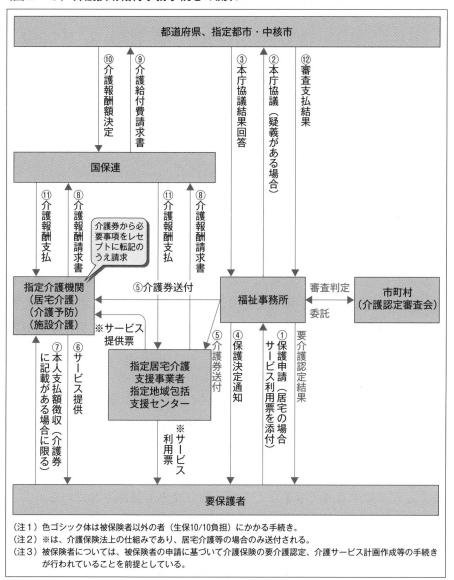

（注1）色ゴシック体は被保険者以外の者（生保10/10負担）にかかる手続き。
（注2）※は、介護保険法上の仕組みであり、居宅介護等の場合のみ送付される。
（注3）被保険者については、被保険者の申請に基づいて介護保険の要介護認定、介護サービス計画作成等の手続きが行われていることを前提としている。

（出典）『生活保護手帳 2023年度版』中央法規出版、2023年、957頁

第5節　生活保護施設

1 生活保護施設の種類

　生活保護法第38条に規定される保護施設には、救護施設、更生施設、医療保護施設、授産施設及び宿所提供施設の５種類がある。[*53] かつて、保護施設の中でも、最も大きな比重を占めていた養老施設（養護老人ホーム）は、昭和38（1963）年の老人福祉法の制定によって、養護老人ホームに吸収された経緯がある。

＊53
保護施設数の年次推移

施設種類	平成7年	17年	27年	令和3年
救護施設	174	183	185	182
更生施設	18	20	19	20
医療保護施設	65	62	59	56
授産施設	68	21	18	15
宿所提供施設	15	12	11	15

（出典）「社会福祉施設等調査報告」

（1）救護施設

　救護施設は、生活保護法第38条第２項に規定される施設であり、「身体上又は精神上著しい障害があるために日常生活を営むことが困難な要保護者を入所させて、生活扶助を行うことを目的とする施設」である。

　障害別に機能分化された施設への入所がむずかしい重複障害のある利用者や、居宅での生活が困難であり、長期入院を余儀なくされていた精神障害者の退院後の受け入れ先となってきた。利用者は、男性が約６割、65歳以上が約半数という状況にある。

　近年では、当面の地域生活がむずかしいホームレス、アルコール・薬物依存症者、DV（ドメスティック・バイオレンス）被害者を受け入れる施設としても活用されている。また、施設では、生活相談及び生活支援、所内作業、レクリエーションなどを行うばかりでなく、自立支援の観点から、入所者の地域生活への移行支援や就労支援、居宅生活を送る被保護者に対する通所事業などを行う取り組みも展開されている。

（2）更生施設

　更生施設は、生活保護法第38条第３項に規定される施設であり、「身体上又は精神上の理由により養護及び生活指導を必要とする要保護者を入所させて、生活扶助を行うことを目的とする施設」である。

　更生施設では、主に、病院等で療養をしていた要保護者、路上生活をしていた要保護者、地域生活が困難な要保護者など、住居が不安定な要保護者を受け入れる。生活支援、療養支援、就労支援、所内作業などを行うことにより、社会復帰、家庭復帰をめざした支援をしており、地域につなぐ中間施設としての役割を果たしている。

更生施設においても、通所事業が行われており、退所後の生活を支援する訪問事業などを行う施設もある。

（3）医療保護施設

医療保護施設は、生活保護法第38条第4項に規定される、「医療を必要とする要保護者に対して、医療の給付を行うことを目的とする施設」である。

生活保護法制定当時は、路上生活をする者や行旅病人（こうりょびょうにん）が、何も持たない状態で入院治療を受けることのできる医療機関が限られていたことから、このような施設を設置するに至った。現在は、生活保護の指定医療機関も増えてきたことから、施設数は減少傾向にある。

（4）授産施設

授産施設は、生活保護法第38条第5項に規定される、「身体上若しくは精神上の理由又は世帯の事情により就業能力の限られている要保護者に対して、就労又は技能の修得のために必要な機会及び便宜を与えて、その自立を助長することを目的とする施設」である。

これは、生業扶助を主たる目的とする施設である。この施設を利用できる者は、身体上もしくは精神上の障害、または乳幼児を抱えている等のため、正規の労働に就業できない者等を対象としている。

（5）宿所提供施設

宿所提供施設は、生活保護法第38条第6項に規定される、「住居のない要保護者の世帯に対して、住宅扶助を行うことを目的とする施設」である。

数は少ないが、要保護者であり、住居を失い住宅扶助を必要とする世帯であれば、単身世帯だけでなく、親子、兄弟姉妹などを世帯単位で、しかも、年齢、男女の組み合わせなどに対しても弾力的に受け入れられる施設である。

2 保護施設の設置主体と指導監督、管理

（1）保護施設の設置主体

保護施設の設置主体は、生活保護法第40条・第41条に基づき、都道府県、市町村、地方独立行政法人、社会福祉法人及び日本赤十字社のみに

限られている。

　生活保護法第39条には、保護施設の設備及び運営について、都道府県が条例によって基準を定めなければならないこと、そのうち配置すべき職員とその数、居室の床面積、処遇・安全確保、秘密保持等については厚生労働省令にて定める基準に従うこと、また、施設の利用定員については厚生労働省令で定める基準を標準とすること、その他については厚生労働省令の基準を参酌するもの、とされている。

（2）保護施設の指導監督と管理

　保護施設の指導監督機関は、生活保護法第43条第1項の規定により、都道府県知事となっている。保護施設は、被保護者の生活の場や就業の場となるなど、被保護者の人権に大きな影響をもつため、その運営の適正を期することは極めて重要であり、こうしたことから、都道府県知事の指導監督が行われるようになっている。

　社会福祉法人または日本赤十字社の設置した保護施設に対する指導については、市町村長が補助することが、生活保護法第43条第2項に規定されている。

　生活保護法第45条に基づき、厚生労働大臣は都道府県に対して、また都道府県知事は市町村及び地方独立行政法人に対して、保護施設の設備及び運営に関する基準に適合しなくなったり、法令に違反したりした場合には、その事業の停止、廃止を命じることができる。また、都道府県知事は、社会福祉法人または日本赤十字社に対して、保護施設の設備・運営の改善や、その事業の停止を命じ、認可を取り消すことができる。

　保護施設の管理規程については、生活保護法第46条に定められており、①事業の目的及び方針、②職員の定数、区分及び職務内容、③その施設を利用する者に対する処遇方法、④その施設を利用する者が守るべき規律、⑤入所者に作業を課する場合には、その作業の種類、方法、時間及び収益の処分方法、⑥その他施設の管理についての重要事項、を定めることとなっている。

（3）保護施設の義務

　生活保護法第47条の規定により、保護施設には、以下のような義務が課せられている。

　①保護の実施機関から保護のための委託を受けたときは、正当の理由なくして、これを拒んではならない。

②要保護者の入所または処遇にあたり、人権、信条、社会的身分または門地により、差別的または優先的な取扱いをしてはならない。

③利用する者に対して、宗教上の行為、祝典、儀式または行事に参加することを強制してはならない。

④第44条の規定によって行う立入検査を拒んではならない。

3 生活保護施設の役割と特徴

生活保護施設の役割と特徴には、次のようなことがあげられる。

第一は、住居のセーフティネットとして機能していることである。救護施設、更生施設、宿所提供施設は、地域における住まいを持たない、あるいは住まうことがむずかしい利用者を受け入れ、住居を提供するとともに、地域生活が営めるよう支援しており、このことは一つの特徴である。

第二は、施設の場において、職員による専門的な対応や支援が行われることである。特に、救護施設、更生施設では、近年では利用者に対する個別支援計画が策定され、それに基づく具体的な支援が行われている。生活の場において、そこでの利用者の生活状況や心身の状況、目標に向けた取り組み状況をふまえたきめ細かな支援ができることは、これらの施設ならではの特徴である。

第三は、新しいニーズに即した取り組みを展開していることである。救護施設では、前述したような、入所者の地域生活への移行支援の取り組みが行われており、居宅に近い環境で生活訓練を行う「救護施設居宅生活訓練事業」や、退所後の生活の安定をめざした「保護施設通所事業」などが行われている。このように、社会や利用者の新たなニーズに即した取り組みを行うことも、生活保護施設の役割であり特徴であるといえる。

また、平成28（2016）年の社会福祉法改正によって、社会福祉法人に地域における公益的取組を実施する責務（社会福祉法第24条第2項）を果たすことが求められている。

今後も、5つの生活保護施設がそれぞれに、他の社会福祉領域ではカバーできない部分を担うセーフティネットとしての役割を果たし、新たなニーズに柔軟に対応する施設として発展することが期待されている。

参考文献

- 全国社会福祉協議会「保護施設の支援機能の実態把握と課題分析に関する調査研究事業報告書」（令和元年度生活困窮者就労準備支援事業費等補助金社会福祉推進事業）、2020年
- PwCコンサルティング「保護施設入所者の地域生活移行等の促進を図るための調査研究報告書」（令和2年度生活困窮者就労準備支援事業費等補助金〔社会福祉推進事業分〕）、2021年

第6節　生活保護の動向

　厚生労働省では「被保護者調査」や「医療扶助実態統計」など、生活保護の受給者に関する統計調査を実施して公表しており、その集計結果から私たちは全国で生活保護を受給している人や世帯の状況を知ることができる。

　本節ではこれらの統計調査結果に基づき、生活保護の全国的な動向を概観する。生活保護を受給している人たちの置かれている状況や最近の傾向、これまでの推移を知ることは、適切な対象理解につながり、生活保護の望ましい運用や支援について考える際にも役立つものである。

1 被保護人員の動向

　令和3（2021）年度時点で、生活保護受給者は高齢者の割合が過半数である。保護の種類では生活扶助、住宅扶助、医療扶助を重複して受給する者が大部分を占めている。

（1）被保護人員の推移

　生活保護を受給する者の動向は、景気変動や雇用環境の変化等の経済的要因、少子高齢化の進展や家庭機能の変化等の社会的要因、他法他施策の整備等による制度的要因、保護の運用等の行政的要因など、さまざまな要因の影響を受けて推移する傾向がある。

　昭和30（1955）年度から最近までの生活保護の動向を、被保護人員、被保護世帯数、保護率の推移で概観したものが**図2-10**である。「保護率」は、日本の人口に占める生活保護受給者の割合を示す指標であり、**図2-10**では人口100人に対する被保護者の割合（％）の推移を表している。

　被保護人員はこの間、増減を繰り返しながら推移してきたが、平成7（1995）年度に被保護人員88万2,229人、保護率0.7％で過去最低を記録した後、増加に転じた。その後も、平成20（2008）年に起きたリーマンショックを契機とする世界金融危機により、日本でも多くの失業者や生活困窮者が生じ、被保護人員は顕著な増加傾向が続いたが、平成26（2014）年度をピークにやや減少傾向となった。

　しかし、令和2（2020）年1月に国内で初めて感染が確認された新型

*54
生活保護法に基づく保護を受けている世帯及び保護を受けていた世帯の受給状況を把握し、生活保護制度及び厚生労働行政の企画運営に必要な基礎資料を得ることを目的とした調査で、厚生労働省が実施している。平成24（2012）年度より「福祉行政報告例」のうち生活保護関係について「被保護者全国一斉調査」と統合し、新たに「被保護者調査」と名称を変更し、現在に至っている。令和5（2023）年10月現在、令和3（2021）年度の調査結果が詳細なデータとしては最新のものである（月次調査、年次調査速報を除く）。

*55
生活保護法による医療扶助受給者の診療内容を把握し、被保護階層に対する医療対策その他厚生労働行政の企画運営に必要な基礎資料を得ようとする調査で、厚生労働省が実施している。令和3（2021）年度より「高齢者の医療の確保に関する法律」に基づく行政記録情報である「レセプト情報・特定健診等情報データベース」に蓄積された情報を用いて集計を行うこととして、従来の「医療扶助実態調査」を中止し、「医療扶助実態統計」に名称を変更した。令和5（2023）年10月現在、令和4（2022）年度の調査結果が最新のデータである。

〈図2-10〉被保護実人員及び保護率（人口百対）、被保護実世帯数の年次推移

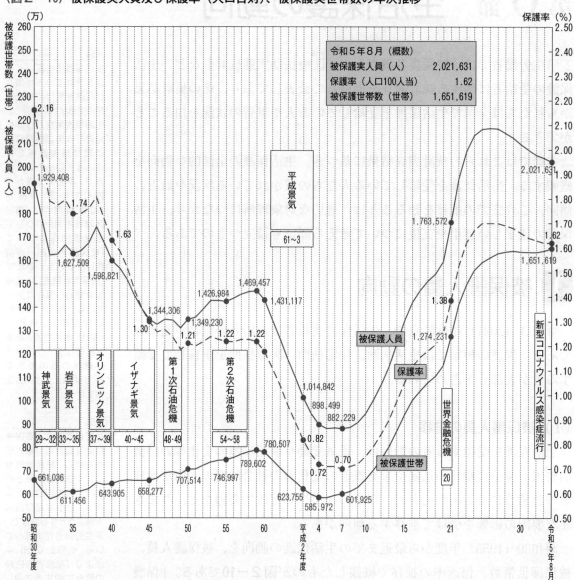

（出典）厚生労働省「被保護者調査」をもとに筆者作成。令和5年は概数

　コロナウイルス感染症（COVID-19）は急速に世界中に拡大し、国内では感染拡大防止のため緊急事態宣言が発出されるなどして社会・経済活動が大幅に停滞し、人々の雇用や収入などに大きく影響した。こうした状況をふまえて、政府は雇用と家計を支援するための大規模な経済対策を講じた。

　コロナ禍に伴う失業や収入減などによって生活に困窮する人の急増が予想されたが、生活困窮者自立支援制度を担当する自立相談支援機関への相談は予想を大きく超える増加となった一方で、生活保護制度につい

ては顕著な変化は表れてこなかった。これは、労働者の雇用を維持するさまざまな支援策に加え、緊急小口資金や総合支援資金の貸し付け、住居確保給付金などが集中的に講じられた影響があると考えられる。

その後、令和5（2023）年5月から新型コロナウイルス感染症の位置付けが「5類感染症」になり、行政がさまざまな要請や関与をする仕組みから、個人の選択と自主的な取り組みを尊重する対応に変化した。しかし、この3年間は人々の日常生活やライフスタイルに大きな影響を与えてきた。また国内外での自然災害や紛争なども深刻さを増し、社会経済をめぐる厳しい状況が続いている。したがって引き続き今後の動向を注視する必要がある。

（2）年齢階級別構成

令和4（2022）年の被保護人員の年齢階級別構成を見たものが**表2−10**である。これによれば、65歳以上の高齢者の割合は52.6％である。なお、この10年間の推移では平成23（2011）年は38.7％であったが、年々増加して平成30（2018）年に50.3％となり過半数を超え、以後も増加傾向である。

なお、令和4（2022）年の日本における65歳以上の人口の割合は過去最高の29.0％[56]であるが、いかに生活保護受給者に高齢者が多いかがわかる。その理由としては、少子高齢化の進展、扶養意識の変化等による高齢者の単身・夫婦世帯の増加などが考えられる。

[56]
総務省統計局「人口推計」令和4（2022）年10月1日現在。

〈表2−10〉**被保護人員の年齢階級別構成**

令和4（2022）年7月末日現在（速報値）

年齢階級	人数（人）	割合（％）
総　数	1,971,442	100.0
0〜19歳	169,000	8.6
20〜29歳	56,311	2.9
30〜39歳	92,960	4.7
40〜49歳	175,011	8.9
50〜59歳	283,687	14.4
60〜64歳	156,311	7.9
65〜69歳	180,143	9.1
70歳以上	858,019	43.5

（出典）厚生労働省「令和4年度被保護者調査」をもとに筆者作成

〈表2-11〉被保護人員、保護率、扶助別人員及び構成割合の推移（1か月平均）

	平成30年度		令和元年度		2年度		3年度		4年度	
		割合 (%)		割合 (%)		割合 (%)		割合 (%)		割合 (%)
被保護実人員（千人）	2,097	100.0	2,073	100.0	2,052	100.0	2,039	100.0	2,024	100.0
保護率（%）	1.66		1.64		1.63		1.62		1.62	
生活扶助	1,852	88.3	1,820	87.8	1,796	87.5	1,781	87.4	1,767	87.3
住宅扶助	1,792	85.5	1,770	85.4	1,755	85.5	1,747	85.7	1,736	85.8
医療扶助	1,751	83.5	1,743	84.1	1,710	83.3	1,709	83.8	1,706	84.3
介護扶助	381	18.2	394	19.0	405	19.7	416	20.4	422	20.8
教育扶助	117	5.6	108	5.2	101	4.9	94	4.6	88	4.4
その他の扶助（注）	49	2.3	46	2.2	43	2.1	41	2.0	40	2.0

（注）「その他の扶助」は「出産扶助」「生業扶助」「葬祭扶助」の合計である。
（出典）厚生労働省「被保護者調査」をもとに筆者作成。令和4年度は概数

（3）扶助の種類別に見た状況

　表2-11は、扶助の種類別の被保護人員と構成割合（扶助率）について、過去5年間の推移を示している。生活保護の8つの扶助のうち、生活扶助は飲食、衣類、その他の日用品、光熱水費などにかかる費用で最も基本的なものであることから、扶助率が最も高く、どの年度も約9割となっている。次いで住宅扶助、医療扶助の順となっていて、これらを重複して受給する人が多いことを示している。住宅扶助の扶助率の高さは、借家・借間に住む被保護者の多さを反映している。

　介護扶助は増加傾向にあり、介護を必要とする被保護者が多くなってきていることがわかる。一方、教育扶助は減少傾向にあり、被保護者のうち小中学生がさらに少なくなってきていることがうかがえる。

（4）医療扶助人員と傷病の状況

　医療扶助を受給している人の総数と、入院・入院外での推移を表したものが図2-11である。医療扶助人員は増加を続けてきたが、この6年間は減少している。令和4（2022）年度は170万6,091人である。入院患者は10万159人であり、医療扶助人員の5.9%となっている。

　表2-12は傷病分類別に医療扶助の受給状況を見たものである。令和4（2022）年においては、入院では認知症、統合失調症や気分（感情）障害などの「精神・行動の障害」が37.6%で最も多く、「その他」が28.6%、高血圧性疾患や虚血性心疾患、脳梗塞などの「循環器系の疾患」が13.7%と続いている。入院外では「その他」が45.6%で最も多く、「循環器系の疾患」19.6%、炎症性多発性関節障害や脊柱障害などの

〈図２-11〉入院・入院外別に見た医療扶助人員の推移（１か月平均）

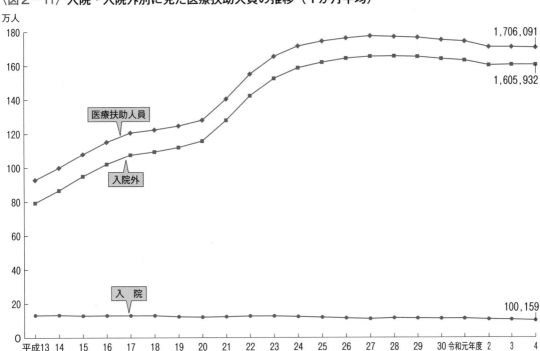

（出典）厚生労働省「被保護者調査」をもとに筆者作成。令和４年度は概数

〈表２-12〉入院・入院外別に見た傷病分類別一般診療件数（令和４年）

	件　数　（件）			構　成　割　合　（%）		
	総　数	入　院	入　院　外	総　数	入　院	入　院　外
総数	1,797,988	90,443	1,707,545	100.0	100.0	100.0
精神・行動の障害	112,054	34,043	78,011	6.2	37.6	4.6
神経系の疾患	72,966	5,601	67,365	4.1	6.2	3.9
循環器系の疾患	347,629	12,355	335,274	19.3	13.7	19.6
呼吸器系の疾患	118,368	4,006	114,362	6.6	4.4	6.7
消化器系の疾患	122,632	4,226	118,406	6.8	4.7	6.9
筋骨格系及び結合組織の疾患	219,659	4,362	215,297	12.2	4.8	12.6
その他	804,680	25,850	778,830	44.8	28.6	45.6

（出典）厚生労働省「医療扶助実態統計」（令和４〔2022〕年６月審査分のデータに基づく）

「筋骨格系及び結合組織の疾患」が12.6%である。

　このように医療扶助では、精神疾患による入院患者の割合が高いことや、高齢の被保護者が多いことを反映して、入院・入院外ともに「循環器系の疾患」が一定割合を示すことがわかる。

② 被保護世帯の動向

　最近の被保護世帯は1人世帯が約8割を占めるなど、世帯の小規模化が著しい。世帯類型では高齢者世帯が過半数を超え、障害者・傷病者世帯と合わせると約8割を占める。こうした状況を反映して、保護の受給期間は長期化する傾向にあるとともに、働いている者のいない世帯が多くなっている。

（1）世帯人数の状況

　被保護世帯数は令和5（2023）年7月時点（概数）で165万492世帯である。

　図2-12から被保護世帯における世帯人員別構成割合の推移を見ると、1人世帯の割合が増加し、それ以外の世帯の割合は減少傾向を示している。令和3（2021）年度には1人世帯が83.0％と大部分を占め、2人世帯12.5％と合わせると95.5％に達する。つまり生活保護を受給している人のほとんどが単身、もしくは2人で暮らしているのであり、何らかの生活課題が生じたときに家庭内で対応することがむずかしく、孤立化のリスクも高いことがうかがえる。

　令和3（2021）年度の一般世帯の世帯人員別構成割合と比較すると、いかに被保護世帯の少人数世帯化が進み偏っているかがわかる。なお、令和3（2021）年度の被保護世帯の平均世帯人員は1.24人であるのに対

〈図2-12〉世帯人員別構成比の推移　　　　　　　　　　　　　　（単位：%）

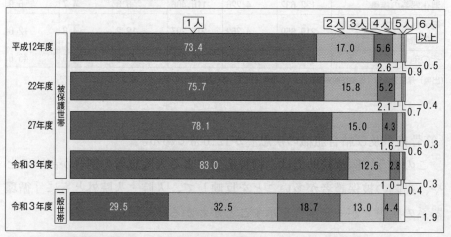

（注）国民生活基礎調査の世帯の単位は、「被保護者調査」とは異なり千世帯である（各年7月現在）。
（出典）厚生労働省「被保護者調査」、「国民生活基礎調査」をもとに筆者作成

し、一般世帯は2.37人である。

（2）世帯類型の状況

　表2－13から世帯類型別の被保護世帯数の構成割合を見ると、令和4（2022）年度には高齢者世帯が55.6％と過半数強を占めており、その大多数が単身世帯である。障害者・傷病者世帯は24.9％であり、高齢者世帯と障害者・傷病者世帯で被保護世帯全体の約8割を占める。以上から現在生活保護を受給している世帯は、高齢や障害・傷病により収入が低下した世帯や、医療費が増大しやすい世帯が大部分であることがわかる。

　また過去5年間の世帯類型別構成割合の推移を見ると、高齢者世帯の割合が増加し続けており、母子世帯は減少傾向、障害者・傷病者世帯は減少傾向から横ばいとなっている。

（3）保護の受給期間の状況

　保護の受給期間別に被保護世帯数の構成割合の推移を見たものが**図2－13**である。保護の受給期間は全体的に長期化の傾向が読み取れる。令和3（2021）年度には、受給期間が5年以上の世帯が64.1％を占めており、受給期間が1年未満の世帯は9.7％だった。またこの4年間、受給期間が10年以上の世帯の割合は増加傾向で推移している。被保護世帯は高齢者世帯と障害者・傷病者世帯が多くを占め、こうした世帯は収入増を図ることが容易ではなく医療や介護のニーズも高いため、保護が長期化しやすいことによるものと考えられる。

〈表2－13〉　**世帯類型別被保護世帯数の構成比の推移（1か月平均）**　　　　(%)

	平成30年度	令和元年度	2年度	3年度	4年度
総　数 （保護停止中を含まない）	100	100	100	100	100
高齢者世帯	54.1	55.1	55.5	55.6	55.6
うち単身世帯	49.4	50.4	51.0	51.3	51.3
うち2人以上の世帯	4.7	4.7	4.5	4.4	4.2
母子世帯	5.3	5.0	4.6	4.4	4.1
障害者・傷病者世帯	25.3	25.0	24.8	24.8	24.9
その他の世帯	15.2	14.9	15.0	15.2	15.5

（注）端数処理の関係上、構成比の合計が100.0にならない場合がある。令和4年度は概数。
（出典）厚生労働省「被保護者調査」をもとに筆者作成

〈図2－13〉保護受給期間別被保護世帯数の構成比の推移

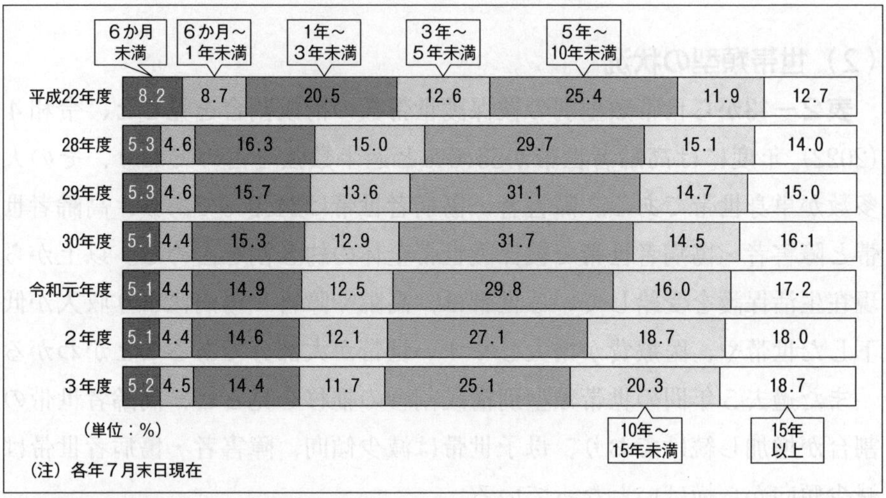

（注）各年7月末日現在

（出典）厚生労働省「被保護者調査」各年度版をもとに筆者作成

（4）労働力類型別に見る被保護世帯の状況

　　被保護世帯数を労働力類型別にその推移を表したものが**表2－14**である。昭和35（1960）年度には世帯主が働いている世帯が39.1%、世帯員

〈表2－14〉被保護世帯の労働力類型別世帯数の推移（1か月平均）

	年　度	総　数	世帯主が働いている世帯					世帯主は働いていないが世帯員が働いている世帯	働いている者のいない世帯
			計	常用勤労者	日雇労働者	内 職 者	その他の就 業 者		
世帯数（世帯）	昭和35（1960）	604,752	236,713	32,171	81,477	37,063	86,002	97,031	271,008
	55（1980）	744,724	113,254	43,476	25,768	14,459	29,552	47,962	583,509
	平成2（1990）	622,235	90,200	51,065	13,144	10,226	15,765	26,769	505,266
	12（2000）	750,181	71,151	45,552	9,318	6,360	9,921	18,509	660,522
	22（2010）	1,405,281	152,427	106,684	22,996	7,553	15,194	34,321	1,218,533
	令和元（2019）	1,627,724	215,581	162,650	22,911	9,898	20,122	35,409	1,376,733
	2（2020）	1,629,524	205,130	154,260	20,618	10,051	20,201	32,747	1,391,647
	3（2021）	1,633,767	204,935	153,626	19,841	10,429	21,040	31,570	1,397,263
構成比（%）	昭和35（1960）	100.0	39.1	5.3	13.5	6.1	14.2	16.0	44.8
	55（1980）	100.0	15.2	5.8	3.5	1.9	4.0	6.4	78.4
	平成2（1990）	100.0	14.5	8.2	2.1	1.6	2.5	4.3	81.2
	12（2000）	100.0	9.5	6.1	1.2	0.8	1.3	2.5	88.0
	22（2010）	100.0	10.8	7.6	1.6	0.5	1.1	2.4	86.7
	令和元（2019）	100.0	13.2	10.0	1.4	0.6	1.2	2.2	84.6
	2（2020）	100.0	12.6	9.5	1.3	0.6	1.2	2.0	85.4
	3（2021）	100.0	12.5	9.4	1.2	0.6	1.3	1.9	85.5

（注）端数処理の関係上、構成比の合計が100.0にならない場合がある。
（出典）厚生労働省「被保護者調査」をもとに筆者作成

が働いている世帯が16.0％で、働いている者のいない世帯は44.8％だった。令和3（2021）年度は世帯主が働いている世帯が12.5％、世帯員が働いている世帯が1.9％で、働いている者のいない世帯が85.5％を占めている。先に見たように、最近の被保護世帯は高齢者世帯と障害者・傷病者世帯が多くを占め、稼働者が減少したと考えられる。このような状況から、生活保護受給者に対する就労支援は実態とニーズをふまえた展開が要請されている。

　なお、世帯主が働いている世帯の多くは、常用勤労者である。

3 生活保護の開始・廃止の動向

　生活保護の開始理由は、「貯金等の減少・喪失」が最も多く、「傷病による」や「働きによる収入の減少・喪失」が続いている。一方、廃止理由は「死亡」が最も多く、「その他」「働きによる収入の増加・取得・働き手の転入」と続いている。こうした動向からも、生活保護を受給する前後の実態をうかがい知ることができる。

（1）保護の開始・廃止世帯数と人員、申請件数の推移
　新たに生活保護を開始した世帯数と人員、生活保護が廃止になった世帯数と人員、並びに申請件数の推移を示したものが**表2－15**である。表に見るように、保護の開始世帯数・人員、保護の廃止世帯数・人員ともにこの数年減少傾向にあったが、令和2（2020）年度は保護開始世帯数のみ前年度より増加、令和3（2021）年度は保護開始世帯数は横ばい、保護廃止世帯数・人員が増加した。また保護の開始と廃止を比較すると、世帯数・人員ともに開始の方が廃止を上回る傾向が10年あまり続いているが、世帯数では平成29（2017）年度から令和元（2019）年度の3年間は開始よりも廃止世帯数が多かった。

　なお、保護の申請件数に対する保護開始世帯数の割合は、この10年あまりを見ると平成27（2015）年度を除き減少傾向にあり、平成22（2010）年度は95.7％だったのに対し、令和4（2022）年度（概数）は87.6％となっている。このことは、生活保護が確実に見込まれる世帯が申請していた実態から、資力調査により保護の可否が審査、決定されるという本来の取り扱いにわずかずつだが近づいてきているとも考えられる。

　さらに、コロナ禍における保護の開始・廃止世帯数と申請件数の推移

〈表2−15〉保護の申請件数、開始・廃止世帯数及び人員の推移（年度累計）

	申　請　件　数	保　護　開　始		保　護　廃　止	
		世　帯　数	人　員	世　帯　数	人　員
昭和35（1960）年度	270,938	228,319	537,965	228,396	543,715
55（1980）	224,894	195,996	400,434	190,328	366,662
平成2（1990）	114,729	116,512	173,548	141,336	226,404
12（2000）	186,296	200,667	277,704	150,338	191,823
22（2010）	325,483	311,564	428,638	197,748	247,724
23（2011）	292,974	277,530	380,074	207,990	264,381
24（2012）	275,225	259,294	353,641	209,525	267,600
25（2013）	251,644	234,456	316,104	210,708	270,837
26（2014）	246,763	225,043	302,466	204,801	263,342
27（2015）	242,056	221,475	294,625	208,784	268,587
28（2016）	235,237	212,229	278,648	205,651	260,828
29（2017）	226,420	204,044	264,083	205,370	257,719
30（2018）	224,381	200,552	258,273	202,558	250,930
令和元（2019）	223,042	198,767	252,323	201,040	246,231
2（2020）	228,102	202,870	251,400	196,793	234,990
3（2021）	229,900	202,689	249,808	202,178	237,633
4（2022）	245,686	215,288	267,190	211,014	245,474

（出典）厚生労働省「被保護者調査」をもとに筆者作成。令和4年度は概数

を月別状況から見ると、対前年同月伸び率では、申請件数は令和3（2021）年6月から令和5（2023）年7月にかけて、令和4（2022）年1月から4月と12月を除いて増加傾向が続いている。とりわけ令和5（2023）年2月、3月は20％台の伸び率の高さだった。また直近の令和5（2023）年1月から8月にかけては、対前年同月伸び率では申請件数、保護開始世帯数、廃止世帯数ともに増加している。この間さまざまに打ち出された経済・雇用対策が終了していくなかで、生活保護の動向には引き続き注視が必要である。

（2）保護を開始するに至った理由

　図2−14は、生活保護を開始するに至った主な理由別に、被保護世帯数の構成割合を過去5年間について見たものである。令和3（2021）年度には「貯金等の減少・喪失」による保護開始が44.1％で最も多く、次いで「傷病による」19.2％、「働きによる収入の減少・喪失」18.9％となっている。

　過去5年間の推移で見ると、「貯金等の減少・喪失」は最も割合が大きいことに加え増加傾向が続いている。「貯金等の減少・喪失」が最も

〈図2－14〉保護開始の主な理由別世帯数の構成比の推移

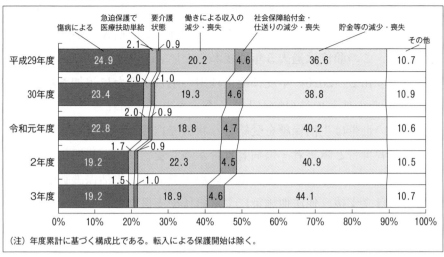

（注）年度累計に基づく構成比である。転入による保護開始は除く。

（出典）厚生労働省「被保護者調査」をもとに筆者作成

多いということは、収入が減少・喪失して貯金等を取り崩して生活して
きたが、それも底をついて保護に至ったということであり、生活が苦し
く不安を抱える日々を一定期間過ごしてきたことが推察される。

（3）保護を廃止した理由

　図2－15は、生活保護を廃止した主な理由別に、被保護世帯数の構成
割合を過去5年間について見たものである。「死亡」による保護廃止が

〈図2－15〉保護廃止の主な理由別世帯数の構成比の推移

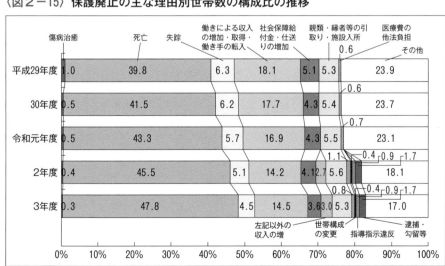

（出典）厚生労働省「被保護者調査」をもとに筆者作成

最も多く、その割合は増加傾向で推移し令和3（2021）年度には47.8%
に至っている。令和3（2021）年度は「死亡」に次いで「その他」が
17.0%、「働きによる収入の増加・取得・働き手の転入」が14.5%と続
いている。この順位は過去5年間変わらない。

　なお、令和2（2020）年度に廃止理由の項目が新たに追加されたこと
により、「その他」の減少幅が大きくなったと考えられる。

　5割近い世帯は生活保護を受給した状態で亡くなっているという事実
は、高齢者世帯と障害者・傷病者世帯が多く受給期間が長期化しやすい
ことが関連しているとはいえ、重たい現実である。生活保護制度とその
運用及び自立支援、他法他施策による給付や支援などについて考えさせ
られる。

第3章

生活保護における相談援助と自立支援

学習のねらい

　本章では、生活保護における相談援助活動について解説する。本章における学習を通して、生活保護における相談援助活動の特性や、相談援助技術、他職種との連携におけるポイントについて理解するとともに、生活保護における自立支援の実際を理解することをめざす。

　初めに、生活保護における相談援助活動の目的と特徴、相談援助活動の枠組みや各過程における援助のポイント、相談援助活動に必要となるソーシャルワーク実践（面接・ケース記録・訪問調査・ケースカンファレンス）のあり方及び査察指導の機能とポイントを示す（第1節）。

　次いで、生活保護における自立支援の考え方にふれ、自立支援プログラムの目的と内容、実践例を紹介する（第2節）。

　さらには、生活保護の相談援助・自立支援プログラム実施における協働について示す（第3節）。

　最後に、生活保護施設における自立支援について、救護施設及び更生施設における取り組みを紹介する（第4節）。

第1節 生活保護における相談援助活動

1 生活保護における相談援助活動の役割と実際

（1）生活保護における相談援助活動の目的と特徴

❶生活保護における相談援助活動の位置付け

＊1
本双書第13巻第1部第
2章第2節3（2）❹
①参照。

　生活保護における相談援助活動は、日本国憲法第25条の「生存権」[*1]の理念を具現化する生活保護法の原理・原則に基づき行われる社会福祉援助活動である。生活保護を必要とする状況、すなわち、生活が困窮してしまうことは特別なことではなく、疾病や失業、家族との離別等、何らかのきっかけにより誰にでも起こり得ることである。そのようなときに、住民の生命と生活を守り、生活保護を必要とする住民がその人らしく生きていくことを支援していく社会福祉実践が、生活保護における相談援助活動である。

❷生活保護における相談援助活動の目的と対象

＊2
生活保護法第1条に規
定される、同法の目的
の一つ。最低生活保障
とともに自立の助長が
その目的とされている
理由は、単に最低生活
を維持させるだけでな
く、人がそれぞれにも
つ内在的な可能性を見
出し、できるだけその
能力にふさわしい状態
において社会生活に適
応させることが、生存
権を保障することにつ
ながるもの、と法律制
定時に考えられたこと
にある。

　生活保護における相談援助活動は、生活保護法の2つの目的である、「健康で文化的な最低限度の生活の保障」と「自立の助長」[*2]を、利用者個々の状況に即応しながら行っていくことを目的としている。単に経済的給付を行うだけでなく、同時に、利用者それぞれの生活上の課題を解決することにも対応している。

　また、相談援助の対象としているのは、相談に訪れる利用者だけでなく、相談に訪れることはできないが生活保護を必要としている住民（要保護者）も含んでいる。要保護者を積極的に発見していくことも、相談援助活動には含まれていると考えられる。

❸生活保護における相談援助活動を行う相談機関と担い手

　生活保護における相談援助活動は、原則として公的福祉機関である福祉事務所が窓口となり行われている。相談援助を行う担い手は、地方公務員であり社会福祉主事である生活保護担当職員（現業員、ケースワーカー、生活保護ソーシャルワーカーなどとよばれている。以下、ワーカ

ー）であり、生活保護を必要とする利用者（要保護者・被保護者をさす）に直接対応している。

　なお、生活保護は国の責任で国民の「生存権」を支えていく制度であり、迅速かつ的確に保護を実施していくために、法律の定めによる指導・指示（生活保護法第27条）や、立入調査権（生活保護法第28条）など、一定の権限を行使していくことがある。

　相談援助活動は組織的に行われており、査察指導員（ワーカーのスーパーバイザー、職制上の係長であることが多い）が、ワーカーの相談援助活動を、記録や口頭による復命やワーカーが実施する面接の同席等により検証し、相談援助をよりよく行うことができるよう、スーパービジョンを行う仕組みとなっている。そして、こうした相談援助活動は、福祉事務所長の指揮監督のもとで行われる。

　また、福祉事務所には、嘱託医（内科・精神科等）が配置され、利用者の医療に関する助言・指導を行っている。近年では、福祉事務所によっては、利用者の自立支援にかかわる専門職員が配置されている場合もある。相談援助活動は、ワーカーだけが担うのではなく、組織的に行われていることを覚えておきたい。

❹生活保護における相談援助活動の特徴

　生活保護における相談援助活動の特徴は、以下のようにまとめられる。

①「健康で文化的な最低限度の生活の保障」と「自立の助長」の2つの目的のもと、地方公務員であり社会福祉主事である生活保護担当職員（ワーカー）が相談援助活動を担うこと。

②福祉事務所で受け止める生活にかかわるすべての相談に対応していくものであり、相談に訪れることができない者への対応も含んだ相談援助活動であること。

③利用者の生活に直接かかわる相談援助活動であり、ワーカーは、指導・指示（生活保護法第27条）や、立入調査権（生活保護法第28条）など、法律に基づく権限を行使する場合もあること。

④経済的給付と生活全般にかかわる相談援助を同時に行い、「金銭」を介在させて行われる相談援助活動であること。

　生活保護の相談援助活動は、生活保護を必要としているが相談に訪れることができない要保護者を積極的に発見するところから始まっており、市民の命と生活を守る、大変重要な役割を担っている。生活保護を必要とする者の必要に即応して、金銭給付や、医療や介護サービスをはじめ

とする現物給付等の具体的な給付を行うことにより、直接的に困窮した状況を緩和できると同時に、利用者それぞれの自立をめざした相談援助を直接行えることは、大きな特徴であるといえる。

しかしながら、相談援助を行うプロセスで、一定の「権限（公権）」や「金銭」を介在させて行われる相談援助活動であるため、他の領域の相談援助活動と比べると、利用者と援助者であるワーカーとの間に、葛藤が生まれやすい。このことも、本領域における相談援助活動の固有性として理解しておきたいことである。

（2）生活保護における相談援助活動の流れ

生活保護における相談援助活動は、**図3-1**のような流れで行われる。この図は、岡部　卓が、生活保護の相談援助活動の過程を一般的な社会福祉実践（ソーシャルワーク）の展開過程に照応させながら整理したものであり、生活保護における相談援助活動の全体像をとらえる上で役立つものである。

相談援助活動は、①要保護者の発見、②インテーク（受付面接）、③アセスメント（事前評価）、④プランニング（援助計画の策定）、⑤インターベンション（援助活動の実施）、⑥モニタリング、⑦エバリュエーション（援助活動の評価）、⑧ターミネーション（終結）、に分けられる。それぞれの段階における相談援助活動の内容とポイントを述べていくこととしたい。

❶要保護者の発見

生活保護は、保護を必要としている人の申請に基づき開始されるが、相談に来ることのできない要保護者を発見し、利用できるように援助していくことも、生活保護の相談援助活動における守備範囲である。

福祉事務所には、例えば、市民からの電話連絡等で、衰弱して動けなくなっている路上生活者や高齢者に関する情報が入ってくることがある。こうした通報に対しては、決して市民に対応を任せたり放置したりせず、必要に応じてワーカーがその場を訪問し、状況確認とともに、必要な対応を速やかに行う必要がある。その際、民生委員、保健師、医師などの医療関係者や、消防署、警察等と連携することも求められる。

生活保護制度の内容や、相談窓口について日ごろから住民に周知するとともに、民生委員や町会、地域における関係機関との連絡調整を心がけ、要保護者を積極的に発見する体制をつくっておくことが大切である。

〈図3-1〉生活保護における相談援助活動の枠組み

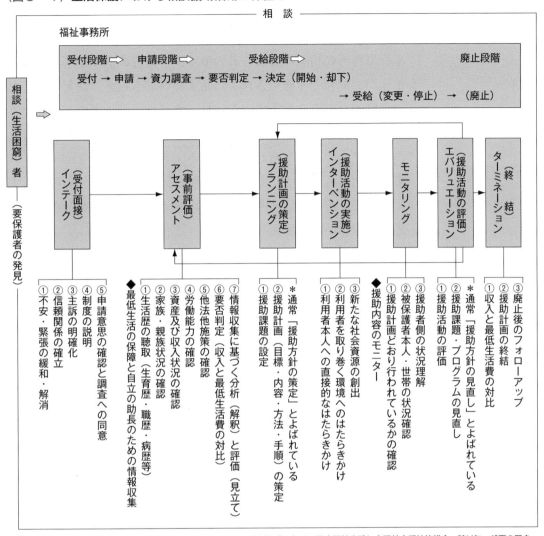

（出典）岡部　卓『〔新版〕福祉事務所ソーシャルワーカー必携－生活保護における社会福祉実践』全国社会福祉協議会、2014年、43頁の図を
もとに一部改変

❷インテーク（受付面接）

　インテークは、生活保護を必要とする人の相談を、最初に受け止める
受付段階の面接のことである。この段階の相談は、ワーカーの中からイ
ンテークを専任で行う「面接員」を配置して行うこともある。[*3]

　インテークでは、以下のことを行っていく。

　①不安・緊張の緩和・解消

　②信頼関係の確立

　③主訴の明確化

　④制度の説明

＊3
「面接員」の配置方法に
ついては、福祉事務所
の規模等により、ワー
カーの中から面接相談
のみを行う専任の相談
員を配置する場合や、
地区担当のワーカーが
輪番で担当する場合な
どがある。

⑤申請意思の確認と調査への同意

〈インテークのポイント〉

⑦不安・緊張の緩和・解消と信頼関係の確立

　福祉事務所に相談に訪れる者の多くが、自分の悩みが解決できるかどうか、批判や非難をされずに話を聴いてもらえるかどうか、などの重層的な不安を抱えている。ワーカーは、利用者のこうした不安を理解し、利用者がここに相談に来てよかったと実感できるように、誠実で心のこもった対応ができるようにしたい。

　また、利用者が安心して自分の状況、思い、希望が伝えられるように配慮しながら、信頼関係の確立に努めることが必要となる。

①懇切ていねいな制度説明

　利用者にわかるよう、各自治体で作成している「保護のしおり」などの説明資料を用いながら、生活保護制度の説明を行うことも不可欠である。制度の仕組みや趣旨が理解できていないと、制度を主体的に活用できないばかりでなく、ワーカーが行う訪問や調査などの意味が理解できず、信頼関係を損なうこともある。制度説明をするとともに、わからないことや疑問に思うことは、いつでも質問できることを伝えておく必要がある。

　なお、インテークでは、利用者のさまざまな個人情報を把握することになるが、ここでの情報収集は必要最小限にとどめておく必要がある。生活保護の要否判定にかかわる本格的な調査は、申請を受理した後のアセスメントの段階で利用者に十分に「説明」をし、「同意」を得た上で実施されることが原則である。また、生活保護の申請に至らなかった利用者に対しては、何度でも相談できることを伝え、必要な制度や関係機関を紹介したり、利用者に同行して支援を依頼するなど、今、困っていることや、当面の生活に対する見通しが立つような対応を行うことを忘れてはならない。

❸アセスメント（事前評価）

　アセスメント（事前評価）は、生活保護の申請を受理した後で、利用者に関する情報収集を行いながら生活保護の要否を判断するとともに、課題分析を行い、今後の方向性を検討していく段階である。アセスメントを行うためには、インテークで得られた情報に加えて、さらに具体的な情報を聴き取っていく必要がある。ここで確認するのは、以下のような内容である。

①生活歴の聴取（生育歴・職歴・病歴等）

②家族・親族状況の確認

③資産及び収入状況の確認

④労働能力の確認

⑤他法他施策の確認

　なお、ほかの社会福祉領域におけるアセスメントと異なる特徴としては、課題分析を行うことにとどまらず、ⓐ資産調査や稼働能力に関する調査を伴うこと、ⓑ援助計画を策定するためのアセスメントと同時に、保護の要否判定もあわせて行うこと、ⓒ保護の要否判定を行い保護の決定をするまでの期間が決められていること、の3点があげられる。

〈アセスメントのポイント〉

　⑦情報収集にあたっては、「説明」と「同意」のプロセスをていねいに行うこと

　　アセスメントの段階で、利用者から情報収集しなければならない資産、収入、家族の状況等の情報は、本人にとっては、できれば人に知られたくない、話したくないと思うような秘密にあたる情報が少なくない。それらの情報を確認することの根拠は、生活保護法第4条の補足性の原理にある。

　　ここでは、再度、法律の趣旨を説明するとともに、情報収集の必要性を利用者に理解できる表現や言葉で伝え、十分な「説明と同意（インフォームド・コンセント）」のプロセスを踏むことが大切である。

　⑦本人のもつ強さやよいところを見る「ストレングス視点」*4を大切にすること

　　アセスメントを行う際は、本人のもつ強さやよいところを積極的に見出していく「ストレングス視点」を大切にしながら、利用者の全体像をとらえていくことを心がけていきたい。本人のもつストレングスは、本人自身が自らの課題解決に取り組もうとするときの原動力となる大事なポイントである。

❹プランニング（援助計画の策定）

　プランニングは、生活保護の相談援助活動においては、援助計画の立案を行う段階である。具体的には、アセスメントの段階で明らかになった課題に応じて、援助方針（平成19〔2007〕年度までは「処遇方針」といわれていた）を策定するとともに、援助プログラムを作成する。

第3章

*4
ストレングス視点（strength perspective）は、本人の問題点や欠点に注目するのではなく、本人のもつ強み、よいところ、能力、努力など、積極的な側面を「本人のもつ力」として見出し、援助に生かしていこうとする姿勢・視点を意味する。

　実施要領では、「訪問調査や関係機関調査によって把握した要保護者の生活状況をふまえ、個々の要保護者の自立に向けた課題を分析するとともに、それらの課題に応じた具体的な援助方針を策定すること。また、策定した援助方針については、原則として要保護者本人に説明し、理解を得るよう努めること」とされている。[*5] アセスメント表なども活用しながら、援助方針は、短期・中期・長期的な視点をもって、取り組むべき課題と優先順位を明確にする必要がある。

＊5
「生活保護法による保護の実施要領について」
（昭和38年４月１日社発第246号 厚生省社会局長通知）。

　〈プランニングのポイント〉
　⑦利用者とともに、援助方針を策定すること
　　援助方針は、利用者とともに策定することが大切である。援助方針は、ワーカーと利用者が、利用者の課題解決をともに行っていくために、共有していなければならない目標である。決して、ワーカーによって一方的に決められ、利用者が従うというようなものであってはならない。
　④利用者の将来への希望を大切にすること
　　援助計画を策定する際には、利用者の将来への希望を積極的に引き出し、それを、援助方針やその後の取り組みに反映させていくことが大切である。将来への希望は、利用者の主体性を引き出す大切な要素である。ワーカーは、利用者が自分の希望を実現させていくために、生活保護制度をはじめとした制度や資源をどのように活用していくか、利用者自身が常に考えられるように配慮しながら対応していくことが望まれる。

❺インターベンション（援助活動の実施）

　インターベンションは、援助計画に基づき、援助活動を実施していく段階である。具体的には、ワーカーが、①利用者本人への直接的なはたらきかけ、②利用者を取り巻く環境へのはたらきかけ、を行っていく。
　ワーカーは、地区担当制で利用者の担当となり（地区担当員ともよばれる）、定期的な家庭訪問、所内面接、入院・入所先での面接等により、利用者の生活状況を把握し、課題解決に向けた相談援助活動を行う。また、利用者本人だけでなく、利用者の親族や関係する人々、関係機関の援助専門職と連携・協働して援助を実施している。
　利用者の状況に即して訪問頻度を決め、計画的に家庭訪問、入院・入所先訪問による面接を行っていくことも、生活保護における相談援助活動の特徴である。

〈インターベンションのポイント〉

㋐生活保護の開始時には、再度ていねいに制度説明を行い、ワーカーの役割を伝えておくこと

　生活保護の開始時における懇切ていねいな制度説明は必要不可欠である。ここで確認する内容は、保護費の算定根拠、受領方法、決定通知書の読み方、生活に変化があったときの連絡方法、医療機関への受診方法、収入申告書等の届け出の方法、訪問調査の意味などである。ワーカーは、利用者が制度を利用しながら、よりよい生活を送ることができるよう援助する役割をもつパートナーであることを、あらためて利用者と確認しておきたい。

㋑世帯に属する利用者全員と面接をすること

　生活保護が開始されるときには、可能な限り、世帯に属する利用者全員と面接をすることが大切である。この段階で面接ができないと、後にあらためて面接の機会を設けることが困難になりやすい。

　また、子どもも利用者の一人として、対応することが大切である。まずは親から子どもの様子を把握し、状況に応じて子どもと直接話をする機会をつくるなど、一定の配慮のもとで、子ども自身からも生活状況や健康状態、将来の希望等を確認していくことが望まれる。

❻モニタリング

　モニタリングは、援助内容のモニター（観察）を行う段階であり、①援助活動が援助計画どおり行われているかの確認、②被保護者本人・世帯の状況確認、③援助者側の状況理解を行っていく。

〈モニタリングのポイント〉

　モニタリングは、相談援助活動の中で、継続して、意識的に行っていくことが大切である。特に相談援助活動の主体としての利用者が、この間の状況や取り組みをどのように感じ、考えているか、利用者のありのままの気持ちや思いを引き出していくかかわりが求められているといえるだろう。

❼エバリュエーション（援助活動の評価）

　エバリュエーションは、利用者とともに、実施されてきた援助活動を振り返り、見直した上で評価し、援助課題や援助プログラムを再設定していく段階である。具体的には、生活保護の相談援助活動では、援助方針の見直しを行っている。^{＊6}

＊6
援助方針の見直しの段階で行う再評価を「アセスメント（再アセスメント）」とよぶ場合もある。

＊7
「生活保護法による保護の実施要領について」（昭和38年4月1日社発第246号 厚生省社会局長通知）。

援助方針の見直しは、実施要領では、「世帯の状況等の変動にあわせて行うほか、世帯の状況等に変動がない場合であっても少なくとも年に1回以上行うこと」と規定されている。^{＊7}

実際には、生活保護基準改定時など、1年の中で決められた時期に行うほか、利用者の状況に変化があったとき、ケース診断会議等により援助方針が変更したときなどに行っている。

〈エバリュエーションのポイント〉

援助活動の評価は、利用者の状況に応じて、適宜見直していくものであることを押さえておきたい。また、援助方針を見直す際には、利用者とともに行い、利用者の意向を確認しながら、新たな援助方針を策定し、それを共有していくことも忘れてはならない。

❽ターミネーション（終結）

ターミネーションは、生活保護が廃止となる段階である。ここでは、①収入と最低生活費の対比、②援助計画の終結、③廃止後のフォローアップが行われる。

生活保護が廃止となるのは、主に、①収入が最低生活費を上回ったとき、②利用者の死亡や失踪により、保護の必要がなくなったとき、③利用者世帯の転居や施設入所等で転出したとき、④本人が保護を辞退したとき、⑤生活保護法第27条、第28条、第62条に基づく処分があったとき、である。^{＊8}

＊8
本書第2章第3節3（5）参照。

ワーカーには、利用者が生活保護を受給しなくなった後も、安定した生活を継続できるように支援し、その後のフォローアップの体制をつくっておくことが求められる。また、保護が廃止になった後も、いつでも困ったときには相談できることを利用者に伝えておくことも大事なことである。

〈ターミネーションのポイント〉

ワーカーは、利用者の生活保護が廃止されることに伴う不安を解消できるよう、対応していく必要がある。特に、収入が生活保護費を上回り生活保護が廃止となった場合には、生活保護における金銭給付やワーカーの援助がなされなくなってからも、生活を安心して維持していくことができるようなはたらきかけを行っておく必要がある。何らかの取り組むべき課題が残されている場合には、そのことについて十分話し合い、方向性を確認するほか、関係機関にていねいに引き継ぐなど、きめ細かな対応をしていきたい。

　また、将来起こり得るさまざまな生活課題を予測し、そのときにどのような制度や資源が利用できるか、あらかじめ話し合っておくことで、利用者の不安は軽減される。

　なお、就労をきっかけに生活保護が廃止となる場合には、実際に、就労収入が最低生活費を上回ったことが確認された段階で廃止となり、就労したことをもって廃止となるわけではないことを、ここであらためて確認しておきたい。

　就労が継続できるかどうか不安がある利用者の場合には、生活保護を「停止」することで様子を見ていくこともできる。就労してすぐに保護が廃止になってしまうことに不安をもつ利用者には、このような対応を検討することも可能である。

（3）生活保護における相談援助活動での留意点

❶生活保護における相談援助活動の固有性の理解

　生活保護における相談援助活動には、以下のような固有性がある。

①利用者の「大変さ」に寄り添うこと

　ワーカーが利用者に特に必要とされるのは、利用者が自分自身では解決できない生活課題を抱えているときである。利用者の大変さに寄り添い、継続してかかわることが多いため、ワーカー自身がストレスを抱えやすい状況にあることを理解しておくことが大切である。

②利用者との間に葛藤が生じやすいこと

　ワーカーは相談援助活動の中で、利用者本人が本来は語りたくないような情報もある程度把握していく必要がある。しかし、そのことは利用者にとって苦痛を伴うことも少なくない。また、「金銭」が介在する相談援助活動であることから、利用者との間に葛藤が生じやすくなる。

③結果が見えにくいこと

　生活保護の相談援助活動は生身の人を相手に行われるため、ワーカーのかかわりや援助の成果は、計画したとおりに進まなかったり、すぐに見える形では表れにくかったりする場合が少なくない。このことを理解し、支援のプロセスにおける利用者の状況や小さな変化を把握することを大切にしたい。

④ワーカーの判断が問われること

　生活保護の相談援助のプロセスでは、ワーカーの判断が常に求められていく。適切な判断をしていくためには、ワーカー個人の感覚や価

値観に左右されず、常に、生活保護法の原理・原則に則った判断をしていくことが大切である。

❷相談援助活動の留意点

前述の固有性をふまえて、ワーカーは、どのように利用者の相談援助にあたったらよいのだろうか。まずは、ワーカー自身が、「援助の道具」としての自分自身をよい状態にしておくことを心がけていきたい。相談援助における大変さを一人で抱え込まず、職場の同僚や査察指導員と共有しておくことや、生活のオン（仕事）とオフ（プライベート）を意識的に切り替え、オフにはリフレッシュすることなどが大事である。

また、「金銭」が介在する相談援助活動であることの重みを自覚しておかなければならない。利用者にとって「金銭」は、生活を維持していくために不可欠であるとともに、生活上の困難がもたらされた要因となったものであることが少なくない。生活保護受給後は、ワーカーに生活状況等を申告しなければ支給されないものでもある。利用者にとっての「金銭」の意味を受け止め、そのことを考慮した対応が求められている。

生活保護の相談援助活動では、援助の結果を出すことを急がず、利用者を見守ることや、時間をかけて援助していくことも大事である。生活保護制度は、「最後の安全網（セーフティネット）」であり、既存の社会資源や人的資源では対応できなかったような生活上の困難を抱えた利用者の支援を行うことも少なくない。利用者個々の状況に応じて、利用者のペースを大切にした援助を行うことをめざしていきたい。

最後に、ワーカーが大切にしたいのは、生活保護法の理念や原理・原則を常に見直し、国民の「命を支える」役割を担っていることを忘れずにいることである。ワーカーは、生活保護法や通知による実施要領が掲載された『生活保護手帳』を、相談援助活動を行う上での指針として用いる。この『生活保護手帳』の冒頭には、「生活保護実施の態度」として生活保護実施に向けての基本姿勢が7項目あげられている。[*9]この内容については、折にふれて確認しておきたいものである。

2 生活保護におけるソーシャルワーク実践

ここでは、生活保護の相談援助活動のさまざまな局面（面接・ケース記録・訪問調査・ケースカンファレンス）で必要となるソーシャルワーク実践と、そのポイントを解説したい。

---

*9
基本姿勢として、以下のような7つの項目が示されている。①生活保護法、実施要領等の遵守に留意すること、②常に公平でなければならないこと、③要保護者の資産、能力等の活用に配慮し、関係法令制度の適用に留意すること、④被保護者の立場を理解し、そのよき相談相手となるようにつとめること、⑤実態を把握し、事実に基づいて必要な保護を行うこと、⑥被保護者の協力を得られるよう常に配慮すること、⑦常に研さんにつとめ、確信をもって業務にあたること（『生活保護手帳2023年度版』中央法規出版、2023年、2～3頁）。

（1）面接

　生活保護の相談援助活動は、「面接に始まり面接に終わる」といっても過言ではない。面接は利用者の置かれている状況を理解した上で、面接技法なども活用しながら適切に行っていく必要がある。平成20（2008）年3月に、厚生労働省保護課は自立支援及び相談援助のマニュアルとして、『自立支援の手引き』を示した。[*10]その中で示されている面接における目的・心構え・ポイント・技法を**表3−1**で紹介する。

　面接の技法を用いれば、利用者との面接が必ずうまくいくというわけではない。面接をよりよいものにしていくためには、利用者と向き合うワーカーのあり方、つまり、ワーカーが利用者を理解しようとする真摯（しんし）な態度や、利用者を信頼していこうとする姿勢を利用者が実感できることが何より肝心である。そのことを心にとめ、いつも新しい気持ちで利

＊10
『自立支援の手引き』は、平成20（2008）年3月に福祉事務所に配布された。同じ内容のものが、生活保護自立支援の手引き編集委員会 編『生活保護自立支援の手引き』中央法規出版、2008年、として出版されている。

〈表3−1〉 **面接における目的・心構え・ポイント・技法**

①面接の目的

　㋐利用者との信頼関係とパートナーシップの形成。
　㋑利用者の抱えている課題について、相談者の主観的・客観的事実の把握。
　㋒利用者に情報・知識・手段を伝え、課題解決のためのはたらきかけや支援を行う。

②面接の心構え

　㋐利用者の基本的人権・人格の尊重。
　㋑利用者自身の力を引き出し、その力を活用する。
　㋒利用者の強さやよいところを見ていく「ストレングス視点」を大切にする。
　㋓利用者の生活全体を理解する。
　㋔利用者の主体性・自己決定を尊重する。
　㋕誠意をもって接する。

③面接のポイント

　㋐面接前の留意点
　　・秘密が守られることを伝えること。
　　・メモをとることの了解をとること。
　㋑面接にあたって
　　・利用者の状況をあるがままに受け入れ、個別に理解する。
　　・利用者の主訴からニーズを明確化する。
　　・自分自身を知る（※ワーカーの自己覚知）。
　　・所内面接や家庭訪問におけるプライバシー保護、約束して訪問するなどの配慮。

④面接技法

　㋐利用者の話をよく聴く（傾聴する）。
　㋑相手に受け入れられやすい表情や態度をとる（表情、姿勢、目線、声の調子・強弱・速さ等、座る位置、距離などに注意する）。
　㋒理解したことを相手に伝える（内容の反射：繰り返し、言い換え、要約、明確化の技法。感情の反射：反射、感情の受容、明確化の技法）。
　㋓話を引き出す（うなずき・相づちを打つ、要約・焦点化、共感的な表現、閉ざされた質問と開かれた質問）。
　㋔相手を観察する。

（出典）厚生労働省『自立支援の手引き』平成20年、10〜20頁をもとに筆者作成

用者を迎えられるようにしたいものである。

（2）ケース記録

生活保護の相談援助活動のケース記録には、次のような目的がある。

①生活保護決定の根拠や保護適用の過程を客観的に明示すること

　これは「最低限度の生活の保障」が、法律の趣旨や実施要領に基づき適切に行われているかを検証する視点ととらえることができる。

②利用者の生活実態を把握するとともに、ワーカーの援助の適否を検証すること

　これは、「自立の助長」に向けた援助が、利用者の実態に即して行われているかを問う視点と考えられる。

　生活保護におけるケース記録は公文書であり、㋐業務の報告書（復命書）、㋑査察指導のための資料、㋒援助の向上に役立てる資料（ケース検討を行う際の資料）としても活用される。

　ケース記録は、一般的に、ⓐ保護台帳、ⓑ保護決定調書、ⓒ経過記録（面接記録・ケース記録票）、により構成されている。

　ⓒの経過記録をまとめるにあたっては、ⅰ面接や訪問の目的を記しておくこと、ⅱ面接や訪問を通じて得られた情報は、項目をつけて整理し、記録すること、ⅲ保護の決定の根拠を明らかにすること（根拠となる実施要領上の通知・通達の記載）、ⅳ事実と所見を分けて書くこと、ⅴワーカーの対応の内容を具体的に記述しておくこと、ⅵ利用者の状況（態度や言動）を、必要に応じて具体的に記述すること、がポイントになる。

　なお、ケース記録は、利用者の個人情報が記載された公文書であるため、その取り扱いは慎重に行う必要がある。ケースファイルの持ち運びには留意して、不用意にケースファイルに書かれている利用者の氏名や住所が、一般市民の目にふれることのないようにしなければならない。また、ケースファイルを外に持ち出すことも、原則的には避けなければならない。

（3）訪問調査

　生活保護における相談援助活動では、定期的なものを含めた訪問調査が、ワーカーの業務の中で大きな位置を占めている。訪問調査は、ワーカーの訪問による相談援助活動を意味しており、実施要領上では「要保護者の生活状況等を把握し、援助方針に反映させることや、これに基づく自立を助長するための指導を行うことを目的として」行うことが規定

されている。[11]

　訪問調査は、①申請時等の訪問（申請を受理してから1週間以内の実地調査）、②訪問計画に基づく訪問（利用者の状況に即して計画的に行うもの。家庭訪問、入院入所者訪問。家庭訪問は最低年2回以上、入院・入所先には最低年1回以上訪問すること等とされている）、③臨時訪問（保護の変更、停止、指導、助成、調査の必要がある場合に、臨時に行う）、に分類される。[12]

　生活保護は、利用者の必要に即して行われる。利用者の生活の場を訪問することにより、生活上の変化の有無、生活上必要とされるもの、あるいは生活を営む上で課題となっていることを、より具体的に把握することができる。また、所内面接とは異なり、利用者自身もリラックスした状態で自分の話をすることが可能となる。

　なお、ワーカーは生活保護法第28条の規定に基づく「立入調査」[13]を行うことができるが、同条第4項に示されているように、これは「犯罪捜査」とは異なるものである。訪問の目的について、利用者の理解を十分に得ておくとともに、可能な限り約束の上で訪問する、などの配慮のもとに行うことが大切である。

　また、家庭訪問の際に、近隣に不用意に利用者が生活保護を受給していることを知らせないような配慮が求められる。例えば、玄関先に福祉事務所の名前の入った自転車や公用車を止めること、福祉事務所の職員であることを大声で名乗ること、同じ集合住宅の利用者宅を次々に訪問することなどは避けたいことである。

（4）ケースカンファレンス

　ケースカンファレンスは、さまざまな専門職種が一堂に会して援助・支援の方向性を検討する場や機会である。生活保護の相談援助活動においても、利用者に対する適切な援助を行っていくために必要不可欠である。

　福祉事務所では、従来より「ケース診断会議」というような名称で、生活保護の決定実施に際して、援助方針や、利用者に対する具体的な対応を総合的に検討したりする会議がもたれている。

　「ケース診断会議」では、資産の取り扱いや稼働能力について検討したり、生活保護法第27条に基づく指導・指示の必要性を判断するなど、生活保護の運用に関連した内容を検討することが多い。

　こうした会議では、①担当ワーカーの方針や意見をできるだけ尊重す

*11
『生活保護手帳 2023年度版』中央法規出版、2023年、440頁。

*12
『生活保護手帳 2023年度版』中央法規出版、2023年、440～444頁。

*13
ワーカーは、立入調査を行う際の身分証明として「立入調査証」を携帯している。

第3章

ること、②判断の根拠を前例に求めないこと、③多数決で決めないこと、が大切である。

　実際に援助にあたるのは利用者を担当するワーカーであり、担当者が実践できないような援助を会議の場で定めてしまうようなことがあってはならない。また、相談援助活動は、前例や会議での多数意見にとらわれず、利用者個々の状況に即して、生活保護の原理・原則に則った判断をしていくことが求められている。

　なお、「ケース診断会議」の中では、「ケースカンファレンス」「事例検討会」というような形で、ワーカーが相談援助にやりにくさを感じている事例を自由に検討できるような場をつくることも必要である。その際には、利用者やワーカーの「問題点」「できなかったこと」ばかりを指摘するのではなく、まず、ワーカーが感じている「やりにくさ」「大変さ」を参加者全員で共有し、ねぎらうことを心がけたい。

　次に、利用者とワーカーの「できていること」「もっている力」「努力」に着目し、今後それぞれが、どのような形で課題の解決に取り組むことができるか、実行可能な対応をともに考える場とすることが大切である。病院や社会福祉施設、福祉サービスの事業所等の関係機関の援助専門職によるケースカンファレンスに、ワーカーが参加する機会も少なくないが、こうしたときにも、同様な姿勢をもって参加したいものである。

3 生活保護における査察指導（スーパービジョン）

（1）査察指導とは何か

　査察指導は、スーパービジョンの日本語訳であり、ワーカーがもっている能力を最大限生かし、よりよい実践ができるよう援助するプロセスと考えることができる。

　戦後、国は現在の社会福祉諸制度を創設していく際に、生活保護をはじめとする社会福祉行政を担う優れた人材を育て、質の高い実践を行うためには、スーパービジョンはなくてはならないものと考えた。そして、アメリカのモデルを参考に、生活保護におけるスーパービジョンを査察指導と訳し、それを行う専門職員としての査察指導員を福祉事務所に配置した。

　査察指導は、単にワーカーの業務管理を行うことにとどまらず、ワー

カーをよき援助者として育成するとともに、援助の質を向上させること
を目的として行われている。

（2）査察指導の機能

　査察指導には一般的に、①教育的機能、②管理的機能、③支持的機能
の３つの機能があるといわれている。

　①の教育的機能は、ワーカーに対して必要な知識や技術（社会資源・
援助技術・利用者の理解）を教えることを意味する。単に、知識や技術
を伝授することにとどまらず、ワーカーとともに学び、ワーカーが知識
や技術を得ていくことを助力していくことと考えられる。

　②の管理的機能は、ワーカーが適切に業務を遂行できるように、その
内容や進行を客観的な立場からとらえ、確認していくことを意味してい
る。また、ワーカー個人の業務だけでなく、機関全体の業務の進行を見
守ることも管理的機能には含まれている。なお、管理的機能を果たして
いく上では、ワーカーの対応が利用者の立場に立ったときに適切である
か、そして生活保護法の原理・原則に則して適切であるかを確認するこ
とが大切である。

　③の支持的機能は、「援助的機能」「個別支援的機能」ともいわれてお
り、ワーカーが安心して業務を行うことができるよう見守り、サポート
することである。生活保護の相談援助活動では、ワーカーが利用者の危
機的状況に立ち会ったり、利用者の死に直面することも少なくないこと
から、ワーカーが利用者とのかかわりの重みをストレスと感じてしまう
こともある。ワーカーの燃え尽き（バーンアウト）を防ぐという観点か
らも、この支持的機能はとても大切である。ワーカーの訴えを受け止め
傾聴することによって、この機能がよりよく発揮されていく。

　なお、支持的機能は査察指導の基盤である。教育的機能や管理的機能
を発揮する際にも、常に意識して実践することが求められている。

（3）査察指導のポイント

　査察指導をよりよく行っていくポイントは、ワーカーが査察指導員の
果たす役割を理解できるようにはたらきかけていくことである。ワーカ
ーも査察指導員も、生活保護の相談援助活動を行うことを通じて、住民
の生活を支える大切な役割を担っている。その役割を果たすため、査察
指導員が、ワーカーとは異なる立場からワーカーの業務の進行を見守り、
確認し、ときにはともに学ぶ役割をもち、かかわっていることを双方で

第3章

確認しておきたいものである。

　うまくいかないと感じたり、失敗ではないかと思った経験は、それを
ていねいに吟味することにより、次のよりよい援助につなげることがで
きる。ワーカーが援助に悩んでいるときには、ワーカーが自分自身の考
えや思いをありのままに査察指導員に語ることのできるように受容的に
かかわり、ワーカー自身のストレングスをとらえ、ワーカーがそれを相
談援助に生かせるように支援することも心がけたいことである。

第2節　生活保護における自立支援

1 自立とは何か

（1）社会福祉における自立の概念について

　生活保護における自立支援を考える前提として、まず、社会福祉における「自立」の概念について理解しておきたい。

　「自立」（independent）は、一般的には他者の力を借りずに自分で何かを行うこと、あるいは、生活することと考えられている。一方で、社会福祉の領域で自立の概念をこのように規定してしまうと、生活保護をはじめとする社会福祉制度による援助やサービスを受けている利用者は、自立していない状況にあると位置付けられてしまうことになる。

　近年では、自らの選択と決定に基づき、さまざまな社会資源、人的資源を用いて何かを行い、生活を営んでいくことも自立であるととらえ直されるようになっており、現在、社会福祉領域で用いられる自立概念は、できるだけ自分自身が主体的に選択し、物事を決定していく「自律」（autonomy）と同義で用いられているといえる。

（2）生活保護における自立の概念について

　それでは、生活保護における自立の概念はどのようにとらえることができるであろうか。生活保護における自立については、長年にわたり2つの見解があったといわれている。[1]　1つは「経済的な自立」としての自立。そして、もう1つは「社会的な自立」としての自立である。前者は、生活保護を受けない自立を意味しており、後者は、生活保護を受給しながら果たされる自立と考えることができる。

　近年まで、自立に関する国による統一的な見解や定義が示されていなかったこともあり、自立の意味は、「生活保護を受けないで生活すること」や「働いて収入を得ること」と受け止められる傾向があった。

　このようななか、平成16（2004）年12月に、社会保障審議会福祉部会の中に設置された「生活保護制度の在り方に関する専門委員会」がまとめた、「生活保護制度の在り方に関する専門委員会報告書」（以下、「報告書」）において、社会福祉法の基本理念をふまえた「就労自立（経済的自立）[*14]」「日常生活自立」「社会生活自立」という、生活保護における3つの自立の考え方が示された。このことによって、自立は「生活保護

第3章

*14
「生活保護制度の在り方に関する専門委員会報告書」（平成16〔2004〕年12月）では、「就労自立」と定義されていたが、その後、就労のみならず経済的な自立につながるさまざまな自立支援を含めて、「経済的自立」と表現されるようになっている。

からの脱却」ではなく、利用者それぞれの自立のあり方があることが明確にされたのであった。

（3）生活保護における3つの自立の考え方

ここで、生活保護における3つの自立の考え方は、次のとおりである。

①経済的自立

②日常生活自立

自分で自分の健康・生活管理を行うなど、日常生活における自立。

③社会生活自立

社会的なつながりを回復・維持するなど、社会生活における自立。

これらの3つの自立は、並列の関係にあり、相互に関連し合っていると考えられている[*15]。利用者の自立を考えるときには、特定の側面からとらえず、それぞれの利用者にそれぞれの自立の形があり、上記3つの自立の考え方に留意することが大切である。

例えば、病気をきっかけに仕事を失い生計維持が困難となってしまった利用者の自立支援を考えていく場合に、仕事ができるかどうかという側面だけで自立支援を行おうとしても、真に安定的な生活を支援していくことにはつながらない。仕事をしていくための生活や健康面での安定が図られているか、また、困ったときに助けてくれる人とのつながりがあるかなど、自立の3つの側面から考えることが求められる。

また、高齢者世帯における自立を考える際にも、日常生活が支障なく営めているかどうか、ということだけでなく、親族や近隣、社会との関係が保たれているか、あるいは、利用者本人が人との交流を望まなかったり、社会福祉サービスの利用を拒んだりするような状況があったとしても、利用者の生活を見守るネットワークがあるかどうか、などを考慮し、高齢者が孤立せずに安心して安定的な生活を継続できるような自立のあり方を考え、支援していくことが望まれる。

2 生活保護における自立支援

（1）自立支援とは何か

自立支援とは、本人の選択と決定に基づき、利用者自らが自分の可能性を追求していくことを支援する相談援助活動であると考えることができる。福祉事務所では、従来、生活保護法第1条に規定されている「自立の助長」を目的として、利用者それぞれの自立をめざした相談援助活

*15
生活保護受給者の社会的な居場所づくりと新しい公共に関する研究会「生活保護受給者の社会的な居場所づくりと新しい公共に関する研究会報告書」（平成22〔2010〕年7月）7頁。

動が行われてきた。

　社会福祉における「援助」の概念には、もともと利用者の意思を尊重し、利用者を主体として行うものという意味が含まれているが、近年、社会福祉の各領域において、援助と同時に支援という言葉が用いられるようになっているのは、平成12年（2000）年以降、社会福祉基礎構造改革が進み、利用者主体の相談援助活動の必要性が問われるなかで、利用者の意思や主体性を尊重することの大切さがより求められてきていることが背景にあるものと考えられる。

　生活保護の領域に、自立支援の考え方が導入された契機は、前項でも紹介したように、平成15（2003）年８月に、社会保障審議会福祉部会「生活保護制度の在り方に関する専門委員会」（委員長：岩田正美）が設置され、社会情勢の変化をふまえた生活保護制度の新たな方向性を検討した結果、平成16（2004）年12月に同委員会が示した「報告書」の内容に基づき、平成17（2005）年度より、全国の自治体で、自立支援プログラムを策定した取り組みが始められるようになったことにある。

　「報告書」では、被保護世帯の抱える問題が多様化するなかで、生活保護制度に、被保護世帯が安定した生活を再建し、地域社会への参加や労働市場への「再挑戦」を可能とするための「バネ」としてのはたらきをもたせることが特に重要であると述べられ、そのために、自立支援を行うことの必要性が提起された。

　そして自立支援を、社会福祉法の基本理念にある「利用者が心身ともに健やかに育成され、又はその有する能力に応じ自立した日常生活を営むことができるように支援するもの」（第３条）に依拠するものと位置付け、前述した経済的自立（就労自立）、日常生活自立、社会生活自立という３つの自立の考え方を示したことから、それらの実現をめざした自立支援の取り組みが始まったのであった。

（２）自立支援を行う上でのポイント

　自立支援とは、利用者の意思を尊重して、利用者個々の状況に即した自立をめざして行う援助活動を意味している。生活保護の相談援助活動の中では、利用者の意思確認ができない状態にあっても、福祉事務所のもつ「職務権限」に基づき、生活保護を開始することがある。また、開始後には、生活保護法第27条に基づく「指導・指示」が行われることもあるが、自立支援は、このような行政処分を伴う行為を含んだ対応とは異なるものであることを理解しておきたい。

自立支援のポイントは、以下の3点である。

①利用者の主体性を尊重すること

　利用者が自らの自立に向けて課題になっていることを、自ら解決できるように、主体性を尊重することが大切である。支援者は、利用者とともに歩むパートナーとなることが求められている。

②利用者のストレングスを見出し、支援に生かすこと

　利用者のもつ、ストレングス（強み、よいところ、努力していること等）を積極的に見出し、それを支援に生かしていくことを心がけていきたい。

③利用者の未来・将来を考慮すること

　現在だけでなく、利用者の未来や将来を見据えて、短期・中期・長期的な支援を考えていくことが大切である。

　これらのことをふまえて、自立支援の取り組みが行われることが期待されている。

3 自立支援プログラムの目的と内容

（1）自立支援プログラム導入の経過

　福祉事務所における自立支援を、より組織的に、そして効果的に行っていくために、「報告書」では、新たに**自立支援プログラム**を導入していくことが提言された。そこでは、自立支援プログラムは、①被保護世帯が抱えるさまざまな問題に的確に対処し、これを解決するための「多様な対応」、②保護の長期化を防ぎ、被保護世帯の自立を容易にするための「早期の対応」、③担当職員の個人の経験や努力に依存せず、効率的で一貫した組織的取り組みを推進するための「システム的な対応」、の3点が可能になる取り組みとして位置付けられている。そして導入により、①被保護世帯の生活の質が向上するとともに、②生活保護制度に対する国民の理解を高めるなどの効果も期待される、としている。

　厚生労働省はこうした提言に基づき、平成17（2005）年3月に「平成17年度における自立支援プログラムの基本方針について」（平成17年3月31日／社援発第0331003号）とともに、「自立支援プログラム導入のための手引（案）について」（平成17年3月31日／事務連絡）を示した。

　平成18（2006）年度以降、地方自治体や福祉事務所では、それぞれの地域性や被保護世帯のニーズを考慮した、自立支援プログラムの策定と実施に取り組むようになっている。

　また、厚生労働省は平成20（2008）年３月に、『自立支援の手引き』を作成し、自立支援の考え方や流れ、そこで必要となる面接技術やアセスメントの視点をまとめ、就労支援、退院支援、母子・アルコール依存症者・ホームレス経験のある者・高齢者への自立支援プログラムの策定・実施方法のポイントなどを示した。

（2）自立支援プログラムの目的、対象と流れ

　自立支援プログラムの目的は、利用者それぞれの自立をめざした取り組みを、利用者の同意に基づき、組織的・効果的に行うことである。自立支援プログラムの対象は、一般的には、被保護者（生活保護を受給している利用者）である。支援を実施するのは、福祉事務所の生活保護担当職員であるワーカーであるが、直接的な支援については、自治体や福祉事務所に雇用された自立支援や就労支援の専門職員が行うほか、自立支援に関する業務委託を受けた社会福祉法人、企業、NPO法人（特定非営利活動法人）等の職員が行う場合も多い。

　自立支援プログラムは、**図３－２**のような流れにそって行われる。

　まず、支援対象者となった利用者と面接を行い、利用者のニーズや将来への希望を聴き取り、支援に向けた援助関係を形成していく。自立支援プログラムは、利用者本人の主体性を尊重して行われるものであり、利用者本人のニーズや希望は、利用者が主体的に自立支援プログラムに参加しようと思う前向きな気持ちを引き出すポイントとなる。

　次に、自治体や福祉事務所で策定している自立支援プログラムの中で、利用者が参加可能なものを選定し、説明を行う。利用者が関心をもった場合には、自立支援プログラムの参加を前提としたアセスメントとプランニングを、利用者の了解のもと、利用者とともに行う。そして、プランニングにより支援目標を設定し、支援方針、支援内容が決まったら、利用者にていねいに説明を行い、同意を得た上で支援契約を結ぶ。

　支援計画を実施するプロセスでは、モニタリングを行い、支援内容が真に利用者の自立支援に資するものになっているかどうか、注意深くエバリュエーションを行う必要がある。支援目標が達成できた段階で、自立支援プログラムは終結となる。

　すべての利用者が、各自治体や福祉事務所で策定した自立支援プログラムに参加して、目標達成ができたり、自立に向けた課題が解決されたりするわけではない。自立支援プログラムにさまざまな理由から参加ができなくなってしまった利用者に対しては、本人の責任に帰せず、自立

第3章

〈図3-2〉自立支援プログラム実施の流れ

①利用者（被保護者）との面接
・自立支援プログラムに基づく支援を行うための援助関係を形成する。
・利用者のニーズや将来への希望を把握する。
・利用者のニーズや将来への希望をふまえた自立支援プログラムの選定と説明を行う。

②アセスメント
・選定された自立支援プログラムに参加する上で必要な利用者の状況を情報収集し、自立に向けた課題を明らかにする。アセスメントを行うことの了解を得る。
・アセスメントシートを活用して行う。

〈支援検討会議〉

③プランニング
・アセスメントに基づく支援目標の設定（短期・中期・長期）。
・利用者に即した支援計画・支援方針の策定（支援内容や、そこで利用者が取り組む内容、支援担当者の役割分担等を明らかにする）。

④説明と同意に基づく支援契約
・プランニングで明らかになった支援プログラムの内容を利用者にあらためて説明する。
・利用者の同意に基づき、支援契約を結ぶ。

⑤支援計画の実施
・プランニングに基づき、支援計画を実施する。

⑥モニタリング
・支援が計画どおりに実施されているかどうか確認する。
・プログラムに参加する中で、利用者が感じていることなどを利用者自身から把握する。

〈支援検討会議〉

⑦エバリュエーション
・支援を実施した上での利用者及び支援担当者の取り組みに関する評価を行う。
・支援プログラムが計画どおりにいかない場合には、再度、アセスメント、プランニングを行う。

⑧自立支援プログラムの終結
・支援目標が達成できたときに終結となる。
・利用者がプログラムに参加できなくなったとき、支援の必要がなくなったときにも終結する。

（筆者作成）

支援プログラムそのものについてもあらためて見直し、よりよい形に改変させていくことが期待される。また、自立支援プログラムは、あくまでも、利用者が選択可能な一つの機会にすぎないことをふまえて、ワーカーは、本来ワーカーが利用者に行うべき相談援助活動を継続的に行っていく必要があることを忘れないでおきたい。

　なお、自立支援プログラムの参加の可否や成果のみで、利用者に対して指導・指示による保護の廃止が行われることは、自立支援の目的に鑑みても、なされてはならないことである。

4 自立支援プログラムの実際

（1）自立支援プログラムの種類

　自立支援プログラムには、さまざまな種類がある。厚生労働省は、①経済的自立に関するもの、②日常生活自立に関するもの、③社会生活自立に関するもの、に分類している。

　近年の策定状況は、**表３－２**のとおりである。地方自治体や、福祉事務所における自立支援プログラム数は、近年減少傾向にあったが、令和２（2020）年度に増加している。

❶経済的自立に関する自立支援プログラム

　①就労支援プログラム

　経済的自立に関する自立支援プログラムの柱は、就労支援プログラムである。就労支援プログラムは、平成17（2005）年度に自立支援プログラムの取り組みが始められた当初から、厚生労働省が特に力を入れて自治体や福祉事務所に策定を進めてきた経緯があり、現在多くの

〈表３－２〉**自立支援プログラムの策定状況**

	平成30年度		令和元年度		令和２年度		令和３年度	
	策定数	割合	策定数	割合	策定数	割合	策定数	割合
経済的自立に関する 自立支援プログラム	1,647	46.4%	1,676	46.9%	2,578	58.2%	3,104	98.7%
日常生活自立に関する 自立支援プログラム	1,335	37.6%	1,356	37.9%	1,317	29.7%	1,039	42.4%
社会生活自立に関する 自立支援プログラム	567	15.9%	538	15.0%	536	12.1%	465	27.8%
合　　計	3,549	100.0%	3,570	100.0%	4,421	100.0%	4,608	100.0%

（出典）厚生労働省資料

自治体で、策定・実施されている。

　生活保護受給者に対する就労支援の流れは**図3-3**のとおりであり、プログラムは、大別すると以下の3種類に分けられる。

　㋐「生活保護受給者等就労自立促進事業」におけるチーム支援

　地方自治体と労働局・ハローワークとの協定等に基づく連携を基盤に、生活保護受給者等の就労促進を図る「『福祉から就労』支援事業」を発展的に解消の上、平成25（2013）年度より新たに創設された事業である。

　生活保護受給者のみならず、生活保護の相談・申請段階の者、児童扶養手当受給者、住居確保給付金（旧 住宅支援給付）受給者及び自立相談支援事業を利用する生活困窮者等、就職困難・生活困窮者を対象に、自治体にハローワークの常設窓口を設置するなど、ワンストップ型の支援体制を全国的に整備し、生活困窮者の早期支援の徹底、求職活動状況の共有化など就労支援を強化し、生活困窮者の就労による自立を促進することをめざしている。職場定着に向けたフォローアップも強化している。

　本事業では、ハローワークに所属する就職支援ナビゲーターが就職支援の専門職として、職業相談、職業紹介、履歴書・職務経歴書等の作成支援、個々のニーズに応じた求人開拓等を行う。

　なお、地方自治体・ハローワークとの協定等に基づく事業は平成17（2005）年度から22（2010）年度までは、「生活保護受給者等就労支援事業」、そして平成23（2011）年度から24（2012）年度までは「『福祉から就労』支援事業」という名称で実施されていた。

　㋑「被保護者就労支援事業」として実施する、福祉事務所における就労支援員を活用した就労支援プログラム

　平成27（2015）年度より、[*16][*17]被保護者就労支援事業が実施されることとなった（**図3-3**）。

　これは、被保護者の自立の促進を図ることを目的として、被保護者の就労支援について、被保護者からの相談に応じ、必要な情報提供及び助言を行う事業である。これまでも就労能力、意欲は一定程度あるが、就労にあたりサポートが必要な被保護者に対して、福祉事務所に配置された就労支援員が就労支援を実施してきたが被保護者就労支援事業の実施にあたり、就労支援員が、その中核を担うこととなったのである。

　事業内容は、相談助言、求職活動への支援、求職活動への同行、

＊16
被保護者就労支援事業では、被保護者の就労支援体制に関する課題を共有したり、個別求人開拓が円滑に実施できるよう、地域の関係機関が参画する就労支援の連携体制の構築の強化をめざしている。

＊17
平成27（2015）年度より、地方自治体は、被保護者就労支援事業等の対象者数及び参加者数、就労・増収者数等を指標として盛り込んだ就労支援促進計画を策定することとなった。また、就労支援に関して、KPI（Key Performance Indicatorsの略で、成果指標を意味する）が導入された。「新経済・財政再生計画改革工程表 2022」（経済財政諮問会議）では、KPI第1階層（アウトプット指標）として、令和7（2025）年度までに、就労支援事業等の参加者数／就労支援事業等の参加可能者数を65％とすること、KPI第2階層（アウトカム指標）として、就労支援事業等に参加した者のうち、就労した者及び就労による収入が増加した者の割合を50％とすること、被保護者就労支援事業等の活用により日常生活の課題がある者の状態像が改善した者を26％にするなどの指標を示した。

〈図３−３〉生活保護受給者の就労支援の流れ（イメージ）

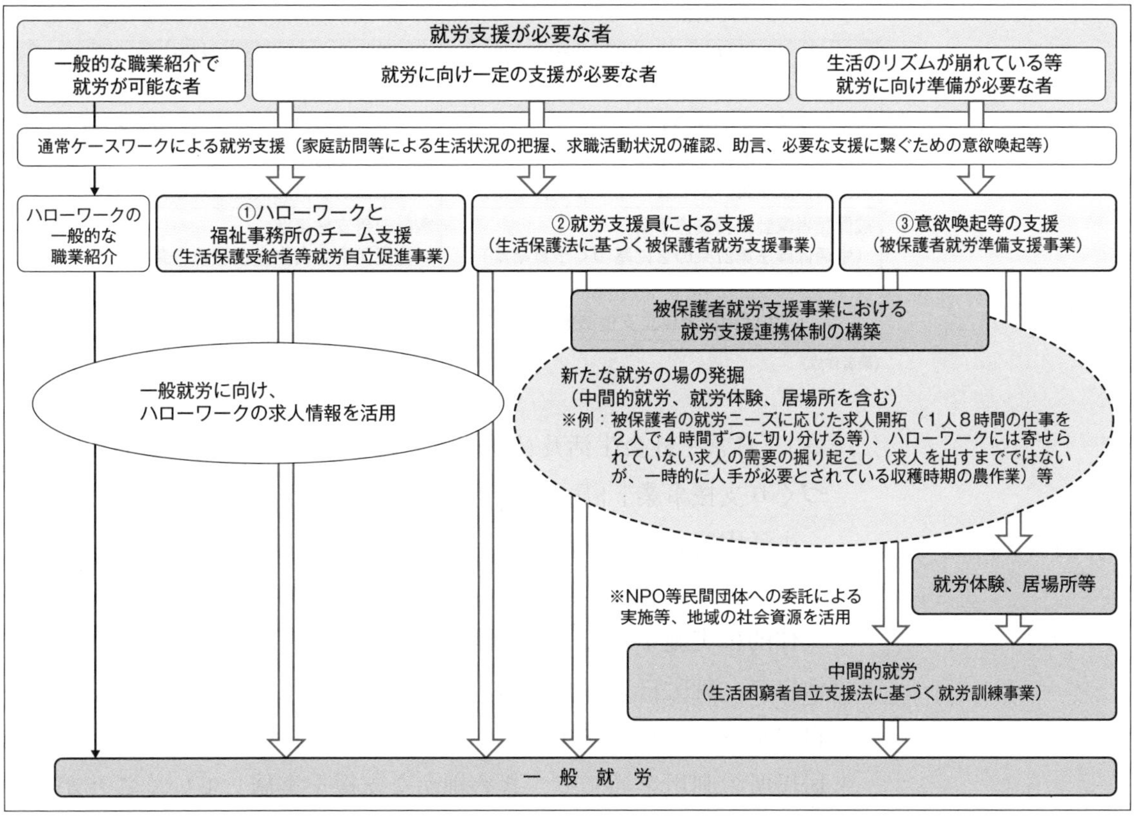

（出典）厚生労働省資料をもとに一部改変

ハローワーク等関係機関との調整、個別求人開拓、定着支援であり、就労の準備から求人開拓、職場への定着のためのアフターフォローも含めて、トータルな支援を実施することが求められている。

　就労支援員による就労支援の取り組みは有効であると評価され、令和４（2022）年３月時点で、全国の就労支援員の数は2,083人となっている。

㋒「被保護者就労準備支援事業」による就労支援

　平成27（2015）年度からは、㋑の被保護者就労支援事業とともに、被保護者就労準備支援事業が実施されることとなった（**表３−３**）。これは、就労意欲が低かったり基本的な生活習慣に課題を有しているといった、就労に向けた課題をより多く抱える被保護者に対して、一般就労に向けた準備として、就労意欲の喚起や一般就労に従事する準備としての日常生活の改善を、総合的かつ段階的に実施するものである。社会福祉法人やNPO法人等に委託して実施することが可能な事業であり、従来実施されてきた「就労意欲喚起等支援事

〈表3-3〉生活保護制度に基づく事業と生活困窮者自立支援制度に基づく事業の関係

生活保護法に基づく事業	生活困窮者自立支援制度に基づく事業
被保護者就労支援事業 （生活保護法第55条の7）	自立相談支援事業 （生活困窮者自立支援法第3条第2項）
被保護者就労準備支援事業 （生活保護法第27条の2に基づく予算事業）	就労準備支援事業 （生活困窮者自立支援法第3条第4項）
被保護者家計改善支援事業 （生活保護法第27条の2に基づく予算事業）	家計改善支援事業 （生活困窮者自立支援法第3条第5項）
子どもの学習・生活支援事業 （生活困窮者自立支援法第7条第2項：生活保護世帯の子どもも対象とする）	

（筆者作成）

業」「日常・社会生活及び就労自立総合支援事業」「社会的な居場所づくり支援事業」「居宅生活移行支援事業」が再編されたものである。

生活困窮者自立支援法における就労準備支援事業と同等の支援を[*18] 生活保護受給者にも実施できるようにしており、それぞれの事業を一体的に実施することも可能になっている。日常生活自立、社会生活自立、就労自立（経済的自立）という、生活保護における3つの自立をトータルに支援していくものであり、中間的就労、就労体験、居場所の利用を通じて、きめ細かな支援を実施していくことが期待されている。

*18
本書第4章第1節3
（1）❷①参照。

㊁福祉事務所における㋑以外の就労支援プログラム

㋐の事業を活用できない人や、㋑の就労支援員を配置していない福祉事務所において、福祉事務所が就労支援を行うためのプログラムを組み、就労支援に関する支援を行うものである。

なお、就労支援を行うにあたっては、「働くこと」が、単に収入を得るだけでなく、生命や生計、人や社会とのつながり、やりがいや達成感を生み出す大切な営みであることをふまえ、働くことを通じて生活の安定を図るとともに、人・社会とのつながりや、新たな可能性を生み出す取り組みとして行うことが大切である。

②就労支援プログラム以外の経済的自立に関する自立支援プログラム

就労支援プログラム以外の経済的自立に関する自立支援プログラムとしては、年金記録や年金受給権の再確認など、年金受給支援に関するプログラムや、資格取得に関する支援などがあげられる。

❷日常生活自立に関する自立支援プログラム

日常生活自立に関する自立支援プログラムには、健康管理支援プログ

ラム、生活習慣改善プログラム、退院支援（促進）プログラム、居宅生活支援プログラム、日常生活支援プログラム、他法他施策活用プログラム、債務整理プログラム、などがある。

　退院支援（促進）プログラムは、精神保健福祉士と連携した取り組みが行われている。

❸社会生活自立に関する自立支援プログラム

　社会生活自立に関する自立支援プログラムには、子どもの進学、在学の継続などを支援する学習支援プログラムなど子どもに対する支援プログラム、ボランティア活動への参加など社会的活動への参加プログラム、ひきこもりの者や不登校児への支援プログラムなどがある。

　なお、ボランティア活動への参加をプログラムとする場合には、ボランティア活動の本旨である「自発性」を尊重し、決して活動への参加を強制することがあってはならない。利用者が選択できるよう、多様な活動先を確保することが必要である。

（2）自立支援プログラムのあり方

❶生活困窮者自立支援制度との連携、事業の一体的実施

　生活保護における子どもの学習支援プログラムは、平成27（2015）年度より、生活困窮者自立支援制度における任意事業として、生活保護世帯と生活困窮者世帯の子どもへの支援を一体的に実施している。平成31（2019）年4月からは、「子どもの学習・生活支援事業」として、生活面を含めて子どもへの支援の充実を図っている。[*19]

　なかでも、子どもの学習支援など、子どもへの支援は、子どもがありのままでいられる居場所づくりとしての意味ももっており、子どもの学びの機会を保障するとともに、長期的な視点から子どもが社会の中でよりよく育っていくことを促す取り組みとして展開している。

　平成27（2015）年から実施されている被保護者就労準備支援事業は、制度別に対象者を分けているが、生活困窮者自立支援制度の任意事業である、就労準備支援事業と同等の事業と位置付けられている。平成30（2018）年度には、被保護者家計相談支援事業（現 被保護者家計改善支援事業）が創設され、生活困窮者自立支援制度における家計改善支援事業（平成30〔2018〕年9月までは家計相談支援事業）と同様の支援を、被保護者に対しても実施できるようになっている。

　生活保護におけるさまざまな事業は、可能な限り、生活困窮者自立支

＊19
本書第4章第1節3（1）❷ ④参照。

援制度と連携し、切れめなく一体的な支援を行うことが期待されている。

❷自立支援を進めるためのポイント

本節の最後に、自立支援の取り組みを実施していく上でのポイントを紹介しておきたい。

①「働くことの意義」をふまえた自立支援の実施

平成22（2010）年7月に出された「生活保護受給者の社会的な居場所づくりと新しい公共に関する研究会報告書」では、「多様な働き方」の考え方が、以下のように示されている。

> 「『働くこと』（労働）については、労働市場を経由し労働に参加するという有給労働（ペイドワーク）と、労働市場を経由せずに労働に参加するという無給労働（アンペイドワーク）など、多様な働き方がある。これまで、稼働年齢層にある生活保護受給者に対しては、ペイドワークに就くことを目的とした就労支援に先行して取り組んできた。一方で、生活保護受給者の状況によっては、ペイドワークに就くことだけを目標とするのではなく、仕事（一般就労）に就く前段階の就業体験・技能修得や社会的（福祉的）就労などのアンペイドワークを通して、段階的に就労に向けたステップを踏んでいくことの効果、ボランティア等を通じた社会参加の機会を作り、生活保護受給者が自尊感情や他者に感謝される実感を高めていくことにより、生活保護受給者自身が元々もっている力が発揮できるという効果があるなど、アンペイドワークにも大きな意義があるということについても、各地方自治体における自立支援の取組において明らかになりつつある[20]」

このように、「働くことの意義」、そして「多様な働き方」を考慮した自立支援が求められているといえるだろう。[21]

②当事者を尊重した自立支援

生活保護における自立支援及び自立支援プログラムは、生活保護受給者に、義務的に参加することを強制するものではなく、当事者性を尊重し、当事者が安心して、それぞれの自立に向けた取り組みを通じて、意欲やそれぞれのもつ力を高めていくことをめざすものである。

自立支援プログラムの実施にあたっては、参加者となる生活保護受給者の声を生かして、オーダーメイド型で進めていくことが期待される。また、企業、NPO（非営利組織）、住民と協働しながら、当事者一人ひとりの状況に合わせて、環境を整え、働く場や社会的居場所を広げていくことが、これからの自立支援における重要なポイントである。

*20
厚生労働省「生活保護受給者の社会的な居場所づくりと新しい公共に関する研究会報告書」2010年、8頁。

*21
生活保護受給者の就労支援の考え方や取り組みは、生活困窮者自立支援における就労支援の実施にも継承され、両制度における就労支援は同じ考え方のもとで一体的に進められている。本書第4章第3節参照。

第3節　生活保護の相談援助・自立支援プログラム実施における協働

1　生活保護における協働の必要性

　協働とは、利用者の相談援助や自立支援にかかわる人々が、利用者が自らの課題解決に取り組んだり、日々の生活を安心して営むことができるよう協力し、ともに利用者や利用者を取り巻く環境にはたらきかけていくことと考えられる。また、この協働という考え方には、利用者とともに取り組むという意味も含まれている。これは、従来用いられてきた「連携」が意味する連絡・協力体制よりも、さらに、利用者と関係する人々が一緒に取り組む姿勢が強調された概念でもある。

　生活保護における相談援助や自立支援は、利用者の生活のあらゆる面に関して行われる。地域のさまざまな役割をもつ人々と協働していくことは、利用者への支援を多面的・重層的・効果的に行うことにつながり、利用者自身が新たな人間関係を構築したり、多様な考え方にふれる機会をもたらす重要なはたらきとなる。利用者によりよい相談援助、自立支援を行っていくために、必要不可欠であるといえるだろう。

2　協働する人々

　生活保護の相談援助、自立支援を行っていく上で、協働する相手は多様である。平成22（2010）年7月の「生活保護受給者の社会的な居場所づくりと新しい公共に関する研究会」（厚生労働省）が示した「生活保護受給者の社会的な居場所づくりと新しい公共に関する研究会報告書」（以下、「研究会報告書」）では、これからの生活保護受給者に対する自立支援を行う上で、「新しい公共」、つまり行政、企業、NPO、社会福祉法人、住民等が協働して、新たな福祉課題に対応していくことが求められていることを示した。

　「研究会報告書」では、具体的に社会福祉の供給主体として、公的部門（政府－国・自治体）、非営利公的部門（社会福祉法人、NPO等）、非営利非公的部門（ボランティア、住民組織等）、市場部門（企業）か

ら成るそれぞれの主体が「福祉の増進・向上」という共通の目的に向けて、それぞれの得意分野（特質）を生かしつつ、協働を図る必要があることを掲げている。

従来の生活保護の相談援助活動においては、行政のさまざまな分野、行政と民間の社会福祉分野、保健・医療分野、労働分野、司法分野にかかわる専門職と協働する場合が多く、今後もそうした状況に変わりはない。

一方で、自立支援の中心的課題とされている「社会的な居場所づくり」においては、支援の担い手となる企業、NPO、社会福祉法人、住民等について、当事者の立場に立ち、各主体の特質を生かしたきめ細かな支援が提供できる存在であるとされている。また、生活保護受給者または元生活保護受給者も、単に支援の対象となるだけでなく、支援する側になることも期待されている。

地域共生社会の実現をめざした取り組みが推進されるなかで、今後も、地域で活躍するさまざまな人々と行政が、力を合わせて支援の体制をつくり、利用者自身も地域に暮らす住民として、自分にできる力を発揮していくことをめざした協働の体制づくりが重要である。

なお、平成30（2018）年に施行された改正社会福祉法では、第106条の3に包括的な支援体制の整備について掲げ、第106条の4に、地域生活課題を抱える地域住民及びその世帯に対する支援体制並びに地域住民等による地域福祉の推進のために必要な環境を一体的かつ重層的に整備するための重層的支援体制整備事業（以下、重層事業）を創設している。

重層事業は、本人や世帯の属性を問わず、さまざまな課題を抱えるすべての地域住民を対象としているため、当然、被保護者も重層事業の対象となる。今後、保護の実施機関と重層事業の関係者との連携に基づく一体的な支援の実施が期待されている。重層的支援会議、支援会議などの会議体が、連携を進めていくプラットフォームになる。[*22]

*22
重層的支援体制整備事業と生活保護制度との連携については、次の通知を参照のこと。
厚生労働省社会・援護局保護課長、厚生労働省社会・援護局地域福祉課長通知「重層的支援体制整備事業と生活保護制度との連携について」（令和3年3月31日）。

3 協働する上での留意点

協働していく際には、以下のようなことに留意しておきたい。

❶それぞれの役割、機能の理解

協働していく際に大切なことは、利用者にかかわる者同士が、お互いの役割、機能、対応できる範囲等を理解しておくことである。それは、

現状でそれぞれが「できること」を明らかにし、共有するということでもある。

　このことによって、お互いに無理な対応を期待したり、責任を押し付け合うようなことを回避することができる。取り組みを協働の体制で始めていくことがわかった早い段階で、カンファレンスやミーティングなど、直接顔を合わせる機会をつくっていくことによって、チームによる援助や支援は円滑に進行していく一助となる。

❷援助方針・支援方針の共有

　協働にあたっては、利用者の援助・支援にかかわる者同士で、常に、利用者の援助方針・支援方針を共有しておくことも大事なことである。これらの方針は、利用者の状況の変化に応じて見直していく必要がある。そのためには、利用者の変化を、時機を逸さず報告・連絡・相談できるような連絡方法を確認しておくことも求められる。

　特に注意したいのは、多くの人がかかわるようになった場合の、個人情報の取り扱いである。それらを共有する範囲には留意し、管理も慎重に行うことを心がけたい。

❸利用者を中心とした協働体制の構築

　協働で忘れてはならないのは、利用者を中心とした協働体制をつくっていくことである。新たな人々が協働チームに入る場合には、利用者に同意を得る必要がある。そのために、利用者自身が自分自身にかかわる人々の役割、機能が理解できるように、それぞれが利用者にはたらきかけていくことが大切である。

　また、利用者の意向を尊重することなく、かかわる人々で一方的に援助や支援を行うことのないよう気をつけておきたい。

　これらの留意点に配慮しながら、柔軟かつ強固な協働の体制により、利用者への相談援助、自立支援がよりよく実施されていくことが期待されている。

第4節 生活保護施設における自立支援

1 救護施設における自立支援

救護施設は、生活保護法第38条に規定される保護施設である。令和3（2021）年10月現在で全国に182か所あり、約1万6,400人の利用者を受け入れている。本項では、救護施設における利用者の現状と、自立支援の取り組みを概観したい。

（1）救護施設の利用者

救護施設は、身体や精神に障害があり在宅生活を送ることが困難な生活保護受給者が生活する施設である。救護施設には、身体障害（視覚障害、聴覚障害、肢体不自由等）、知的障害、精神障害、それらの障害が重複している利用者や、アルコール依存症、ホームレス状態にあった利用者などが生活している。

利用者の年齢と障害の状況は、**表3-4**及び**表3-5**のとおりである。

利用者の年齢は、18歳から99歳までと幅があり、65歳以上で54.5%と半数余りを占めている。

〈表3-4〉利用者の年齢

（令和元〔2019〕年10月1日時点）

	人数	割合
20歳未満	5	0.0%
20歳以上30歳未満	67	0.6%
30歳以上40歳未満	232	2.0%
40歳以上50歳未満	881	7.6%
50歳以上60歳未満	2,114	18.3%
60歳以上65歳未満	1,962	17.0%
65歳以上	6,314	54.5%
合　　計	11,575	100.0%
平均　　　64.7歳	－	－
最大　　　99歳	－	－
最小　　　18歳	－	－

（出典）全国社会福祉協議会「保護施設の支援機能の実態把握と課題分析に関する調査研究事業報告書」2020年をもとに一部改変

〈表３−５〉利用者の障害の状況

（令和元〔2019〕年10月１日時点）

障害の種類	人数	割合
身体障害	1,855	18.5%
知的障害	2,910	29.0%
精神疾患・障害	6,957	69.6%
発達障害	121	1.2%
生活障害	568	5.7%
その他	143	1.4%
合計（有効回答数）	10,002	−

（出典）全国社会福祉協議会「保護施設の支援機能の実態把握と課題分析に関する調査研究事業報告書」2020年をもとに一部改変

　利用者の障害の状況は、精神疾患・障害が69.6％で最も多く、次に、知的障害が29.0％、身体障害が18.5％と続いている。障害が重複している利用者を受け入れていることも、救護施設の特徴である。

（２）救護施設の基本理念と実践的目標

　全国救護施設協議会は平成13（2001）年７月に救護施設における理念やサービス実践の目標として、「救護施設サービス評価基準」を策定した。**表３−６**は、同基準からの抜粋である。

（３）救護施設におけるサービスの内容

　救護施設で日常的に行われているサービスの内容は、以下のようなも

〈表３−６〉救護施設サービス評価基準

①基本理念
　救護施設は、障害の種類等を問わず支援を要する者がともに生きる場として、利用者を地域で生活する市民として尊重し、その基本的人権と健康で文化的な生活を保障する。と同時に、利用者の幸福の追求と、その人らしい豊かな生活の実現の支援に最大限努める。

②実践的目標
　㋐利用者の基本的人権を保障し、主体性を尊重した自己実現の支援を図る。
　・利用者を独立した人格として尊重し、人権の擁護に最大限努める。
　・利用者が主体的に自己実現を図れるよう、できる限り支援する。
　㋑多様な障害や課題を持つ利用者のニーズに応じたサービスを提供する。
　・利用者個々の生活の困難さに対応したサービスを提供する。
　・ノーマライゼーションの考え方を踏まえ「ともに生きる」ための生活環境を構築する。
　㋒地域の社会資源におけるネットワークを構築し、地域に根ざした施設をめざす。
　・他法、他機関を含めた地域の社会資源とのネットワークを活用し、利用者のニーズに応じた支援を提供する。
　・救護施設自身が地域の社会資源として機能することをめざす。

（出典）全国救護施設協議会ホームページ「救護施設の基本理念と実践的目標」をもとに筆者作成

のである。日常生活支援、リハビリテーションプログラムに加えて、自己実現、地域生活に向けた支援を行っていることに着目したい。

①日常生活支援（介護サービス・健康管理・相談援助）

②リハビリテーションプログラム（身体機能回復訓練、日常生活動作・生活習慣等の訓練）

③自己実現の支援（就労支援、作業活動、趣味・学習活動、レクリエーション）

④地域生活の支援（通所事業、居宅生活訓練事業、グループホームの運営、配食サービス、など）

（4）救護施設における自立支援

救護施設における自立支援も、生活保護における3つの自立（経済的自立・日常生活自立・社会生活自立）をめざして行われていることは、いうまでもない。

平成16（2004）年12月に提出された「生活保護制度の在り方に関する専門委員会報告書」では、「生活支援のみならず、自立支援の観点から入所者の地域生活への移行の支援や居宅生活を送る被保護者に対する生活訓練の場として、保護施設を利用することについて検討することが重要である」と指摘された。

その後、全国の救護施設は自立支援の推進を中心的課題として取り組みを進めており、①利用者主体の個別支援プログラムの策定とそれに基づく支援の実施、②救護施設居宅生活訓練事業の実施、③保護施設通所事業の実施、などに取り組んでいる。

また救護施設は、精神障害者の社会的入院解消に向けた取り組みの推進や、ホームレス状態にある人々など社会的援護を要する人の受け入れの推進にも力を注いでいる。平成25（2013）年4月には、全国救護施設協議会が、「救護施設が取り組む生活困窮者支援の行動指針」（以下、行動指針）を示した。行動指針では、具体的に取り組む事業として、①救護施設の機能として制度化されている支援、②予算事業として救護施設及び運営法人が実施できる事業や、今後制度化・予算化が見込まれる事業等による支援、③地域貢献事業としての支援、の3つのカテゴリーに分けた。そして、表3－7のように、具体的な支援内容と達成目標が明示された。

さらには平成28（2016）年には、平成28（2016）年度から取り組む「第二次行動指針」も示され、救護施設が行う生活困窮者支援を積極的

*23
救護施設に入所している被保護者が、円滑に居宅生活に移行できるようにするため、施設における生活訓練とともに、訓練用住居（アパート等）を確保し、居宅生活に近い環境で実地体験的に生活訓練を行い、居宅生活の移行を支援する事業。

*24
保護施設退所者等が保護施設に通所し、指導訓練を実施する「通所訓練」と、職員が居宅等に訪問して生活指導を実施する「訪問指導」を行うことによって、居宅で継続して自立生活が送れるように支援するとともに、保護施設からの退所促進と受け入れの有効活用を図ることを目的とする事業。

〈表３－７〉 救護施設として取り組むべき生活困窮者支援

1	救護施設の機能として制度化されている支援
A	すべての救護施設が取り組む標準事業

◎救護施設は生活保護法に基づく生活扶助はもとより、自立支援機能の一層の強化を図り、利用者の地域生活移行を積極的に支援します。
◎救護施設利用者の地域生活移行を支える、地域のあらゆる関係機関、社会資源と連携し、生活、就労、社会的自立を支援します。
◎救護施設が担ってきた利用者支援スキルの蓄積を生活困窮者支援の関係機関と共有し、施設機能の活用を促進します。
◎救護施設が常に社会の要請に応え、循環型セーフティネット施設としての機能を維持、発揮するため、他法他施策による支援につなぐ連携を強化します。
※上記の目的推進のため、すべての救護施設は既に制度化されている以下のすべての事業に取り組みます。

1．一時入所事業による地域生活困窮者の緊急保護支援
2．救護施設居宅生活訓練事業による地域生活移行支援
3．循環型セーフティネット施設として機能するため、利用者の地域や他種別施設等への移行促進

目標：すべての事業について平成27年度までに100％の救護施設で実施

（出典）全国救護施設協議会「救護施設が取り組む生活困窮者支援の行動指針」2013年、7頁

に推進している。今後、救護施設ならではの地域に根ざした自立支援の取り組みが、さらに発展、充実していくことが期待されている。

2 更生施設における自立支援

　生活保護法第38条第３項に基づく更生施設は、令和４（2022）年４月現在で、全国に20か所ある。施設数は決して多くないが、生活保護受給者の自立支援を行うためには不可欠な施設である。

　更生施設は、身体上または精神上の理由によって地域生活が営めない利用者を受け入れ、住居や食事の提供、生活用品の貸し出しなど、生活に必要なものを現物で給付するとともに、日常生活や就労、地域生活への移行に向けた支援を行っている。

　救護施設とは異なり、一定程度ADL（日常生活動作）が自立しており、介護の必要のない利用者を受け入れている。本項では、更生施設における自立支援の取り組みについて見ていきたい。

（１）更生施設におけるサービスの内容

　更生施設で一般的に行われているサービスの内容は、以下のようなものである。

①日常生活の支援

住居（居室）、食事の提供を行うほか、健康管理、栄養管理、生活能力の向上に向けたさまざまな支援を提供している。

健康面については、疾病の治療を促し見守るだけでなく、服薬管理、障害福祉サービスの利用、アルコール・薬物問題の解決に向けた支援等が実施されている。また、金銭管理や、日本司法支援センター（法テラス）などを活用した負債問題解決への支援も行っている。

行事も盛んで、利用者懇談会・交流会、レクリエーション、教養娯楽行事、季節行事などが企画されている。

②就労支援

施設では、職業相談、所内作業、技能講習、トライアル雇用、ハローワークでの求職支援などを行い、個々の利用者の状況に即した就労支援が実施されている。

③地域生活移行支援

施設を退所した後の地域生活が円滑に営めるよう、施設内の訓練室や、借り上げアパートを活用した居宅生活訓練を行っている。また、住宅を借りる際の賃貸保証等の契約支援や、地域に住み続けるための支援も実施している。グループホームなどの施設の利用が必要な場合は、利用支援を行っている。

地域生活を始めた後は、通所事業、訪問事業などで地域生活の定着と安定に向けた支援が行われている。

④緊急対応

施設によっては、住居喪失などで、緊急に更生施設の利用が必要になった利用者に対する緊急対応を実施している。

（2）更生施設における自立支援の流れ

更生施設における、入所から退所までのモデル的な支援の流れは、図3－4のとおりである。

①入所

更生施設の利用にあたっては、福祉事務所による決定が必要であり、福祉事務所から更生施設への入所依頼を経て入所となる。

②個別支援計画の策定

更生施設利用者に対しては、利用者、実施機関である福祉事務所の生活保護担当（ケースワーカー）、施設の担当者の三者で、利用者本人の希望を尊重しながら個別支援計画を策定している。施設の利用期

〈図３－４〉更生施設における自立支援の流れ

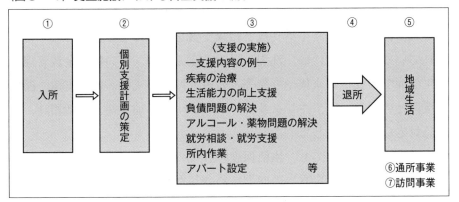

（筆者作成）

間は、施設によってあらかじめ決まっている場合と個々の利用者の状況に応じて決める場合がある。利用期間の中で、どのような課題をいかに解決していくか、具体的な計画を策定し、見直しをしながら、目標達成に向けた、きめ細かな支援が行われている。

③支援の実施

更生施設においては、前述のように、個々の利用者の状況に即したさまざまな支援が行われている。施設では、定期的な面接のほか、利用者からの随時の相談に応じたり、状況の変化に即した相談対応や支援が行われている。

④退所

目標を達成したとき、地域生活が可能となったとき、利用期限がきたときなどに、利用者は更生施設を退所することとなる。その他、利用者の自己都合等により退所となることもある。退所後は、生活保護が継続する場合と、就労等により生活保護が廃止となる場合がある。

⑤地域生活

地域生活を始めてからも、生活保護が継続する場合には、ケースワーカーが、利用者の支援をコーディネートしていくが、必要に応じて、更生施設の職員もアフターケアを行っている。

⑥通所事業

通所事業は、更生施設退所後の安定した社会生活の継続を支援することを目的として行われており、退所者のアフターケアを担う事業である。具体的には、通所による食事、入浴、理髪などのサービス提供や、所内作業への参加、健康管理、就労支援などを実施している。

⑦訪問事業

　訪問事業は、更生施設の職員が、退所者の居宅を定期的に訪問し、地域生活が続くよう生活支援と相談支援を行うことを目的として行われている。具体的には、洗濯、掃除、ごみ処理、買い物、金銭管理等生活面での支援、家族や近隣等との対人関係の支援、就労支援、関係機関との調整、行事やレクリエーションへの参加支援、電話相談、緊急対応などを実施している。

　更生施設においても、生活保護の3つの自立（経済的自立・日常生活自立・社会生活自立）の向上をめざした支援が行われている。今後も、利用者の地域生活の実現とその後の生活の安定に向けて、質の高い支援を展開することが期待されている。

引用文献

1）岡部　卓「自立とは何か」社会福祉士養成講座編集委員会 編『低所得者に対する支援と生活保護制度－公的扶助論（第5版)』中央法規出版、2019年、254～255頁

参考文献

● 岡部　卓『〔新版〕福祉事務所ソーシャルワーカー必携－生活保護における社会福祉実践』全国社会福祉協議会、2014年
● 新保美香『生活保護スーパービジョン基礎講座－ソーシャルワーカー・利用者とともに歩む社会福祉実践』全国社会福祉協議会、2005年
● 新保美香『生活保護実践講座－利用者とともに歩む社会福祉実践』全国社会福祉協議会、2018年
● 生活保護自立支援の手引き編集委員会 編『生活保護自立支援の手引き』中央法規出版、2008年
● 『生活保護手帳 2023年度版』中央法規出版、2023年
● 『生活保護手帳 別冊問答集 2022年度版』中央法規出版、2022年
● 岡部　卓「自立支援プログラム実践講座 第一回 自立支援の考え方と意義」『生活と福祉』2008年6月号、全国社会福祉協議会
● 岡部　卓「自立とは何か」社会福祉士養成講座編集委員会 編『低所得者に対する支援と生活保護制度－公的扶助論（第5版)』中央法規出版、2019年
● 岡部　卓・長友祐三・池谷秀登 編著『生活保護ソーシャルワークはいま－より良い実践を目指して』ミネルヴァ書房、2017年
● 全国公的扶助研究会 監修、吉永　純・衛藤　晃 編著『Q&A 生活保護ケースワーク支援の基本』明石書店、2017年
● 特別区人事・厚生事務組合社会福祉事業団「特別区人事・厚生事務組合 厚生関係施設のご案内」2015年

COLUMN

◉救護施設における自立支援の実際

●複合的な課題に苦しむ人に向き合う

　救護施設は「最後のセーフティネット施設」とよばれる。利用者は、高齢、障害、疾病などの理由で経済的に困窮し、生活上の複合的な課題に苦しむ人々で、入所前の経歴や入所に至る経緯はさまざまである。ホームレス、長期入院、ひきこもりだったことが多数を占めるが、私がかかわった中には、世界的企業の上級管理職として働いていた人や、高度な専門性を必要とする仕事に携わっていた人もいた。

　救護施設は、こうした多様な利用者の権利を守り自立を助長することを目的にしている。この目的達成に向けて、救護施設では利用者それぞれに「個別支援計画」を作成している。大半の救護施設では、その全国団体である全国救護施設協議会（全救協）による全救協版「個別支援計画書」を使用している。

　全救協は「その人らしい豊かな生活の実現」を基本理念に掲げており、この理念にそって、本人の希望・要望を計画作成の中心に置いている。その人がどのように生きたいのかを聞き、そのために必要なことをアセスメントで明らかにする。そして、それを実現するための支援計画を立てるのが、「個別支援計画書」の基本的な手順である。

　そして、救護施設の現場では、計画作成の過程から、その人の人生を一緒に振り返り、将来の希望を聞き、支援計画を立てて、毎日利用者と相対する。そうして職員は、利用者一人ひとりのエピソードを受け止める経験を重ねるうちに、人はわずかなきっかけで経済的に困窮し、生活全体、とりわけ家族や身近な社会との関係が壊れ、やがて人生まで大きく変わってしまうということを知る。

　救護施設の利用者は、通常、そうした状況に陥ってから私たちの前に現れるのであり、私たちの支援はそこから始まる。だが、入所に至るずっと手前で支援を求めることができていたら、あるいは、わずかでも支援の手が差し伸べられていたら、この人は私たちの前に現れなかったのではないかと思うことも多い。

　そうならないように、救護施設はもっと地域にアウトリーチしていく必要がある。そして何より、目の前の利用者が、その人自身の人生を取り戻し社会で暮らせるよう、しっかりと支えなければならないと思う。

●自立支援事例と職員の願い

ここで、救護施設における自立支援の事例を紹介したい。

【日常生活自立支援の例】

Aさん（30代・男性）は、父親からの身体的・金銭的虐待を理由に家出し、野宿生活をしていた。その後、居宅保護となるが、知人から金銭の無心を受けたことをきっかけに失踪して保護廃止となり、また野宿生活に戻った。支援者を通じて再び保護開始となり、精神科病院に入院した。退院後は、過去の経緯から専門的な支援が必要と判断され、救護施設に入所した。

入所後、成年後見制度利用の手続きを行った。後見人が身上監護等を行うことにより生活は安定した。

【社会生活自立支援の例】

Bさん（60代・男性）は、路上で倒れていたところを救急搬送された。脳疾患の入院治療を行ったが、記憶、言語、体幹機能に障害が残った。氏名、本籍、住民登録がわからず、他法他制度の活用が困難なことから救護施設に入所となった。

入所後に、本人の断片的な記憶をもとに戸籍調査を実施し、身元が判明した。年金調査を行ったところ受給資格があったため、裁定請求等の支援を行った。

【地域生活移行支援の例】

Cさん（60代・男性）は、日雇い労働で生計を立てていたが、咽頭がんを発症し入院治療を行った。継続した通院加療が必要になり、就労が困難な状況となったことから救護施設に入所となった。

入所後は、通院介助による健康状態の把握や服薬管理の支援を行い、病状が安定した。居宅生活訓練事業を経て、入所から1年6か月後に居宅保護へ移行した。

【就労自立に向けた支援の例】

Dさん（50代・男性）は、幼少期のつらい記憶があり、現実から逃れるように覚せい剤に手を染めた。逮捕・拘留され、出所後、身寄りがなく行くあてもないことから救護施設に入所となった。

入所後は、精神科への定期通院、服薬管理等の支援を行った。精神面の安定を図るとともに、施設内作業を通して生活リズムの確立と人的交流の活性化に取り組んだ。2年ほどの入所期間を経て、本人から就労自立をめざしたいとの希望があったため、更生施設へ移行した。

【就労自立支援の例】

　Ｅさん（10代・男性）は、中学生のころに家庭環境が理由とみられる非行がもとで、児童養護施設に入所した。退所後は、友人宅を転々とし、ようやく住み込みの仕事に就いたが、同僚から暴力をふるわれて自ら警察に相談した。保護の必要もあったことから救護施設に入所となった。

　入所後は、地域若者サポートステーション事業と連携し、ハローワークの手続きの仕方や履歴書の書き方等についての支援、その他就労に関する相談など、多面的な支援を実施した。資格取得のための支援なども行った結果、特別養護老人ホームへの就職が決まり、生活保護から脱却した。

● 根拠に基づいた実践

　私が思う救護施設は、利用者一人ひとりが望んだ人生を再獲得するためのセーフティネットだ。その中核的理念は自立支援である。今でも救護施設はそのように機能しているが、それをさらに進めるにはどうすればよいだろう。前述のように、救護施設は、さまざまな利用者の多様な福祉ニーズに応えており、私たちは日々、利用者を支援しそれを整理してとらえ直し、ケース記録やカンファレンスでその変容を分析して、次の支援につなげている。

　いうまでもなく、人生は有限である。利用者が望む人生をなるべく長く送ることができるよう、その変容に必要な期間はできるだけ短くしたい。それゆえに、その方法を利用者と共有して進めたいと思う。それには利用者の納得を得られることが大切であり、支援が理論やモデルに基づいている必要がある。理論やモデルを手がかりに根拠のある実践を行うことで、個々の利用者に対する支援をよりよくできる。さらに、将来の実践を向上させるための知見になり、資源にもなる。

　これからは、こういう根拠のある実践ができる人材が今以上に求められることになるだろう。経験に加え、理論やモデルをしっかりと理解した社会福祉専門職が多く現れることを、救護施設の現場から大いに期待したい。

（注）紹介した事例は、『救護施設を活用した自立支援の手引き』（全国救護施設協議会、2019年）に掲載された自立支援の事例に筆者が一部加筆修正したものである。

第4章

生活困窮者自立支援制度

学習のねらい

　近年、経済・雇用環境の変容により起きる経済的困窮、家族・地域・職場等の変容により起きる社会的孤立、さらには、制度の狭間にある人・世帯の問題が福祉課題として浮上している。これらはそれぞれ別個の問題であるが、それらが相互に関連しながら国民・住民、とりわけ経済的困窮状態にある人・世帯に顕著に現れる傾向がある。

　そこで、本章では、これらの問題に対応する生活困窮者自立支援制度について解説する。本章を通して、主として生活困窮者に対し、どのような事業を通じて給付と生活再建に向けた対人支援活動が行われるのか、その理解を図っていく。

　具体的には、初めに制度創設の背景及び生活困窮者自立支援法制定時の制度概要（第1節）、そして、制度の見直し後の法改正（第2節）について解説し、最後に生活困窮者自立支援の実際について、事例を通して学ぶ（第3節）。

第1節 生活困窮者自立支援法の制定と制度の概要

1 法制定の背景

　近年の経済停滞・雇用悪化、とりわけリーマンショックによる日本経済への打撃によって、国民・住民の間で失業と同時に家を失う者が増加したことに対して実施されてきた政府の対応としては、第二のセーフティネットがある。主要な制度としては、職業訓練受講給付金（求職者支援制度）、総合支援資金貸付、臨時特例つなぎ資金貸付、住宅支援給付がある。その基本的な考え方は、職業訓練、再就職支援、生活支援、住宅の確保などで雇用、生活、住宅支援を総合的・重層的に行い、既存の支援策の充実等と、新たに雇用創造と生活再建を図るものとなっている。また、その位置付けは雇用保険（失業等給付）と生活保護制度の中間にあり、失業等給付が受けられない、または給付が終了した者が生活保護制度の受給に至らないようにする制度的仕組みである（**図4－1**）。

　第二のセーフティネットが構築されるに至った経緯として、政府は平成20（2008）年以降、補正予算や予算を通して生活、雇用、経済対策を行っていた。そのなかで雇用の確保として雇用調整助成金や緊急雇用創出事業の拡充の実施を、また離職者の生活及び求職支援を行うために雇用保険制度と生活保護制度の間に新たなセーフティネットを構築し対応することとした。具体的には①職業訓練受講給付金（求職者支援制度）と臨時特例つなぎ資金貸付による雇用保険未加入者への求職支援、②ハローワークとの連携を伴う総合支援資金貸付、住宅支援給付による①の補完、の2つの新たな支援策を講じることにより、離職者の再就職の支援及び生活の安心の確保を図る、とされた。

　こうした第二のセーフティネットは、住居を失った、あるいは失う恐れのある離職者を対象とする施策であり、雇用、住宅、生活を支援する総合的な内容であることから、労働市場を経由した生活困窮者の失業対策と生活対策という側面をもっている。そのため、雇用保険で失業等給付を受けている者、雇用保険の給付が終了した者、雇用保険をもたない者にとっては重要な制度資源が創設されたととらえることができ、これらの者にとって一定の効果が見込まれていた。

〈図4−1〉生活保護制度の見直しと新たな生活困窮者対策の全体像

生活保護制度の見直し及び生活困窮者対策に総合的に取り組むとともに、生活保護基準の見直しを行う。

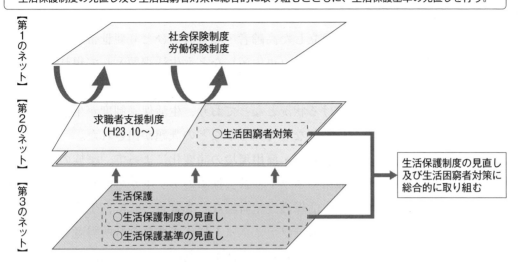

【第1のネット】
【第2のネット】
【第3のネット】

【社会保障制度改革推進法】（平成24年法律第64号）　抜粋

（生活保護制度の見直し）
附則第2条　政府は、生活保護制度に関し、次に掲げる措置その他必要な見直しを行うものとする。
　1　不正な手段により保護を受けた者等への厳格な対処、生活扶助、医療扶助等の給付水準の適正化、保護を受けている世帯に属する者の就労の促進その他の必要な見直しを早急に行うこと。
　2　生活困窮者対策及び生活保護制度の見直しに総合的に取り組み、保護を受けている世帯に属する子どもが成人になった後に再び保護を受けることを余儀なくされることを防止するための支援の拡充を図るとともに、就労が困難でない者に関し、就労が困難な者とは別途の支援策の構築、正当な理由なく就労しない場合に厳格に対処する措置等を検討すること。

1．生活保護法の改正
〈ポイント〉
支援が必要な人に確実に保護を実施するという考え方は維持しつつ、以下の見直しを実施（5月17日に法案を提出）
①生活保護受給者の就労・自立の促進（就労自立給付金（※）の創設等）
　※保護受給中の就労収入額の範囲で一定額を仮想的に積み立て、安定した職業に就いたことで保護廃止に至った場合に限り支給
②不正・不適正受給対策の強化（地方自治体の調査権限強化、就労指導の強化、返還金の上乗せ等）
③医療扶助の適正化（医療機関が受給者に対し後発医薬品の使用を促すことの法制化等）

2．生活困窮者の就労・自立支援のための新法の制定
〈ポイント〉
生活保護にいたる前の自立支援策の強化を図るため、以下を主な内容とする生活困窮者対策を実施（5月17日に法案を提出）
①利用者の状況に応じて最適な支援策を早期・包括的に提供する相談支援事業の創設
②離職により住まいを失った人等に対して家賃相当を有期で支給
③生活訓練や社会訓練等を含む就労支援策の創設
④生活困窮家庭の子どもへの学習支援等の実施　等

3．生活保護基準の見直し
〈ポイント〉
以下の考え方により生活保護基準の見直しを実施（平成25年度予算に反映）
①年齢・世帯人員・地域差による影響の調整
②前回（平成20年）の見直し以降の物価の動向の勘案
③必要な激変緩和措置の実施

（出典）厚生労働省社会・援護局「生活保護関係全国係長会議資料」2013年5月

第4章

　しかしながら、その対象となる給付・貸付対象者の中には労働市場への参入を果たせず、最後のセーフティネットである生活保護制度を活用せざるを得ない者がいる状況となった。また家族・地域・企業とのつながりが希薄化し、孤立した高齢者・障害者・ひとり親世帯などの生活困窮層や貧困の世代間継承（再生産）なども生活課題として現れてきた。さらに最後のセーフティネットである生活保護制度においては、毎年受給者数が増加し続ける状況となっており、生活保護制度が生活再建につながる仕組みや体制となっているかなどの課題が出された。

　これら近年の経済停滞・雇用環境の諸変化によって、家族のネット、地域のネット、雇用のネット、社会保障のネットから漏れた労働者・生活困窮者の増大や生活保護受給者増などを背景として、生活保護制度の前段階である第二のセーフティネットに代表される低所得者対策の充実強化と国民の信頼に応えられる生活保護制度の大幅な見直しが要請された。このような状況から、平成24（2012）年2月の「社会保障・税一体改革大綱」において「生活支援戦略」（仮称）の策定による、生活困窮者対策の充実強化と生活保護制度の見直しが打ち出された。

　同年4月には、社会保障審議会「生活困窮者の生活支援の在り方に関する特別部会」が設置され、生活困窮者が抱えるさまざまな課題や、生活困窮者対策に関する議論が重ねられ、平成25（2013）年1月に特別部会の報告が取りまとめられた。同年5月には、今後の生活困窮者対策・生活保護制度の見直しに総合的に取り組むべく、生活保護制度の見直しに合わせ、生活困窮者対策についてその法制化を図ることとし、生活保護法の一部を改正する法律案及び生活困窮者自立支援法案が国会に提出され、同年12月に成立した。**生活困窮者自立支援法**については、一部を除き平成27（2015）年4月から施行された。また、この2法案のほかに、平成25（2013）年1月に取りまとめられた社会保障審議会生活保護基準部会における検証結果や物価の動向を勘案するという考え方に基づき、生活保護基準について必要な適正化を図ることとされている。[*1]

＊1
本書第1章第4節参照。

2 法の理念等

　生活困窮者自立支援法は、生活困窮者が増加するなかで、生活困窮者については早期に支援を行い、自立の促進を図るため、就労の支援その他の自立の支援に関する相談等を実施するとともに、居住を確保し就職を容易にするための給付金を支給するなどの策を講じることを目的とし

て成立している。また、同法は施行後3年をめどに、施行の状況を勘案し、生活困窮者に対する自立の支援に関する措置のあり方について総合的な検討を加え、必要があると認めるときは、その結果に基づいて所要の措置を行うとされた。

　さて同法制定の理念は、既存の生活困窮者対策や制度では十分に対応することができない、自立が困難となっている生活困窮者に対し生活保護制度とあわせて重層的なセーフティネットを提供していくこと、生活保護受給者以外の生活困窮者に対し包括的支援を地域の実情に即して地域全体で取り組み、創造していくこと、にある。

　先に述べた特別部会報告書では、基本的視点として次のことを掲げている。「すべての生活困窮者の社会的経済的な自立を実現するための支援は、生活困窮者一人一人の尊厳と主体性を重んじたものでなければならない」（自立と尊厳）、「地域社会の住民をはじめとする様々な人々と資源を束ね、孤立している人々が地域社会の一員として尊ばれ、多様なつながりを再生・創造できることを目指す」（つながりの再構築）、「次世代が可能なかぎり公平な条件で人生のスタートを切ることができるように、その条件形成を目指す」（子ども・若者の未来）などである。

　そして、これらの視点に立つ生活困窮者支援の具体的な形として、同制度は、「多様な問題群に対し多様なサービスが連携し一括して提供する」（包括的支援）、「それぞれの事情や想いに寄り添い問題の打開を図る」（個別的支援）、「生活困窮にできるだけ早期に対処することにより支援効果を高める」（早期的支援）、「社会的自立から経済的自立へと個々人の段階に応じて最適なサービスを提供する」（継続的支援）、「行政、社会福祉法人、NPO（非営利組織）、企業、ボランティア、近隣住民など多様なセクターが連携・協働し地域の実情に合った柔軟で多様な取り組みを活かす」（分権的・創造的支援）をあげている。

　また、平成30（2018）年改正では、制定時にはこれまで謳（うた）われていなかった基本理念を、第2条に以下のように規定した。

　①生活困窮者の尊厳の保持
　②就労の状況、心身の状況、地域社会からの孤立といった生活困窮者の状況に応じた包括的・早期的な支援
　③地域における関係機関、民間団体との緊密な連携等支援体制の整備（生活困窮者支援を通じた地域共生社会の実現に向けた地域づくり）
　第3条の生活困窮者の定義には、②を受けた「就労の状況、心身の状況、地域社会との関係性その他の事情により」を加えて明確化を図った。

第4章

3 制度概要

　生活保護に至る前の段階の自立支援の強化を図るため、生活困窮者に対する自立の支援に関する措置として自立相談支援事業、住居確保給付金の支給、その他の事業などを行う。実施主体は基礎自治体である**福祉事務所設置自治体**（自治体責任）である。運営については、社会福祉協議会や社会福祉法人、NPO等への委託も可能としている。ここでいう「生活困窮者」とは、現に経済的に困窮し、最低限度の生活を維持することができなくなる恐れのある者をいう。

（1）事業

　生活困窮者に対する自立支援に関しては、必須事業として①自立相談支援事業、②住居確保給付金の支給、任意事業として③就労準備支援事業、④一時生活支援事業、⑤家計相談支援事業（現 家計改善支援事業）、⑥学習支援事業（現 子どもの学習・生活支援事業）などがある。また、都道府県知事等による就労訓練事業（いわゆる「中間的就労」）の認定が行われる。これらの事業が平成27（2015）年4月から実施され、平成30（2018）年の法改正で事業名の変更、事業の拡充等が行われている。

❶必須事業

①自立相談支援事業

　自立相談支援事業は、生活困窮者及びその家族、関係者からの相談に応じ、アセスメントを実施して個々人の状態に合ったプランを作成し、必要なサービスにつなげる、つまり生活困窮者への自立支援の入り口となるものである。関係機関との連絡調整・関係機関への同行訪問や就労支援員による就労支援、認定就労訓練事業の利用あっせん、関係機関とのネットワークづくり等を行うとともに、アウトリーチ等により地域の多様な生活課題を発見することも求められる。また、地域の社会資源の開発等に取り組む。

②住居確保給付金の支給

　住居確保給付金とは、離職により住宅を失った、またはそのおそれが高い生活困窮者であって、収入等が一定水準以下の者に対して、有期で家賃相当額を支給するものである。これは平成20（2008）年のリーマンショックを受けて、平成21（2009）年度から臨時の予算措置として実施されてきた住宅手当制度を、自治体を提供主体として制度化

したものである。

　なお、本給付金の支給事務（支給審査及び支給決定、支給の業務）は福祉事務所設置自治体が行うこととされ、委託は不可となっている。一方、相談・受付業務、受給中の受付業務等については、自立相談支援機関において実施する。

❷任意事業

①就労準備支援事業

　就労に向けた準備が整っている者については、ハローワークの一般的な職業相談・職業紹介や公共職業訓練・求職者支援訓練などを利用することで早期の就労をめざすことが重要となる。しかし、複合的な課題があったり、生活リズムが崩れていたり、社会とのかかわりに不安を抱えていたり、就労意欲が低下しているなどの理由で、直ちに就労することが困難な者には、既存の雇用施策の枠組みでの支援になじまない。そこで**就労準備支援事業**は、このような者を対象として、一般就労に従事する準備としての基礎能力の形成を、計画的かつ一貫して支援するものである。

　具体的には、決まった時間に起床・就寝できるような生活習慣形成のための指導・訓練、他者とのかかわりについての不安解消やコミュニケーション能力の向上など必要な社会的能力の習得、事業所での就労体験の場の提供や一般雇用への就職活動に向けた技法や知識の習得の支援等が、最長1年間を基本として計画的・集中的に行われる。事業の形式は、通所によるものや合宿等によるもの等が想定されている。

②一時生活支援事業

　一時生活支援事業は、生活困窮者自立支援法制定時、各自治体においてホームレス対策事業として実施していたホームレス緊急一時宿泊事業（シェルター事業）及びホームレス自立支援センターの運用をふまえ、これを制度化したものである。

　具体的には、住居のない生活困窮者であって、収入等が一定水準以下の者に対して、一定期間（原則3か月）内に限り、宿泊場所や衣食の供与などを実施する。できるだけ一般就労に結び付くよう、本事業の利用中に自立相談支援事業と適切に連携することが求められる。平成30（2018）年改正で事業の拡充がされ、これまでの一定の住居をもたない生活困窮者のほかにシェルター等を利用していた人や居住に困難を抱える人であって地域社会から孤立している人を対象とし、それ

らの対象に対しては、一定期間、訪問による見守りや生活支援等日常生活を営むのに必要な支援を行うことにより居住支援が強化された。この追加部分は、平成31（2019）年4月施行。

③家計相談支援事業

　生活困窮者の多くは、家計に関する課題を抱えており、一般的な相談支援だけで家計の状況を恒常的に改善することはむずかしいのが実情である。家計相談支援事業（現 **家計改善支援事業**）は、生活困窮者からの相談に応じ、必要な情報の提供及び助言を行い、あわせて支出の節約に関する指導その他家計に関する継続的な指導及び生活に必要な資金の貸付のあっせんを行う。平成30（2018）年改正で事業の拡充がされ、事業名称が家計改善支援事業となった。

　家計改善支援事業では、家計に関するアセスメントを行った上で、家計の状況を「見える化」し、家計再生に向けた計画の策定や、利用者の家計管理意欲を引き出す支援、滞納の解消や各種給付制度等の利用に向けた支援、債務整理に関する支援などを行う。専門性をもった家計改善支援員が、家計表やキャッシュフロー表を本人とともに作成し、継続的に支援をしていくことが重要となる。

④学習支援事業

　学習支援事業（現 **子どもの学習・生活支援事業**）は、「貧困の連鎖」を防止するため、生活保護受給世帯を含む生活困窮世帯の子どもに対し、学習支援や居場所づくり、養育相談や学び直しの機会の提供などを行う。平成30（2018）年改正で、これまでの「学習支援事業」に、生活困窮支援における子ども等の生活習慣・育成環境の改善に関する助言、生活困窮世帯における子ども等の教育支援及び就労（進路選択等）に関する相談に対する情報提供、助言、関係機関との連絡調整が加わり、事業名称が子どもの学習・生活支援事業となった。事業の実施にあたっては、教育関係部局や学校・教育委員会との連携が不可欠となる。また、ひとり親家庭等生活向上事業における学習支援、文部科学省所管の放課後子供教室による学習支援など、他の各分野においても施策の拡充が図られており、これらの担当部局と連携・調整の上、効率的・効果的な実施が期待されている。追加された支援は、平成31（2019）年4月施行とした。

⑤その他の生活困窮者の自立の促進を図るために必要な事業

　地域の実情に応じて生活困窮者の自立の促進に資する事業を行うものである。就労訓練事業の立ち上げ支援や、地域のボランティアによ

る見守り活動・居場所の提供、家庭で余っている食材等を持ち寄って
フードバンク等に寄付するフードドライブ、地域の関係機関・関係者
による支援のネットワークの構築、生活困窮者支援に必要な社会資源
の活用促進・開発、などが考えられる。

❸都道府県知事等による就労訓練事業の認定

認定就労訓練事業は、直ちに一般就労をめざすことが困難な人に対し
て、支援付きの就業の機会の提供などを行うものであり、「中間的就労」
ともよばれる。社会福祉法人、営利企業、NPO法人、生協等協同組合
等の自主事業として実施され、対象者の状態等に応じた就労の機会（清
掃、リサイクル、農作業等）の提供とあわせ、個々人の就労支援プログラ
ムに基づき、就労支援担当者による一般就労に向けた支援を実施する。

事業実施に際しては、都道府県知事・指定都市長・中核市長が認定す
ることで、社会福祉法における第二種社会福祉事業の対象となる。

（2）生活困窮者自立支援の流れ

生活困窮者が最初に相談を行う場が「自立相談支援機関」であり、こ
こには主任相談支援員、相談支援員、就労支援員の3職種を配置するこ
とが基本とされている。

支援全体の流れは**図4－2**のとおりであり、自立相談支援機関は重要
な役割をもち、各事業の事業主体や地域の関係機関・団体との連携が求
められる。このため、自立相談支援事業は支援の方向性を決める制度の
鍵となるといえる。

（3）自立相談支援機関の体制と、各支援員の役割

自立相談支援事業を担う自立相談支援機関には、主任相談支援員、相
談支援員、就労支援員の3職種を配置することが基本とされているが、
自治体の規模、相談件数や相談内容が多様であることから、事業の実施
に支障がない限り、地域によっては相談支援員と就労支援員が兼務する
ことも妨げないこととされている。

これらの主な役割は次のとおりである。

①主任相談支援員

相談支援業務全体のマネジメントを行いながら、支援困難事例など
高度な相談支援やスーパーバイザーとしての役割を果たす。また、生
活困窮者自立支援制度のめざす目標として掲げられている「生活困窮

第4章

〈図４−２〉生活困窮者自立支援の全体像

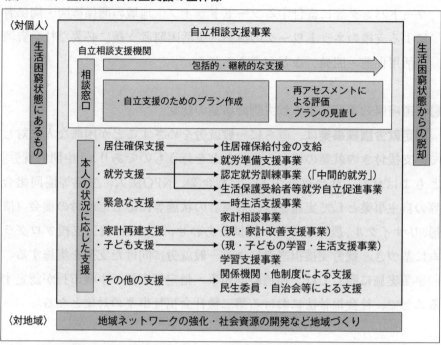

（出典）厚生労働省資料をもとに筆者作成

者支援を通じた地域づくり」に向け、社会資源の開拓・開発・連携、地域住民等への啓発活動等の役割も期待される。

②相談支援員

アセスメント、支援調整会議の開催、プラン作成、支援の実施等の一連の相談支援プロセスを担う。アウトリーチによる支援など、きめ細かで個別的・包括的・継続的な支援を行う。

③就労支援員

就労に向け、就労意欲の喚起やハローワークへの同行訪問、履歴書の作成指導や面接対策、求人開拓や就労後のフォローアップ等を行う。

（4）費用

各事業の国の負担割合は、必須事業（自立相談支援事業、住居確保給付金の支給）は４分の３、任意事業のうち就労準備支援事業、一時生活支援事業は３分の２以内、家計相談事業（現 家計改善支援事業）、学習支援事業（現 子どもの学習・生活支援事業）、その他生活困窮者の自立の促進に必要な事業は２分の１以内としている。[*2]

第2節 生活困窮者自立支援制度の動向

1 平成30（2018）年改正に至る経緯

　生活困窮者自立支援制度における支援状況調査結果によれば、平成27（2015）年度は、新規相談受付件数は全国で22万6,411件、プラン作成件数は5万5,570件だった。そのうち、就労支援対象者数は2万8,207人で、就労者数2万1,465人、増収者数6,946人となった。厚生労働省は、平成28（2016）年度4月～7月分において、プラン作成件数の着実な伸びが見られるとしている。

　生活困窮者自立支援法は、附則第2条において法律施行後3年をめどに見直しを行うとしている。平成29（2017）年度の見直しの議論を行う社会保障審議会の前に、今後の生活困窮者自立支援のあり方などについて論点整理を行うため、「生活困窮者自立支援のあり方等に関する論点整理のための検討会」が平成28（2016）年10月から平成29（2017）年3月まで7回開催された。

　この論点整理の結果をふまえ、厚生労働省では、社会保障審議会に「生活困窮者自立支援及び生活保護部会」を設置し、生活困窮者自立支援制度の現状と課題、自立相談支援のあり方、就労支援のあり方などについて検討を行った。

　同部会は、平成29（2017）年5月から12月に開催され、12月に部会報告書がまとめられた。厚生労働省はこれをふまえて「生活困窮者等の自立を促進するための生活困窮者自立支援法等の一部を改正する法律案」を国会に提出し、平成30（2018）年6月公布となった。

　この法改正によって、生活困窮者自立支援法の一部改正が行われた。その主な内容は次のとおりである。

2 一部改正の概要

（1）各事業の促進及び拡充

　自立相談支援事業とともに就労準備支援事業と家計相談支援事業が行われることが多くの自治体でみられ、また、同時に実施されることが効

果的な支援につながることから、就労準備支援と家計相談支援は任意事業であるものの、その実施を努力義務とした。

　上記両事業の推進を図るために指針が示され、事業実施上の工夫等を図ることが求められた。その結果、両事業及び自立相談支援事業を一体的に実施する場合には、家計改善支援事業の補助率を2分の1から3分の2に引き上げることとした。

　その結果、両事業を自立支援相談事業と一体的に実施することが促進されるとした。[*3]

（2）支援体制等の整備

①法に基づく事業を実施する都道府県、市等の各部局（福祉、就労、教育、税務、住宅等）において、生活困窮者を把握した場合は、自立相談支援事業等の利用勧奨を行うことを努力義務とした。また、支援実施に際して生活保護受給の可能性が高い者を把握したときは、その者への保護受給等の情報提供、助言などを講ずるものとした。

②都道府県、市等は、関係機関間の情報共有を行う会議体の設置ができることとした（支援会議）。会議の構成員には、自治体職員（関係分野の職員を含む）、自立相談支援事業の各支援員、各分野の相談機関、民生委員等が想定されている。これらの構成員に対しては守秘義務が設けられた。自立支援の流れの中の支援調整会議とは位置付けが異なり、生活困窮者に対する支援に関する情報の交換や支援体制に関する検討を行うものとした。

③都道府県において、市等の職員に対する研修、事業実施体制の支援、市域を越えたネットワークづくりなど市等を支援する事業を努力義務化し、国はその事業に要する費用の2分の1を補助できるとした。

④福祉事務所未設置町村であっても、生活困窮者に対する一時的な相談などを実施できるとし、国はその事業に要する費用の4分の3を補助できるとした。

⑤以上のほか、国が、都道府県等が行う法に基づく事業が適正・円滑に行われるよう、必要な助言、情報の提供その他の援助を行うこと、国・都道府県等の広報その他必要な措置を講ずる努力義務、都道府県等の必要な人員配置をする努力義務、国及び地方公共団体が、認定就労訓練事業者の受注機会の増大を図る努力義務が、法上に謳われた。

③ 近年の動向

（1）新型コロナウイルス感染症の影響等への対応

　生活困窮者自立支援、生活福祉資金の相談急増とともに、生活保護の相談が増えているなか、最近では、ひきこもり状態にある者への支援、台風等の自然災害による被災者への支援、就職氷河期世代への支援、新型コロナウイルス感染症の感染拡大による生活支援などが課題となっている。

　令和2（2020）年からの新型コロナウイルス感染症は、社会の中で潜在化していた問題・課題や制度・政策の不備・不在を顕在化させている。とりわけ、感染の長期化に伴う経済停滞と雇用悪化は、社会的に弱い立場にある非正規雇用者や零細企業経営者などに大きな打撃を与え、生活困窮が広がった。平成から続く格差・不平等・貧困や社会的排除が、新型コロナウイルス感染症によって、より拡大・進行・加速化したといえる。

　そこで平時に増して、これらの人々の雇用や生活を支える社会保障制度が機能することが求められることになる。

　社会保障制度は、雇用や住居が確保されていることを前提に生活保障が行われる仕組みである。第一のセーフティネットとしてすべての国民・住民を対象にする社会保険、社会福祉、公衆衛生・医療等の各制度があり、またそれが十分機能しない場合は第二のセーフティネットである低所得者対策が、そしてそれも十分機能しない場合は最後のセーフティネットである生活保護制度が対応することになる。

（2）新型コロナウイルス感染症対策

　この間、一般対策から貧困対策までそれぞれの制度が機能し、またそれを補完・補充・代替する対策として臨時的・応急的な新型コロナウイルス感染症対策が実施されている。例えば、税金・保険料の猶予、個人・事業者を対象とした給付、貸付等である。これは、個人を対象にして一律給付した特別定額給付金や、事業者を対象に持続化給付金、家賃支援給付金などである。

　また、低所得対策としてのコロナ特例の緊急小口資金、総合支援資金（生活福祉資金貸付制度）、住居確保給付金（生活困窮者自立支援制度）、生活困窮者自立支援金等もそれにあたる。

　生活困窮者自立支援制度の中では、自立相談支援件数が急増し、これ

第4章

〈図4-3〉 新型コロナウイルス感染症による新規相談受付件数等の変化

○　令和2年度の新規相談受付件数は、令和元年度の約3.2倍、プラン作成件数は約1.8倍となっているが、令和3年度は、令和2年度に比べて新規相談受付件数は減少した。
○　月単位では、1回目、2回目の緊急事態宣言が発令されていた期間において、相談件数が急増している。

経年推移

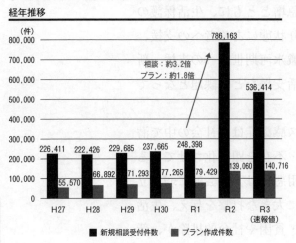

令和2～3年度の推移

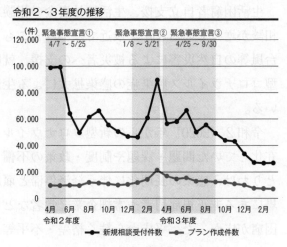

※　支援状況調査・生活困窮者自立支援統計システムより抽出。
※　令和3年度については速報値。

（出典）第14回　社会保障審議会「生活困窮者自立支援及び生活保護部会」（資料）令和4（2022）年6月3日

〈図4-4〉 新型コロナウイルス感染症による相談者像の変化（性別・年代）

○　新規相談者の性別については、新型コロナの影響下においては、男性の割合がわずかに増加している。
○　新規相談者数としては、20・30代男性の増加幅が最も大きく、次いで20代女性、40代男性が増加している。

性別・年代

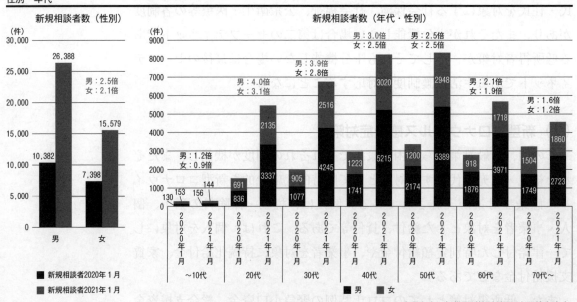

※　各月ともに年代及び性別が不明な回答を除く。
　　（生活困窮者自立支援統計システムより抽出）

（出典）第14回　社会保障審議会「生活困窮者自立支援及び生活保護部会」（資料）令和4（2022）年6月3日

〈図4－5〉住居確保給付金の支給実績の年度別推移（平成27年度～令和4年度）

○　支給決定件数について、平成27年度～令和元年度は、約4,000～7,000件で推移していたが、新型コロナウイルス感染症の感染拡大の影響等により、令和2年度は約135,000件、令和3年度は約46,000件に急増。また、特例措置である再支給決定件数について、令和2年度は約5,000件、令和3年度は約34,000件となり、生活困窮者の生活の下支えとして大きな役割を果たした。

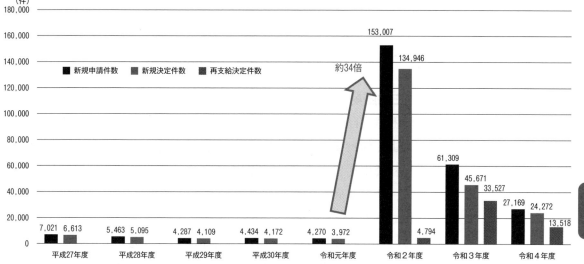

※　令和2～4年度の件数については、速報値のため変動する可能性があります。

（出典）第14回　社会保障審議会「生活困窮者自立支援及び生活保護部会」（資料）令和5（2023）年10月23日

はコロナ前と比較して新規相談件数3.2倍（令和元〔2019〕年度相談件数／令和2〔2020〕年度相談件数）、プラン作成件数1.8倍となった（**図4－3**）。相談者像の変化は、**図4－4**のとおりである。

　また、政府は、令和2（2020）年4月成立した第1次補正予算案の中で住居確保給付金について、支給対象に「給与等を得る機会が当該個人の責に帰すべき理由・当該個人の都合によらないで減少し、離職や廃業と同程度の状況にある者」を加え、支援を拡充した。このため、住居確保給付金の支給件数については約34倍（令和元〔2019〕年度決定件数／令和2〔2020〕年度決定件数）となっている。件数の推移は**図4－5**のとおりである。

　今回の新型コロナウイルス感染症拡大による課題を教訓にして、今後の非常時に備え、例えば大規模災害等で所得減となった人・世帯の生活崩壊の防止や早期再建のために、速やかに幅広く生活費等の提供ができる制度や体制整備を図っていく必要がある。

第3節 生活困窮者に対する自立支援の実際

1 生活困窮者に対する自立支援

（1）生活困窮者自立支援制度における自立の考え方

　生活困窮者自立支援制度における自立の考え方には、健康や日常生活をよりよく保持する「日常生活自立」、社会的なつながりを回復・維持する「社会生活自立」、経済状況をよりよく安定させる「経済的自立」があり、その基底を成す重要な要素が「自己選択」「自己決定」であるとされている。

　3つの自立の考え方は、生活保護受給者に対する自立の考え方と同様であるが、生活困窮者自立支援制度においては、「自己選択」「自己決定」という言葉に象徴されるように、本人の主体性や尊厳を尊重し、それぞれの状況に即した自立支援を行うことが、より強調されている[1]。

（2）生活困窮者自立支援制度における自立支援の特徴

　生活困窮者自立支援制度における自立支援には、以下のような特徴がある。

❶どのような相談も受け止め、包括的に支援していくこと

　従来の福祉制度は、分野別・領域別に展開されており、ともすると、それぞれの制度に当てはまらない人々は「制度の狭間」に陥り、サービスや支援が受けられない状況に置かれてしまいがちであった。生活困窮者自立支援制度は、生活困窮状態にある人のみならず、社会的孤立状態にある人も対象としている。相談に訪れることのできない人へのアウトリーチも含めて、どのような相談も受け止め、誰も排除せず、包括的に「人が人を支援する」ことは大きな特徴である。

❷「生活困窮者支援を通じた地域づくり」を行うこと

　生活困窮者への自立支援を進めるにあたっては、個人にアプローチするばかりでなく、多様な人々を受け入れる居場所、社会参加、就労の場を開拓するなど、地域へのアプローチが不可欠である。一人の困りごと

を解決することが、地域に新たな支援のネットワークや社会参加の場を生み出していくことにつながっていく。

　制度利用者に「生活困窮者」というラベルを付与せず、「地域で生活している一人のかけがえのない存在」として受け止め、当事者を中心に、地域でよりよい生活ができるような支援やその仕組みを、地域住民を含めた官民のあらゆる団体・人々との協働により、ともに創造していくことが期待されているといえるだろう。

（3）生活困窮者支援制度における就労支援

　生活困窮者支援における就労支援は、「支援対象者一人ひとりが、『就労』という人間にとってかけがえのない営みを、それぞれの状況に即して実現できるよう支援すること」であると定義されている。就労は、単に収入を得るばかりでなく、日々の生活をつくる、社会とのつながりを構築する、自己実現を図るなど、多くの意義をもっている。相談者の中には、就労に関してうまくいかない経験を重ねる中で、就労について積極的になれない場合や、それまで全く働くという経験をもっていない場合もある。相談者の状況に応じた「多様な働き方」があることをふまえて、一人ひとりに即した就労支援を行うことが大切である。また、支援者には、就労の意義を、支援を通じて相談者に理解してもらえるようにかかわることが求められている。

　生活困窮者に対する就労支援には、①ハローワークの一般窓口を利用して行うもの、②自治体とハローワークが一体的に行う「生活保護受給者等就労自立促進事業」、③就労支援員による就労支援、④就労訓練事業による就労・訓練の場を活用した就労支援、⑤就労準備支援事業を活用した就労支援があり、相談者に応じた就労支援を行っていく。

　自立相談支援事業には、就労支援員が配置されているが、就労支援は、就労支援員ひとりが担うのではなく、自立相談支援事業の主任相談支援員、相談支援員や、支援にかかわる関係機関の支援者とのチームアプローチが重要である。

　就労支援を行う上で大切なことは、①本人の自尊感情の回復が支援の鍵となることを理解し、共感的な姿勢で支援を行うこと、②一人ひとりの支援を通じて、地域の企業や団体との関係を構築していくこと、である。生活困窮者支援においては、①はもちろんのこと、近年では、②の重要性が認識されるようになっている。

　地域の企業や団体にアプローチしていく際に重要なのは、「生活困窮

者」に対する支援を求めることではなく、「働きたいという思いや願いをもつかけがえのない存在」としての相談者を、働き手を求める企業や団体に結び付けるとともに、企業や団体に対してアフターフォローなどの必要な支援を行っていくことである。かけがえのない存在としての相談者一人ひとりを起点とした就労支援は、制度の理念に掲げられる「支援を通じた地域づくり」にもつながるものであり、今後の取り組みの、いっそうの発展が期待される。

（4）生活困窮者自立支援制度における相談支援のプロセス

　複合的な課題を抱える生活困窮者に対して適切な支援を実施するため、自立相談支援事業では、**図4－6**のようなプロセスで支援を行う。以下は、厚生労働省・社会援護局地域福祉課生活困窮者自立支援室で作成した「自立相談支援事業の手引き」から抜粋した、各プロセスの内容とポイントの概要である。[*4]

　相談支援のプロセスでは、緊急的な支援・法に基づく事業等の利用手続を行う。緊急的な支援が必要な場合は、適切な支援につなげることが求められる（プロセス④）。アセスメントは、生活困窮に陥っている状況を包括的に把握（情報収集）し、その中で対応すべき課題をとらえ、それらの背景・要因等を分析し、解決の方向を見定めることである。アセスメントを行う際には、ストレングスに着目することが大切である（プロセス⑤）。アセスメントを経て、本人と相談支援員の協働によりプランを作成し、**支援調整会議**において、目標や支援内容を検討し共有する（プロセス⑥）。

　支援調整会議は、プラン（案）が、①本人の状況や設定した目標に対して適切であるか、②課題解決に向けた内容となっているか、③プランが本人の意欲やモチベーションの喚起につながっているかといったことについて共有し、プランの適切性を担保するために開催される。プランを検討するなかで、本人のニーズに対応する社会資源が不足していないか、開発すべき社会資源はないか等についても検討することも重要である（プロセス⑦）。

　支援決定は、支援調整会議において検討したプラン案にそって法に基づく事業等の実施を自治体が決定することをさす。支援・支給の最終的な判断は自治体が担うため、自治体の当者は、原則として支援調整会議に出席し本人の意向や支援内容を確認することが求められている（プロセス⑧）。支援の提供は、支援調整会議での検討を経たプランや支援決

*4
厚生労働省 社会・援護局地域福祉課生活困窮者自立支援室『自立相談支援事業の手引き』2014年。

〈図4−6〉相談支援プロセスの概要

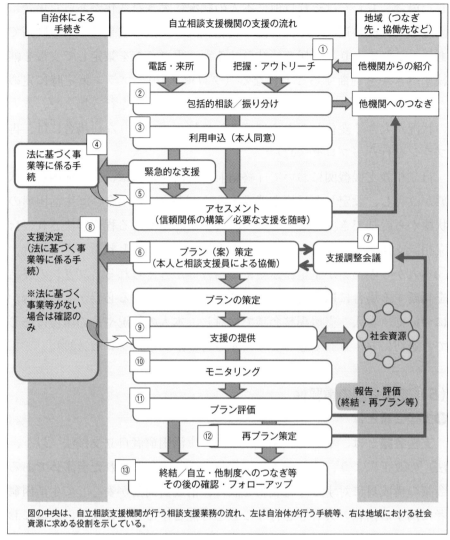

図の中央は、自立相談支援機関が行う相談支援業務の流れ、左は自治体が行う手続等、右は地域における社会資源に求める役割を示している。

（出典）厚生労働省社会・援護局地域福祉課生活困窮者自立支援室『自立相談支援事業の手引き』19頁、2014年

定に基づき、本人に必要な支援を提供することプロセスである。支援にあたっては、①本人主体の支援、②尊厳の確保を念頭に置いた支援、③多様な支援者や支援機関、社会資源等とのネットワーク構築、④新たな資源開発を行いながら、一人ひとりの状況に応じた包活的な支援を行うことが求められている。

　モニタリングとは、支援過程においてプランに基づく各種支援の提供状況を確認し、本人が目標達成に向かっているか、支援は適切に提供されているか等を確認（把握）するプロセスをさす。プラン作成の際には、モニタリングの時期や目標達成の目安（指標）を決めておく必要がある

（プロセス⑩）。プランの評価は、プラン策定時に定められた期間が終了した場合、もしくはそれ以前に本人の状況に大きな変化があった場合に、設定した目標の達成度や、支援の実施状況、支援の成果等をみる段階である。これにより、支援を終結させるか、再プランを策定して支援を継続すべきかを判断することになる（プロセス⑪）。プラン策定時に定めた期間が経過し、あらためて包括的なアセスメントを行う場合や、本人の状況が大きく変化したためにプランの修正では足りない場合には、再プランを行う（プロセス⑫）。

　自立相談支援機関において「終結」を判断するのは、①生活困窮の状態が改善し、設定した目標を達成するめどが立った場合、②生活困窮の状態から脱却できていないものの、大きな課題がある程度解決され、自立相談支援機関による支援はいったん終了してよいと判断できる場合、③本人からの連絡が完全に途絶えた場合等が考えられる。プランの終結を判断する場合には、終結後に継続してフォローする必要があるか否かについて、本人、支援調整会議で検討し、本人の状況やその環境に応じて、適切にフォローできるようにする必要がある（プロセス⑬）。

（5）支援会議の重要性

❶支援会議とは

　支援会議とは、平成30（2018）年度の生活困窮者自立支援法（以下、法）の改正により、法第9条に位置付けられ、創設された会議体である。会議の構成員に対する守秘義務を設け、構成員同士が安心して生活困窮者に関する情報の共有等を行うことを可能とすることにより、地域において関係機関等がそれぞれ把握している困窮が疑われるような個々の事案の情報の共有や地域における必要な支援体制の検討を円滑にすることを目的としている[*5]。

❷支援会議の意義

　支援会議の意義は、以下のような内容が挙げられる[*6]。

1）支援につながっていない生活困窮者等を早期に発見することができる。

2）生活困窮者等に対して、迅速に支援を開始することができる。

3）各関係機関等が連携を取り合うことで情報の共有化が図られる。

4）情報の共有化を通じて、それぞれの関係機関等の間で、それぞれの役割分担について共通の理解を得ることができる。

＊5
厚生労働省社会・援護局地域福祉課長通知「生活困窮者自立支援法第9条第1項に規定する支援会議の設置及び運営に関するガイドラインについて」（平成30年10月1日／社援地発1001第15号）、6頁。

＊6
＊5に同じ、7頁。

　　5）関係機関等の役割分担を通じて、それぞれの機関が責任をもって
　　　関わることのできる体制づくりができ、支援を受ける生活困窮者
　　　やその世帯にとってよりよい支援が受けやすくなる。
　　6）関係機関等が分担をしあって個別の事例にかかわることで、それ
　　　ぞれの機関の限界や大変さを分かちあうことができる。

　支援会議は、支援する側の事務を円滑に行うために開催するものでは
なく、あくまで生活困窮者のため、とりわけ、自ら支援を求めることが
困難な人たちの自立を支援するために開催するものであることを、関係
者が共通に理解した上で運営・開催されることが必要であると考えられ
ている。

❸支援会議で協議・検討する事例

　支援会議で協議・検討する事例は、主に以下のような事案が考えられ
る。[*7]

＊7
＊5に同じ、8頁。

　　1）本人の同意が得られないために支援調整会議で共有を図ることが
　　　できず、支援にあたって連携すべき庁内の関係部局・関係機関と
　　　の間で情報の共有や連携を図ることができない事案
　　2）同一世帯のさまざまな人がそれぞれ異なる課題を抱え、それぞれ
　　　専門の相談窓口や関係機関等で相談対応が行われているが、それ
　　　が世帯全体の課題として、支援にあたって連携すべき関係機関・
　　　関係者の間で把握・共有されていない事案
　　3）より適切な支援を行うために、他の関係機関・関係者と情報を共
　　　有しておく必要があると考えられる事案

　支援会議で協議・検討する対象者像は、基本的には、法第3条第1項
に規定される「生活困窮者」または生活困窮の端緒がうたがわれる者で
あるが、これに制限されるものではなく、生活保護受給世帯の世帯員で
あっても、上記の事案に該当すれば、支援会議において検討することが
可能である。特に、生活保護の廃止が見込まれる世帯等のうち、地域か
ら孤立しているなどの事案については、支援会議を活用して、地域の関
係者間での情報を共有し、必要があるときにすぐに支援を届けられるよ
うにしておくことが重要であるとされている。

❹支援会議の構成員と役割

　支援会議の構成員は、自治体職員、自立相談支援事業の相談支援員、
サービス提供事業者、地域において生活困窮者に関する業務を行ってい

る福祉、就労、教育、住宅その他の関係機関の職員、社会福祉協議会職員、民生委員・児童委員、地域住民などが想定される。

それ以外にも、生活に何らかの課題を抱えた人が相談に訪れる各自治体の福祉、就労、税務、住宅などの関係部局の職員、学校や家庭教育支援等の取り組みを通して子どもやその保護者の状況を把握している教育関係者、行政では把握がむずかしい地域住民のささいな変化に気付くことができると考えられる公的サービスの提供機関、ガス・電気等の供給事業者、介護保険法に基づく訪問介護・訪問看護等を行う民間のサービス提供事業者、新聞配達所、郵便局など、個別訪問により市民の日常生活にかかわる事業所などが考えられている。

構成員の主な役割は、①気になる事案の情報提供・情報共有、②見守りと支援方針の理解、③緊急性がある事案への対応である。

守秘義務が課されていることに留意し、本人を中心に考え、本人にとって最善の支援を検討していくことが重要であるといえるだろう。

2　生活困窮者支援に求められる基本倫理と基本姿勢

（1）支援者に求められる基本倫理と基本姿勢

自立相談支援事業に携わる支援員には、次のような基本倫理と基本姿勢を備えることが求められている。任意事業に携わる支援員も含め、生活困窮者の自立支援に携わるすべての支援者に求められる内容であり、ここで確認しておきたい。

❶支援者に求められる基本倫理

支援者に求められる基本倫理は、次のとおりである。
①権利擁護（尊厳の保持・本人の主体性の確保）
②中立性・公平性
③秘密保持

いずれも、社会福祉専門職や公務員等に求められる基本倫理と重なる内容であるが、ここでも「尊厳の保持」が掲げられていることに注目したい。生活困窮者の自立支援にあたっては、支援者自らが、常に謙虚に自分自身の価値観・倫理観を見直していくことが必要となる。

❷支援者に求められる基本姿勢

　支援者に求められる基本姿勢は、次の８つである。

①信頼関係を構築する

②ニーズを的確に把握する

③自己決定を支援する

④家族を含めた支援を行う

⑤社会とのつながりの構築を支援する

⑥チームアプローチを展開する

⑦さまざまな支援をコーディネートする

⑧社会資源を開発する

　支援者には、①から⑧に掲げられているような、ミクロ・メゾ・マクロレベルにわたる基本姿勢の内容を理解し、常にそれらを意識しながら実践できるような知識・技術を身に付けていくことが求められている。

　OJT（職務内教育・研修）、Off-JT（職務外教育・研修）、自己啓発、スーパービジョンを受ける機会などを通じて、生活困窮者自立支援制度の理念をふまえた質の高い支援を担える支援者が、数多く育っていくことが望まれている。

（2）本人理解に基づく相談支援の考え方

　自立相談支援事業に従事する支援者には、「本人を取り巻く環境について適切な理解に基づいて対応する」ことが求められている。

　相談支援を効果的に進めるためには、本人の抱える課題の表向きの現象だけにとらわれず、本人との信頼に基づく援助関係の構築により、本人と家族や周囲の環境について情報を収集し、現象として見える課題の奥にあるものの理解を深め、本人を適切に理解することが必要となる。

　図４－７のように、本人の側に立って、「本人から見えている世界」への理解を深めることが、本人を主体とする支援を行うためには不可欠である。支援者は、ともすると、自分自身が判断した相談者の「問題・課題」を解決すべく、本人にアプローチしてしまいがちである。支援者には、本人を理解するために、いかに本人との関係を構築できるかが問われている。どのような状況にあっても、本人の生き方やあり方を尊重する、尊厳の確保という制度の目的を忘れずに、本人を起点に支援を始めることが重要であるといえるだろう。

第4章

〈図4－7〉本人から見えている世界を理解する

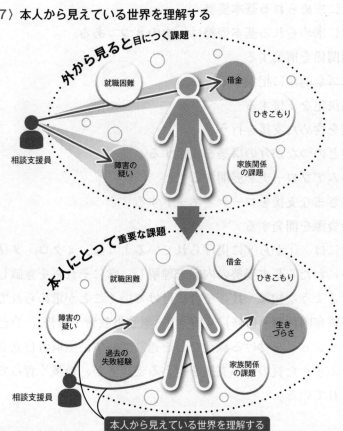

（出典）「生活困窮者自立支援制度の自立相談支援機関における帳票類の標準化等に関する調査研究報告書－事例から学ぶ　自立相談支援の基本」みずほ情報総研、2016年、3頁

（3）生活困窮者支援に求められる視点

　生活困窮者支援を進めるにあたり、多くの示唆に富むのが、社会的包摂サポートセンターが示した「生活困窮の氷山モデル」（図4－8・図4－9）である。[1]

　支援者は、ともすると、相談者の「表面化している困りごと」の解決に向けてはたらきかけてしまいやすい。しかし、水面下の見えにくいところには、配慮したり解決したりすべき「個人的・社会的な課題」が隠されている。また、見えにくく解決できないでいる課題は、氷山の深部にある「排除を強化する価値観や思想」があるがゆえに生じている場合も少なくない。支援者には、表面化している困りごとが生じている背景を理解し、個人だけでなく、社会にも視点を向けてはたらきかけていくことが求められている。

〈図4−8〉「生活困窮の氷山モデル」

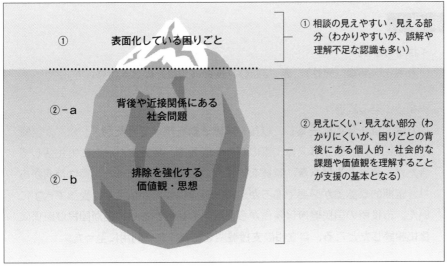

（出典）社会的包摂サポートセンター 編『相談支援員必携 事例で見る生活困窮者』中央法規出版、2015年、4頁

〈図4−9〉「生活困窮の氷山モデル」による具体例

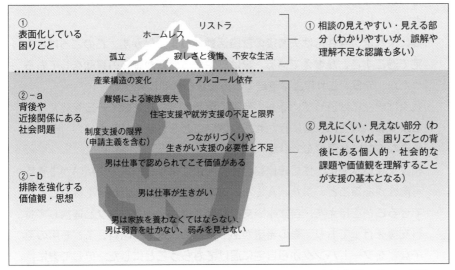

（出典）社会的包摂サポートセンター 編『相談支援員必携 事例で見る生活困窮者』中央法規出版、2015年、89頁

3 生活困窮者支援の実際

　ここでは、生活困窮者に対する支援を理解するために、自立相談支援事業、家計改善支援事業、就労準備支援事業を通じた3つの事例を紹介したい。

（1）自立相談支援事業を通じた自立支援

事 例 1

<世帯の状況>

　Aさん　45歳（男性）。妻（38歳）、長女（10歳）の3人世帯。

<相談に至る経過>

　Aさんは1年前に失業し、以後、求職活動を続けてきたが、なかなか就職できずにいた。家族3人は、妻のパート収入で、賃貸アパートにて生活してきたが、食費と光熱水費、家賃を支払うことで精一杯だった。妻は持病があり、定期的な診療が必要であるが、国民健康保険料が払えず、受診できずにいた。市役所の国民健康保険係から保険料の督促があり、妻が国民健康保険係に相談したところ、自立相談支援機関を紹介され、利用に至った。

<支援の経過①：初回相談>

・自立相談支援機関には、妻が一人で来所した。相談支援員は、疲れ切った様子の妻を、「これからの生活がよりよくなるよう一緒に考えていきます。どのようなことでも、心配せずにお話しください」と、穏やかに迎え入れた。

・妻によれば、Aさんは失業後の就職活動がうまくいかず、このごろは、自宅で過ごすことが増えている。妻は実家から何度か金銭の援助をしてもらったが、先日、これ以上は無理であると言われてしまった。

・長女は学校には通っているが、自宅に戻るとテレビを観て一日を終えることが多い。本当は、塾に行かせたり習いごとをさせたりしたいが、それもままならないと涙ぐんでいた。

・相談支援員は妻に、住居確保給付金の利用により、家賃の支払いができる可能性があること、また、Aさんに対する就労支援も合わせて行うことができることを伝えた。自立相談支援機関では、フードバンクと連携して食料支援を行っており、妻の希望があったため、米や調味料、子ども用の菓子などをフードバンクから自宅に届けてもらうことにした。そして妻には、早急に、Aさんと面接したいと思っているが、もし、Aさんが来所できないようであれば、相談支援員が訪問することも可能であることを伝え、初回面接を終えた。

<支援の経過②：支援の実施>

・翌日Aさんは、妻とともに自立相談支援機関を訪れた。Aさんは、相談支援員に、一人でハローワーク等に行き、求職活動をしてきたが、なかなかうまくいかなかったこと、だんだんと気持ちが追い詰められて、最近は、何事にもやる気が起きず、すべて妻に任せきりにしてしまったこと等を話した。今日は、これ以上このままにしておくことはできないと、思い切っ

て相談に来たとのことだった。相談支援員は、足を運び、率直に思いを話してくれたＡさんをねぎらい、感謝の気持ちを伝えた。

・相談支援員は、まず、Ａさんを住居確保給付金の担当者に紹介し、申請手続きを進めてもらった。また、国民健康保険係では、保険料の減免と短期健康保険証の発行手続きを実施。国民年金係でも減免手続きを行った。就学援助制度の申請により、長女の給食費と学用品の給付が受けられるようになった。

・住居確保給付金の給付により、家賃が支払われるようになった。合わせて、Ａさんに対する就労支援が行われるようになった。これまでの経過から、Ａさんには、自立相談支援事業の就労支援員によるていねいな個別支援が実施され、２か月後に正社員として就職することができた。妻も医療機関を受診し、体調は安定している。長女は、子どもの学習・生活支援事業として実施されている学習会に、週に１度通うようになった。

＜その後の経過＞
　Ａさんは、新しい職場に慣れ、就労を続けている。長女も元気に成長しており、そのことは、Ａさんと妻の日々の喜びになっている。生活の見通しがたち、家族の生活も落ち着いてきたところである。

　自立相談支援事業の相談支援員の重要な役割は、どのような相談も断らないこと、そして、相談者一人ひとりをありのままに受け止め、相談者との信頼構築に基づき、世帯全員に支援のコーディネートをしていくことである。生活困窮者自立支援法第８条には、自治体の各部局（福祉、就労、教育、税務、住宅等）において、生活困窮者を把握した場合には、自立相談支援事業等の利用勧奨を行う努力義務が規定されている。事例１においては、国民健康保険料の滞納相談から、速やかに自立相談支援機関につながったことにも注目しておきたい。

（2）家計改善支援事業を通じた自立支援

事例2

＜世帯の状況＞
　Ｂさん　50歳（女性）単身。パート就労中。月収12万円（手取り）。家賃の滞納があり、家主から立ち退くよう言われている。

＜相談に至る経過＞
　Ｂさんは35歳で離婚し、以後、母親とともに２人で生活してきた。母親は１年前に病気で死亡。それまでは、母親の年金とＢさんのパート就労での収

入で生計を維持していた。

　母親は亡くなる1年前くらいから在宅で療養しており、その際にBさんは仕事を休みがちになり、やむなく生活費と医療費を消費者金融から借金した。その返済もあり、家賃を滞納してしまい、家主からは立ち退くように言われている。どうしたらよいか困り、母親のことで相談に乗ってもらっていた民生委員に相談したところ、自立相談支援機関を紹介され、家計改善支援事業を利用するに至った。

＜支援の経過①：初回相談＞
・Bさんと初めて面接した家計改善支援員は、相談に訪れたBさんをねぎらうとともに、「Bさんと一緒に家計の状況を明らかにしながら、困りごとを解決し、生活がよりよいものになるように一緒に考えていくこと」が役割であることをBさんに伝えた。そして、困りごとの解決のためには、できるだけありのままの様子を話してもらえるとありがたいが、言いたくないことは無理に言うことはない旨を伝え、Bさんの話を受け止めていった。
・Bさんは、離婚後、近所の企業で週5日パート就労している。母親が亡くなってからは、仕事に行くことで精一杯であり、最近では食事の支度をすることも面倒になり、毎日コンビニで買った弁当や外食で済ませている。
・アパートの家主とは、以前はよい関係だった。しかし、母親の死後、何をするにも気力が湧かないなかで、家主から家賃の催促を受けても、居留守を使うなどしてやり過ごしてしまった。その結果、家主からは「家賃が払えないなら出ていってほしい」と厳しく言われてしまい、もう自分では対応できないと思い、民生委員に相談したとのこと。家賃は3万円であり、滞納は6か月分になる。
・家計改善支援員は、Bさんとともに家計表を作成しながら、現在の収入と支出、返済金の状況を「見える化」していった。手取り収入12万円に対して、消費者金融への返済は月3万円である。残り9万円の使い道を聴いていくと、外食を含む食費やたばこ、酒等の嗜好品費で月7万円ほど消費していることがわかった。日ごろ、自宅でテレビを観ていることが多く、テレビの通信販売で洋服や日用品を衝動的に買ってしまうことが重なり、その支払いもあり、家賃を後回しにしてしまったことも判明した。

＜支援の経過②：支援の実施＞
・家計改善支援員は、Bさんが家計のやりくりができなくなっている背景に、Bさんの寂しさや、Bさんを支えてくれる人がいない状況があることを理解した。そして母親が亡くなった後も、就労を継続してきたBさんのがんばりを肯定的に評価した。
・家計改善支援員は、まず、Bさんとともに家主を訪問。三者で話し合い、滞納した家賃は、今後分納していくことで了解が得られた。また、日本司

法支援センター（法テラス）の法律相談を利用。弁護士と相談した結果、借金は任意整理することとなり、月々の返済額を1万円に減額することができた。
・さらに、家計改善支援員は、自立相談支援機関の相談支援員とともに、Bさんを地域で行っている「子ども食堂」のボランティアに誘った。「子ども食堂」には、地域のさまざまな人が集まり、ともに調理し、食卓を囲む。Bさんは、週1度の活動に参加することになった。

<その後の経過>
　Bさんは、滞納分の家賃と債務の返済をしながら就労を継続し、地域での生活を続けている。「子ども食堂」への参加をきっかけに、自身も自炊をするようになった。「子ども食堂」で出会ったボランティア仲間に誘われて、さまざまな地域活動にも参加するようになり、一人で過ごす休日が少なくなっている。近くでBさんを見守っている民生委員にも、笑顔であいさつしてくれるようになった。

　家計改善支援事業は、家計を入り口に相談者に寄り添い、相談者の前向きな力を引き出す相談支援である。本事例においては、家計改善支援員がBさんとの良好な関係構築のもと、家計の現状を聴き取る中で、家計のやりくりがたちゆかなくなっている背景を理解し、債務の整理だけでなく、Bさん自身の「居場所」となる「子ども食堂」を紹介したところも、支援のポイントとなっている。

（3）就労準備支援事業を通じた自立支援

事例3

<世帯の状況>
　Cさん　45歳（男性）。70代の両親と同居。5年ほど仕事をしていない。

<相談に至る経過>
　Cさんは大学卒業後、地元の企業で働いていたが、人間関係に悩み離職。その後は、一日の大半を自宅で過ごすようになった。趣味はオートバイに乗ることで、ときどきオートバイで出かけるが、それ以外はほぼ自室におり、食事の際にも、両親との会話はほとんどない。Cさんの母親が、買い物に出かけたスーパーマーケットに掲示されていたポスターで、仕事や生活のことなどなんでも相談できる自立相談支援事業の窓口が開設されたことを知り、Cさんは母親に伴われて窓口に来所した。

<支援の経過①：自立相談支援機関にて>

・自立相談支援機関の相談支援員は、相談に訪れたＣさんと母親をあたたかく受け止めた。初回面接では、母親がＣさんの状況を語ることに終始した。Ｃさんはうつむきがちで、質問されると「はい」「いいえ」程度の応答はするものの、自分から話をすることはほとんどなかった。このため、相談支援員は、Ｃさんとの次の面接の約束をすることとした。

・２日後、約束の時間にＣさんは窓口に来所した。最初は緊張し、なかなか目を合わせて会話をすることができなかったが、趣味の話などをするうちに、Ｃさんの緊張は、少しずつ和らいだ様子であった。

・今回、Ｃさんが相談に訪れた理由は、「そろそろ何とかしなければならない」と思っていたからだという。もともと、人と会話をすることが得意ではなく、企業で働いていたときも、人間関係に疲れてしまったとのこと。「働かなければならないことはわかっているが、自分ではどうしようもない」「自分のような人間は、だめですよね」とＣさんは語った。

・相談支援員は、「働くことに限らず、Ｃさんの生活が少しでもよりよくなるように、精一杯応援させていただきたい」とＣさんに伝えた。そして、Ｃさんの可能性を探ることを目的として、まずは就労準備支援事業に参加してみてはどうかと提案した。そして、就労準備支援事業所の見学を経て、就労準備支援事業を利用することとなった。

<支援の経過②：就労準備支援事業所にて>

・Ｃさんが利用することになった就労準備支援事業所では、４週間程度、利用者一人ひとりの状況や希望に即して、就労準備プログラムを作成する。プログラムは、日常生活自立、社会生活自立、就労自立を考慮して準備されており、調理実習、ウォーキング、パソコン講習、アート、ボランティア、農作業、救命講習、就職に向けたセミナーなど、多岐にわたる。日中は、利用者自身が希望するプログラムを体験し、１日の終わりには、日誌を書いて振り返りをする。こうしたプロセスで、自分自身の強みを見出し、今後の方向性を考えられるよう支援することが目的である。

・Ｃさんは当初、就労準備支援員以外のメンバーとはなかなか会話ができなかったが、メンバーとも打ち解け、笑顔がみられるようになっていた。農作業や清掃のボランティアに熱心に参加し、受け入れ先の職員に感謝される経験から、だんだんと自信を取り戻した様子であった。

・Ｃさんとのかかわりの中で、就労準備支援員は、Ｃさんの強みや「できたこと」をＣさん自身に伝えることを心がけた。

・プログラム終了後、Ｃさんは企業実習を行うことになった。

<その後の経過>

　Ｃさんは２か月の企業実習を経て、実習先の企業に就職が決まった。何事

> にも真面目に取り組む姿勢が評価され、正式な採用に至った。ときどき、就
> 労準備支援事業所を訪れ、近況報告をしている。

　就労準備支援事業は、一定期間、さまざまなプログラムや新たな体験
や他者との交流を通じて、相談者自身が自分自身の状況を見つめ直し、
自己肯定感を取り戻し、さまざまな力を獲得するための有効な機会であ
る。事例3のCさんにとっても、事業の利用が、人や社会とのつながり
を構築し、自信や自尊感情を取り戻す契機となっていた。Cさんが望む
プログラムに参加できる、オーダーメイド型の支援を行っていたことも、
支援のポイントになったといえるだろう。

引用文献

1）社会的包摂サポートセンター 編『相談支援員必携 事例で見る生活困窮者』中央法規
　出版、2015年、4頁・89頁

参考文献

● 中央法規出版編集部 編『改正生活保護法・生活困窮者自立支援法のポイント－新セー
　フティネットの構築』中央法規出版、2014年
● 自立相談支援事業従事者養成研修テキスト編集委員会 編『生活困窮者自立支援法 自
　立相談支援事業従事者養成研修テキスト 第2版』中央法規出版、2022年
● 岡部　卓 編『生活困窮者自立支援－支援の考え方・制度解説・支援方法－』中央法規
　出版、2018年

COLUMN

●実践を活かした個別支援と地域支援の一体的な展開

【雲南市社会福祉協議会における自立相談支援事業】

　生活困窮者自立支援制度がめざす目標の一つに「生活困窮者支援を通じた地域づくり」がある。社会福祉協議会（社協）は長年、コミュニティワークを通じて、地域課題の解決に向けた支え合う地域づくりに取り組んできた。近年は、コミュニティソーシャルワークを通じて、地域の生活課題の相談支援機関としても地域づくりに取り組んでいる。

　社協がこれまで取り組んできた地域課題は、住民一人ひとりがその地域で生活する中で発生した個別の課題の延長線上にあると考えている。社協が自立相談支援事業（以下、自立相談）を受託することで、これまでの実践を活かした個別支援と地域支援の一体的な展開ができるものと考える。「一体的な展開」といっても、社協がすべての課題を解決するわけではない。社協は地域の福祉の「協議会」として、行政や地域住民、ボランティア、NPO、社会福祉法人、地元企業などと一緒になって、地域福祉活動計画の策定と実践を通じた「誰もが安心して暮らし続けられる地域づくり」を一体的に進める機能をもつ。つまり、自立相談を受託することで、当事者である地域住民の声をこの地域づくりに、より具体的に反映できるものと考える。

【個別支援の積み重ねからの新たな取り組み】

　島根県雲南市では、社協も参加する市内14の社会福祉法人で組織する雲南市社会福祉法人連絡会の事業として、「身近でなんでも相談窓口ネットワーク事業」を実施している。この事業は、「つながる力でアウトリーチ」を合言葉に、身近な相談窓口として地域に貢献する取り組みである。地域住民が生活上の困りごとを身近な地域にある社会福祉法人に気軽に相談できる機能と、各分野（高齢者、障害者、児童）の法人が担当領域の支援を行うなかで、利用者やその家族の自法人では対処困難な困りごとを自立相談へ紹介しつなぐ機能をもつ。

　一方で、自立相談開始後5年で、行政機関からつながった相談件数は自立相談総件数の5割を超えるようになった。個別ケースの支援プランを共有する支援調整会議では関係部署に参加を依頼し[*8]、支援プラン作成後の利用者の変化を共有することを重ねた結果、自立相談への理解が深まって紹介件数が増えた。

　しかし、あらゆる方法で相談窓口の存在を周知しても、それが届かな

＊8
主に声をかける部署としては、市役所（福祉事務所、債権管理対策課、建築住宅課〔住宅公社〕、健康推進課、水道局、地域包括支援センターなど）、ハローワークのほか、ケースに応じて、相談支援センター（障害関係の場合）、民生委員、居宅介護支援事業所（ケアマネジャー）などにも参加を依頼する。

い生活困窮者が存在する。また、自分から言い出せない人もいる。以下に紹介する事例は、利用者の困りごとを感じ取った法人（保育所）が自立相談につないだことで、複数の支援機関がかかわり、世帯全体の課題解決につながった一例である。

【事例】

　20代の女性Ａさんは、小学生と保育園児の子どもと暮らす３人世帯。保育所から「遅刻や欠席が目立ち、母親も疲弊している様子がうかがえる」との連絡があり、自立相談につながった。保育所からはＡさんに「何でも相談ができるところがある」とだけ伝えてもらい、迎えの時間に合わせて保育所で初回面談を行った。

　数年前に離婚したＡさんは、「日中の仕事に就いたが収入が少なく、生活のために時給のよい夜間の仕事に就いた。帰りが遅いので朝起きられない。日中の仕事に就きたいが自分に合う仕事がない」と話した。また、「両親は亡くなっており、実家には要介護状態の祖母がひとり暮らしをしているため、様子を見にも行っている」とのことであった。Ａさんの家計は苦しく、家賃や税金などさまざまな滞納が発生していた。そこで、自立相談で世帯全体の課題の整理をした上で、就労支援と家計改善の相談を重ねた。この時点での課題は、家計の不安を中心に子育てや介護、就労など複合的で、Ａさん一人では対処困難な状況に陥っていた。

　Ａさんの同意のもと、保育所や小学校、地域包括支援センター、ハローワークなど関係機関で情報を共有し、支援の方向性を確認した。自立相談の支援員として気をつけたのは、Ａさんと各関係機関の課題認識を合わせていくことであった。Ａさんがどのような課題認識で、どのような生活をめざしたいのかを把握するために、定期的に情報共有の場をもった。

　まず家計改善支援事業の利用により、税金などさまざまな滞納について、各窓口への同行をしながら家計の現状に合わせた分納計画をつくり、今後の取り組み方針を構築した。また、Ａさんが離婚した元夫から養育費を受け取れていなかったため、弁護士の助言を受けて請求を行い、養育費が入金されるようになったことで、日中の仕事の収入だけでも家計が成り立つようになった。さらにその後、就労支援により、Ａさんの強みを活かした営業の仕事にも就くことができた。

　世帯全体の課題が解消するにしたがって、子どもたちの遅刻や欠席も解消していった。小学生の子どもは、出席日数が足りないことで学習に遅れが出ており意欲も低下していたが、ボランティアによる学習支援に

より成績が上がりはじめ、学習意欲も向上した。

【本人を中心とした関係機関の連携】

　この事例では、Ａさん自身が本来の課題に向き合うことができるよう、支援者は環境設定を中心とした支援を心がけた。Ａさんの視点からの目標を共有できたことで、Ａさんを中心に各機関がサポートする体制が整った。当初は各機関が担当領域内で課題や目標の設定をし、支援の方向性に違いがあったが、Ａさんを交えた支援会議を重ねるなかで次第に方向性が統一できた。各機関の役割や取り組みが明確化され、互いの動きがわかったことでそれぞれが担当領域の支援に集中でき、このように各機関で同じ目標設定ができれば、支援の行き届かなかった部分も明確になる。そうした部分には、自立相談の支援員がフォローに入ることで全体の支援が途切れないようにできたものと考える。

【地域を基盤としたソーシャルワークのさらなる実践に向けて】

　社協が地域福祉活動計画に基づくコミュニティソーシャルワークを実践してきたことで、自立相談支援事業を縦割りの相談事業ではなく、総合相談としてとらえることができた。どのような相談がどこから入ってきてもしっかりと受け止め、どこが課題を解決するのかではなく、利用者が自らの課題に向き合えるような環境をどのように整えるかといった視点に立てる。

　身近なところで気軽に何でも相談できる環境づくりが、誰もが安心して暮らし続けられる地域づくりにつながり、地域を基盤としたソーシャルワークの実践につながるものと考えている。

COLUMN

●生活困窮世帯における自立支援プログラム（子どもへの支援）
～子どもの健全育成プログラムの実際～

【事業概要】

　神奈川県では、平成22（2010）年度から生活保護世帯の子どもと子育てを支援する「子どもの健全育成プログラム策定推進モデル事業」を実施し、生活保護世帯の子どもが健全に育成される環境づくりに向けて、子ども支援員が子どもや親に直接的・継続的にかかわりをもち、支援を展開してきた。

　平成27（2015）年度からは、生活困窮者自立支援法に基づく事業として、支援対象者を生活保護世帯から生活困窮世帯に広げている。

　ここでは、この事業の3つの柱となる「子ども支援員によるアウトリーチ支援」「子どもの学習支援や居場所づくり」「子どもの健全育成プログラムの策定」について紹介するとともに、子ども支援のあり方について考えたい。

【子ども支援員によるアウトリーチ支援】

　本県では、生活保護を所管する福祉事務所に、生活保護制度等と子育てについての専門的知識をもつ子ども支援員を配置し、家庭や関係機関等に出向き、子どもや親の個別相談に乗るなど、寄り添い型のアウトリーチ支援を実施している。子ども支援員の業務は、ケースワーカーが本来行う子どもにかかわる業務を切り分けるのではなく、ケースワーカーと重層的にかかわることで効果的な支援となっている。エンパワメントとストレングスの視点を基本に、子どもや保護者に対し、受容的かつ継続的にかかわることにより信頼関係を築いた上で、5年先、10年先の将来を見据えた支援を展開している。

　個別支援が中心であるが、子どもが健全に育成される環境を整備するためには、地域の社会資源の把握や関係機関との連携も不可欠である。また、子ども支援員は関係機関と「顔の見える関係づくり」を心がけ、情報交換、ケースカンファレンス等を通し、それぞれの機能や役割について共通理解を深め、地域における支援体制を構築する役割も担っている。

　これにより、学校等の関係機関から「気になる子がいる」「一度相談に来てほしい」といった依頼を受けることも多くなり、必要に応じて、地域にいる子どもを自立相談支援機関や学習教室につなぐなどの役割も果

第4章

201

たしている。

【子どもの学習支援や居場所づくり】

学習支援・居場所づくりについては、集合型の学習支援での学習の課題全般に対応する総合的な支援に加え、生活習慣・育成環境の改善支援、教育及び就労に関する支援を展開している。

集合型の学習支援では、学校・家庭以外の安心して過ごせる居場所の提供や日々の学習習慣付け、学校の宿題の補助、受験対策、中退防止支援など、個々のニーズに合った個別支援を展開している。また、親への養育支援を通じた家庭全体への支援や進路を考えるきっかけづくりに関する情報提供や多様な進路選択に向けた助言も、学習支援事業の役割として位置付けている。

居場所づくりの活動としては、遠足（博物館や科学館等）、富士登山、福祉フェスティバルへの参加、クリスマス会、誕生会を中心とした祝う会などのイベントを通じて、さまざまな経験を積む機会を提供している。また、居場所づくりの活動をきっかけに事業に興味をもってもらうことにより、学習支援の利用につながる子どもも少なくない。これらのイベントは、委託事業所が有する資源等を有効に活用し、それぞれの地域で独自に開催されている。

【子どもの健全育成プログラムの策定】

福祉事務所のケースワーカーが子どもへの支援を行う上での手順や留意点、関連する情報を集めた手引書を「子どもの健全育成プログラム」として、平成22（2010）年度より毎年作成している。

０歳の子育て支援から高校卒業後の進路支援まで総合的に支援できるよう作成されており、新人ケースワーカーをはじめ、福祉事務所、学校、児童相談所等の関係機関、NPO法人による支援活動において幅広く活用されるよう、全庁的な協力体制のもとに最新の情報を掲載している。また、子ども支援員による業務連絡会を開催し、困難事例を報告・検討することにより、こうした検討事例や支援方法の蓄積をプログラムに反映でき、個々の状況に応じた支援ができる基盤づくりのノウハウも提供している。

【子ども支援のあり方について】

子どもを取り巻く環境は日々複雑化している。例えば、課題が不登校であったとしても、その行動の背景には、精神疾患、発達障害、虐待、

脆弱な家庭基盤、孤立などのさまざまな事由がある。こうした状況の中で、個々のケースに適切なアプローチをするためには、専門的な知見をもつ子ども支援員の直接的・継続的な支援に加え、「子どもの健全育成プログラム」のような支援ツールの活用、関係機関連携の充実を図ることが、地道な活動に見えるが最も効果的であり効率的である。

　子ども支援の「効果」は見えにくい。業務の特性上数値化できない部分や子どもの行動変容に時間がかかることなど、「効果」という言葉がそぐわない業務であることが否めないからである。だからこそ、きめ細かな支援を積み重ね、子どもの変容、成長、支援方法など、「何が効果的だったのか」と、自問自答を繰り返していくことが大切である。

　この事業が適切に運用されることにより、子ども一人ひとりの主体性や意欲の形成を何よりも大切に、子ども自身の「生きる力」が育まれることを切に願うものである。

第4章

第5章

5 生活福祉資金貸付制度

学習のねらい

　住宅、自動車のほか、さまざまな生活用品の購入や教育資金等について金融機関等でローンを組むことが一般化している。またそれは、医療費、生活費等の生活上やむを得ない一時的な支出においても行われる。

　そこで、本章では、金融機関等の融資・貸付が困難な主として低所得世帯を対象とする公的貸付制度として位置付けられる生活福祉資金貸付制度について解説する。具体的には資金貸付を介して民生委員や社会福祉協議会がどのような相談支援活動を行っているか、その理解を図る。

　初めに本制度の位置付けを、次に本制度がどのような制度の変遷を経て現在に至ったのかの沿革と、制度改正の要点と現行制度の概要、貸付手続きの流れについて解説する。そして、本制度の役割と課題について解説するとともに、生活福祉資金貸付制度の支援の実際について、事例を通して学ぶ。

第1節　生活福祉資金貸付制度の概要と動向

1 生活福祉資金貸付制度とは

生活福祉資金貸付制度は、戦後、わが国において激増した低所得層に対して、その生活基盤を支え、安定した生活を送れるよう民生委員による適切な生活指導・援助を行う「世帯更生運動」にその端を発しており、昭和30（1955）年に「世帯更生資金貸付制度」として創設された。その後同制度は、社会情勢の変化に伴い、貸付対象を低所得層から高齢者や障害のある人などにも拡大していくなか、平成2（1990）年に、現在の「生活福祉資金貸付制度」に改称された。

本事業は、社会福祉法第2条第2項第7号において「生計困難者に対して無利子又は低利で資金を融通する事業」として規定される第一種社会福祉事業であり、厚生労働事務次官通知により「生活福祉資金貸付制度要綱」が定められている。要綱において、事業の目的は「低所得者、障害者又は高齢者に対し、資金の貸付けと必要な相談支援を行うことにより、その経済的自立及び生活意欲の助長促進並びに在宅福祉及び社会参加の促進を図り、安定した生活を送れるようにすること」とされている。

生活福祉資金の貸付対象は、貸付種類によるが、低所得世帯、障害者世帯（身体障害者・知的障害者・精神障害者）、高齢者世帯である。

生活福祉資金貸付制度の実施主体は、都道府県社協であるが、業務の一部は市町村社協に委託されている。[1]

民生委員は、民生委員法第14条の職務内容に関する規定に基づき、都道府県及び市町村社協と緊密に連携し、貸付事業の運営に積極的に協力するもの、とされている。民生委員は、借受世帯の生活実態の把握や自立に向けた相談支援をはじめ、事業展開に必要な広報・情報提供や相談支援などを行っている。

*1
要綱中の市町村社協は、都の特別区の社協、指定都市で区社協が存する場合はその区社協と読み替えられる。

２　生活福祉資金貸付制度の変遷過程

　生活福祉資金貸付制度は、社会的状況の変化に伴う時代の要請に対応し、必要に応じて制度変更や特例措置の実施、新たな制度の創設などが行われてきている（**表５－１**）。

　制度の創設当初（昭和30〔1955〕年）には、貸付の種類は３種類（生業、支度、技能習得）であったが、その後、昭和32（1957）年には、生活資金（生活費、家屋補修費、助産費、葬祭費）が新設され４種類となった。また、同種の制度として、低所得者に対する医療費貸付制度が創設されたほか、従来の１/２であった国庫補助率が医療費貸付制度と同様に２/３までに引き上げられた（昭和61〔1986〕年１/２に変更、平成元〔1989〕年２/３に変更）。昭和33（1958）年には、事務費の国庫補助を開始した（補助率１/２）。

　昭和36（1961）年には大幅な改正が行われ、医療費貸付制度が世帯更生資金貸付制度に統合され、資金の種類も、更生資金（生業費、支度費、

〈表５－１〉 生活福祉資金貸付制度の主な動き

1955年４月	世帯更生資金貸付制度の創設、国庫補助開始（補助率1/2） 生業資金、支度資金、技能習得資金	2000年４月	介護費を貸付対象へ追加
		2001年12月	離職者支援資金貸付制度の創設
		2002年12月	長期生活支援資金貸付制度の創設
1957年４月	生活資金（生活費、家屋補修費、助産費、葬祭費）の創設 低所得者対象の医療費貸付制度の創設 補助率（1/2→2/3）	2003年１月	緊急小口資金を創設
		2006年３月	療養・介護資金を療養・介護等資金とし、障害者自立支援法に対応
1958年４月	世帯更生資金等貸付事務費国庫補助開始（補助率1/2）	2007年３月	要保護世帯向け長期生活支援資金制度の創設
1961年４月	医療費貸付制度が世帯更生資金貸付制度に統合 更生資金（生業費、支度費、技能習得費）、生活資金、身体障害者更生資金、住宅資金、修学資金、療養資金	2008年３月	自立支援対応資金の創設
		2009年10月	資金種類の整理・統合10種類から４種類へ 総合支援資金、福祉資金、教育支援資金、不動産担保型生活資金
1962年４月	災害援護資金の追加	2011年３月、5月	東日本大震災に対する貸付の特例措置
1972年４月	福祉資金の創設　従来の生活資金（出産費、葬祭費）住宅資金転宅費を福祉資金に整理統合	2015年４月	総合支援資金と緊急小口資金等の貸付にあたり、生活困窮者自立支援制度の利用を要件化 緊急小口資金の貸付事由の拡大及び償還期限の延長　総合支援資金の貸付期間及び償還期間の見直し
1979年６月	国民年金特例納付に係る貸付の特例措置		
1986年４月	世帯更生貸付金の国庫補助率を変更（2/3→1/2）		
1987年７月	福祉資金の内訳に身体障害者福祉資金を創設	2016年２月	教育支援資金および教育支援費の上限額の引き上げ、延滞利子の引き上げ
1989年４月	世帯更生貸付金の国庫補助率を変更（1/2→2/3）	2016年４月	平成28年熊本地震に対する貸付の特例措置
1990年10月	生活福祉資金貸付制度へ改称	2020年２月	新型コロナウイルス感染症の流行をふまえ貸付の特例措置
1995年１月、2月	阪神・淡路大震災に対する貸付の特例措置		

（出典）生活福祉資金貸付制度研究会 編『令和５年度版 生活福祉資金の手引』全国社会福祉協議会、2023年をもとに筆者作成

技能習得費）、生活資金に、身体障害者更生資金、住宅資金、修学資金、療養資金を加えた6種になった。そして、昭和37（1962）年には災害援護資金が、昭和47（1972）年には福祉資金がそれぞれ加わって、資金の種類は8種類に拡大された。

　また、自然災害の被災世帯に対する特例措置として、昭和34（1959）年に伊勢湾台風、昭和39（1964）年に新潟地震、昭和43（1968）年に十勝沖地震等への貸付が行われた。さらに、公害や薬害等人災の被害者世帯に対する特例措置として、昭和45（1970）年にカネミ油症患者世帯、昭和53（1978）年にスモン患者世帯への貸付が行われた。また、昭和54（1979）年には、国民年金特例納付に係る特例の貸付等がなされた。

　さらにその後も、身体障害者福祉資金の創設等障害者にかかわる改正などいくつかの資金において貸付対象の拡大や貸付限度額の改善等が図られている。

　そして、制度の抜本的な見直しが行われた平成21（2009）年10月までに、次のような改正等が重ねられた。

　平成2（1990）年には、在宅福祉推進の観点から要介護高齢者世帯への所得制限の緩和、知的障害者世帯の所得制限の撤廃を行うとともに、名称が「世帯更生資金貸付制度」から「生活福祉資金貸付制度」と変更された。平成7（1995）年には、阪神・淡路大震災の被災世帯に対し、「小口資金貸付」をはじめ、仮設住宅に入居している低所得者世帯が民間住宅・公営住宅などの恒久住宅へ移転するための経費につき、貸付限度額の引き上げ、償還期限の延長などを特例措置として実施した。平成12（2000）年には、その年にスタートした介護保険制度に合わせ貸付費目を拡大し、介護保険のサービスを受けるために必要な資金の貸付を実施した。

　平成13（2001）年には、急激な失業者の増加に対応する総合雇用対策の一環として、失業により生計の維持が困難となった世帯に対し、再就職までの生活資金を貸し付ける「**離職者支援資金**」を創設した。平成14（2002）年には、低所得高齢者世帯に対して一定の居住用不動産を担保として生活費を貸し付ける「長期生活支援資金」（現 不動産担保型生活資金）、平成15（2003）年には、緊急かつ一時的に生計の維持が困難となった場合に少額の費用を貸し付ける「**緊急小口資金**」が創設された。

　また、平成18（2006）年には、障害者自立支援法（現 障害者総合支援法）成立に伴い、貸付費目が拡大された。さらに平成19（2007）年には、要保護高齢者世帯に対して一定の居住用不動産を担保として生活資

金を貸し付ける「要保護世帯向け長期生活支援資金」（現 要保護世帯向け不動産担保型生活資金）を創設した。

　平成20（2008）年には、生活保護には至らないが、さまざまな事由により生活に困窮しているいわゆるボーダーライン層に対して、自立支援プランを策定して支援する自立生活サポート事業（モデル事業）に必要な資金を貸し付ける「自立支援対応資金」が創設された。

　そして、平成20（2008）年に起きたリーマンショックを契機にした雇用悪化を受け、離職者を支援することを目的として、生活福祉資金貸付制度が再構成された。また、平成21（2009）年10月には生活福祉資金の制度とは別に、都道府県社協が実施主体となり、公的な給付・貸付が開始されるまでの生活がたちゆかない住居を喪失した離職者に、当座の生活費を貸し付ける「臨時特例つなぎ資金貸付事業」が実施されている。

　この間にも、平成16（2004）年の新潟県中越地震、平成19（2007）年の能登半島地震、新潟県中越沖地震、また平成28（2016）年の熊本地震でも、大規模災害への対応や貸付の特別措置などが行われたが、平成23（2011）年３月に発生した東日本大震災への対応策として、「緊急小口資金」を所得に関係なく被災世帯を貸付対象に含める等の特例措置を講じた（平成24〔2012〕年３月31日をもって受付終了）[1]ほか、「生活復興支援資金」による一時生活支援費、生活再建費、住宅補修費の貸付が行われた。

　近年、平成27（2015）年４月の生活困窮者自立支援事業の施行に伴い、生活福祉資金が新制度に基づく各事業と連携し、生活困窮者の自立促進を図るものであることを貸付制度要綱に明記するほか、総合支援資金と緊急小口資金の償還期限等に関する見直しが行われ、変更がなされた。

　平成28（2016）年には、延滞利子の利率引き下げ及び教育支援費貸付限度額の引き上げが図られた。

3 平成21（2009）年10月の制度見直しのポイント

　平成20（2008）年夏以降、さらに厳しさを増したわが国の経済・雇用情勢の悪化に対し、政府は平成21（2009）年４月、経済危機対策を決定した。そのなかで、住居を失った離職者を支援するため、住居の確保の支援、継続的な生活相談・支援とあわせた生活費の貸付等を行う「新たなセーフティネット」の構築が図られた。雇用施策である「就職安定資

*2
平成22（2010）年９月末でハローワークにおける新規融資の申請受付を終了し、制度を廃止した。

金融資」「訓練・生活支援給付」、離職者にアパート等の家賃を給付する「住宅手当」等とともに、生活福祉資金貸付制度も「新たなセーフティネット」の一つとして大幅な見直しが行われ、平成21（2009）年10月から施行された。

見直しの主なポイントは、次のとおりである（**表5－2・表5－3**）。

❶**総合支援資金の創設**

失業や減収等により生活に困窮している者について、継続的な相談支援（就労支援、家計指導等）とあわせて、生活費及び一時的な資金の貸付を行うことにより、生活の立て直しを支援するための資金として創設された。**総合支援資金**では、①生活支援費：生活再建までの間に必要な生活費（最長1年間）、②住宅入居費：敷金・礼金等住宅の賃貸契約を結ぶのに必要な費用、③一時生活再建費：生活を再建するために一時的に必要かつ日常生活費でまかなうことが困難な費用（就職活動費、技能習得費、公共料金等の滞納一時立替え）を貸し付ける。

〈表5－2〉 **見直し後の資金種類について**

【平成21年9月まで】

資金種類		限度額
1	更生資金	
	生業費（低所得世帯）	280万円
	生業費（障害者世帯）	460万円
	技能習得費（低所得世帯）	110万円
	技能習得費（障害者世帯）	130万円
2	福祉資金	
	福祉費	50万円 ※住宅改築等は250万円
	障害者等福祉用具購入費	170万円
	障害者自動車購入費	250万円
	中国残留邦人等国民年金追納費	470.4万円
3	修学資金	
	修学費	高校 月3.5万円
		短大・高専 月6万円
		大学 月6.5万円
	就学支度費	50万円
4	療養・介護等資金	170万円
5	緊急小口資金	10万円
6	災害援護資金	150万円
7	離職者支援資金	単身世帯 月10万円
		複数世帯 月20万円
8	長期生活支援資金	月30万円
9	要保護世帯向け長期生活支援資金	生活扶助額の1.5倍
10	自立支援対応資金	月10万円

【平成21年10月以降】

資金種類		限度額
1	総合支援資金（継続的な支援必須）	
	生活支援費 ※最長1年間の生活費	（複数）月20万円以内 （単身）月15万円以内
	住宅入居費 ※敷金、礼金等	40万円以内
	一時生活再建費 ※一時的な需要に対応	60万円以内
2	福祉資金	
	福祉費	580万円以内 ※資金の用途に応じて上限目安額を設定
	緊急小口資金	10万円以内 ※保証人不要
3	教育支援資金	
	教育支援費	月6.5万円以内
	就学支度費	50万円以内
4	不動産担保型生活資金	
	（一般世帯向け）	月30万円以内
	（要保護世帯向け）	生活扶助額の1.5倍以内

（出典）厚生労働省資料

〈表5－3〉　生活福祉資金貸付条件等一覧（令和5年4月現在）

資金の種類			貸付条件				
			貸付限度額	据置期間	償還期限	貸付利子	連帯保証人
総合支援資金	生活支援費	・生活再建までの間に必要な生活費用	（二人以上）月20万円以内 （単身）　　月15万円以内 ・貸付期間：原則3月 　　　　　　（最長12月以内）	最終貸付日から6月以内	据置期間経過後10年以内	連帯保証人あり 無利子 連帯保証人なし 年1.5%	原則必要 ただし、連帯保証人なしでも貸付可
	住宅入居費	・敷金、礼金等住宅の賃貸契約を結ぶために必要な費用	40万円以内	貸付けの日（生活支援費との併用貸付の場合は、生活支援費の最終貸付日）から6月以内			
	一時生活再建費	・生活を再建するために一時的に必要かつ日常生活費で賄うことが困難である費用 就職・転職を前提とした技能習得に要する経費 滞納している公共料金等の立て替え費用 債務整理をするために必要な経費　等	60万円以内				
福祉資金	福祉費	・生業を営むために必要な経費 ・技能習得に必要な経費及びその期間中の生計を維持するために必要な経費 ・住宅の増改築、補修等及び公営住宅の譲り受けに必要な経費 ・福祉用具等の購入に必要な経費 ・障害者用の自動車の購入に必要な経費 ・中国残留邦人等に係る国民年金保険料の追納に必要な経費 ・負傷又は疾病の療養に必要な経費及びその療養期間中の生計を維持するために必要な経費 ・介護サービス、障害者サービス等を受けるのに必要な経費及びその期間中の生計を維持するために必要な経費 ・災害を受けたことにより臨時に必要となる経費 ・冠婚葬祭に必要な経費 ・住居の移転等、給排水設備等の設置に必要な経費 ・就職、技能習得等の支度に必要な経費 ・その他日常生活上一時的に必要な経費	580万円以内 （資金の用途に応じて上限目安額が設定されています。詳細は市町村社協窓口までお問い合わせください）	貸付けの日（分割による交付の場合には最終貸付日）から6月以内	据置期間経過後20年以内	連帯保証人あり 無利子 連帯保証人なし 年1.5%	原則必要 ただし、連帯保証人なしでも貸付可
	緊急小口資金（注）	・緊急かつ一時的に生計の維持が困難となった場合に貸し付ける少額の費用	10万円以内	貸付け日から2月以内	据置期間経過後12月以内	無利子	不要
教育支援費	教育支援費	・低所得世帯に属する者が高等学校、大学又は高等専門学校に就学するために必要な経費	〈高校〉月3.5万円以内 〈高専〉月6万円以内 〈短大〉月6万円以内 〈大学〉月6.5万円以内 ※特に必要と認められる場合は、上記各限度額の1.5倍まで貸付可能	卒業後6月以内	据置期間経過後20年以内	無利子	不要 ※世帯内で連帯借受人が必要
	就学支度費	・低所得世帯に属する者が高等学校、大学又は高等専門学校への入学に際し必要な経費	50万円以内				
不動産担保型生活資金	不動産担保型生活資金	・低所得の高齢者世帯に対し、一定の居住用不動産を担保として生活資金を貸し付ける資金	・土地の評価額の70%程度 ・月30万円以内 ・貸付期間 借受人の死亡時までの期間又は貸付元利金が貸付限度額に達するまでの期間			年3%、又は長期プライムレートのいずれか低い利率	必要 ※推定相続人の中から選任
	要保護世帯向け不動産担保型生活資金	・要保護の高齢者世帯に対し、一定の居住用不動産を担保として生活資金を貸し付ける資金	・土地及び建物の評価額の70%程度（集合住宅の場合は50%） ・貸付基本額の範囲内（生活扶助額の1.5倍以内） ・貸付期間 借受人の死亡時までの期間又は貸付元利金が貸付限度額に達するまでの期間	契約終了後3月以内	据置期間終了時		不要

（注）総合支援資金及び緊急小口資金については、すでに就職が内定している場合等を除き、原則として生活困窮者自立支援制度における自立相談支援事業の利用が貸付要件となります。

（出典）全国社会福祉協議会資料を一部改変

❷資金種類等の整理・統合

　利用者にとってわかりやすく、かつ利用者の資金ニーズに応じた柔軟な貸付を実施できるよう、10種類あった資金種類を「総合支援資金」「福祉資金」「教育支援資金」「不動産担保型生活資金」の４種類に統合した。

❸連帯保証人要件の緩和

　これまで一部の資金種類を除き、連帯保証人がいなければ貸付を受けられなかったが、原則として連帯保証人を必要としつつも、さまざまな事情により連帯保証人を確保できない者にも貸付が可能となった。

❹貸付利子の引き下げ

　借入に伴う負担軽減のため、①連帯保証人を立てた場合は無利子、②連帯保証人を立てない場合は年1.5％に利率を引き下げた（見直し前は年３％）。

4 貸付手続きの流れ

（1）借入申し込みから借入金償還まで

　平成27（2015）年４月の生活困窮者自立支援制度施行により、資金種類によって借入手続きが異なる。

❶総合支援資金、緊急小口資金（福祉資金）

　すでに就職が内定している場合等を除いて生活困窮者自立支援制度における自立相談支援事業の利用が貸付要件となる。市区町村社協が当該資金の借入について相談を受けた場合、自立相談支援機関につなぎ、自立相談支援機関において相談者の自立に向けた支援プランの検討とあわせて、当該資金の利用の可能性が考えられる場合に借入を申し込むことになる。相談から借入申し込み、貸付金交付、償還までの流れは**図5－1**のとおりである。

❷福祉費（福祉資金）、教育支援資金、不動産担保型生活資金

　市区町村社協に相談し、申し込む。市区町村社協及び都道府県社協において申し込み内容を確認し、都道府県社協は貸付審査を行う。借入申し込みから貸付金交付、償還までの流れは**図5－2**のとおりである。

〈図５−１〉 総合支援資金、緊急小口資金の手続きの流れ

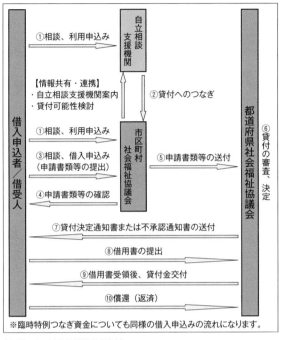

※臨時特例つなぎ資金についても同様の借入申込みの流れになります。

（出典）全国社会福祉協議会資料

〈図５−２〉 福祉費、教育支援資金、不動産担保型生活資金の手続きの流れ

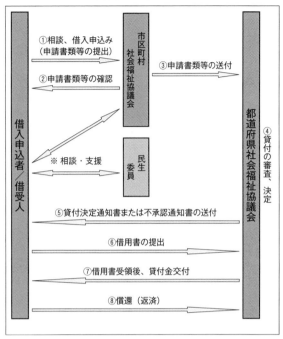

（出典）全国社会福祉協議会資料

（２）貸付金の償還

　借受人は、償還計画に従い、所定の支払期日までに、元金と利子を都道府県社協に償還する。借受人が貸付元利金を償還期限までに償還しなかったときは、延滞元金について年３％の延滞利子[*3]を徴収する。災害その他のやむを得ない事由で償還が著しく困難と認められるときは、償還の猶予を受けることができる。貸付金を目的外流用したり不正な行為があったと判断される場合は、都道府県社協は貸付の停止・解約、及び一括償還を請求することができる。

*3
平成28（2016）年２月１日より、延滞利子は従来の10.75％から５％へと引き下げになり、令和３（2021）年４月より３％となった。

5 生活福祉資金貸付制度に求められる役割と課題

　厳しい経済・雇用状況が続くなか、生活福祉資金貸付制度は雇用施策や住宅施策とともに、失業等により日常生活全般に困難を抱える低所得者等の生活を支える第二のセーフティネットの一翼を担う制度として位置付けられた。一時的な資金が不足する世帯への貸付に加え、恒常的に生活費が不足したり住居を喪失した状態に陥るなど、生活基盤が相当に

第5章

不安定な世帯に対して総合支援資金の貸付が行えるようになるなど、低所得者対策としての役割が拡大してきている。また、社会問題にもなった多重債務問題については、政府の「多重債務問題改善プログラム」において、消費者向けセーフティネット貸付の一つとして本制度の活用の促進が盛り込まれ、貸金業法の改正による影響を補う関係となっている。

本制度の運用にあたっては、借受世帯の個別の資金ニーズに対し、資金の貸付とともに、貸付が必要となった状況の背後にある生活上の課題を把握し、自立に向けたきめ細かな相談支援を行うことが必要である。加えて、総合支援資金の貸付にはハローワークや自治体等との連携・調整が必要となる。

生活に困窮する低所得世帯に対する自立支援を進める上で、貸付は一つの手段であり、貸付により自立が見込まれる世帯に対しては、世帯のニーズに柔軟に対応した貸付を行うなど、役割を果たすことがますます期待されている。あわせて、支援が必要な世帯に対し、貸付以外の他の制度の活用を含め最適で効果的な支援方法が選択され、諸機関における連携が適切に行われるような相談支援の機能及び体制の構築が求められる。

なお、現在は独立行政法人福祉医療機構が厚生年金受給者等への年金担保貸付を行っている。これが、令和2（2020）年の年金制度の法改正により、令和4（2022）年3月31日をもって申し込みの受付が終了したため、生活福祉資金貸付制度への影響を注視していく必要がある。

6 最近の状況

国は新型コロナウイルス感染症の影響への対応として、令和2（2020）年3月以降、生活福祉資金貸付制度において特例貸付を実施することとした（**表5-4**）。同コロナ特例貸付は、1つは緊急小口資金であり、主として休業した人を対象に、貸付上限額20万円、措置期間1年以内、償還期限2年以内、もう1つは総合支援資金で、主として失業した人を対象に、貸付上限額2人以上世帯月額20万円以内、単身世帯15万円以内、貸付期間原則3月以内、措置期間1年以内、償還期限10年以内とした。

同コロナ特例貸付は、政府の方針に基づき、貸付要件の緩和、労働金庫と日本郵便への業務委託の実施、提出書類の簡略化、申請書類の様式変更、受付期間の延長など、多くの変更を加え実施されたが、令和4

〈表５－４〉　**生活福祉資金貸付制度の特例貸付について**

【緊急小口資金】
（一時的な資金が必要な方［主に休業された方］）

	本則	特例措置
貸付対象者	緊急かつ一時的な生計維持のための貸付を必要とする低所得世帯等	新型コロナウイルス感染症の影響を受け、休業等により収入の減少があり、緊急かつ一時的な生計維持のための貸付を必要とする世帯
貸付上限	10万円以内	10万円以内 （学校等の休業等の特例20万円以内）
据置期間	２月以内	１年以内
償還期限	12月以内	２年以内
貸付利子	無利子	無利子

【総合支援資金（生活支援費）】
（生活の立て直しが必要な方［主に失業された方等］）

	本則	特例措置
貸付対象者	低所得世帯であって、収入の減少や失業等により生活に困窮し、日常生活の維持が困難となっている世帯	新型コロナウイルス感染症の影響を受け、収入の減少や失業等により生活に困窮し、日常生活の維持が困難となっている世帯
貸付上限	（二人以上）月20万円以内 （単身）月15万円以内 貸付期間：原則３月以内	同左
据置期間	６月以内	１年以内
償還期限	10年以内	同左
貸付利子	保証人あり：無利子 保証人なし：年1.5%	無利子

（注）　総合支援資金（生活支援費）については、原則、自立相談支援事業等による継続的な支援を受けることが要件。
（出典）厚生労働省

（2022）年９月限りで申請期間が終了した。なお、特例貸付が終了した世帯や再貸付が不採用となった世帯を対象とする新型コロナ感染症生活困窮者自立支援金の支給についても同年12月をもって終了している。

　コロナ特例貸付は、主として休業や失業した人と生活資金の貸付を通して生活再建を行うことに一定の役割を果たした。しかし貸付であり返済があること、また同制度は法律で定められておらず、国の通知（生活福祉資金実施通知は事務次官通知、特例貸付実施通知は社会・援護局長通知）で行われるため、機動力を発揮し使いやすい一方で、貸付と貸付の再延長が続き返済額が増えた側面もある。そのため国は、借受人や世帯主が住民税非課税であれば返済免除の措置を講じている。相談・申請・決定・償還等にあたる社会福祉協議会は、今後貸付対象者への生活の立て直しに向けた支援を行うために相談支援の向上と体制等の整備を図っていく必要がある。

引用文献

1) 岡部　卓「公的貸付制度の現状と課題」『人文学報』No.514-3（2018年）首都大学東京
　　人文科学研究科、35～70頁

参考文献

● 生活福祉資金貸付制度研究会　編『令和5年度版　生活福祉資金の手引』全国社会福祉
　協議会、2023年
● 全国社会福祉協議会・全国民生委員児童委員連合会　編『民生委員制度百年通史』2019
　年

第2節 生活福祉資金貸付制度の活用と自立支援

1 生活福祉資金貸付制度の特徴

　生活福祉資金貸付制度（以下、生活福祉資金）は、低所得者や高齢者、障害者に対して、資金の貸付と社会福祉協議会（の担当職員）や民生委員が、必要な相談援助を行うことにより、世帯の経済的な自立と生活の安定を図ることを目的とした制度である。

　この制度の相談窓口は社協であり、貸付の担当職員が相談を受けている。

　また、制度を運用していくにあたっては、民生委員が、制度の紹介、申請、貸付、返済までのプロセスで、資金を借り受けた利用者世帯にかかわり、相談援助活動を通して自立支援を行うことに特徴がある。[*4]

　生活福祉資金では、単に貸付を行うのみならず、資金の貸付を通して、利用者が生活上の課題を解決できるようにはたらきかけを行うことをめざしている。低所得者世帯が一定限度の資産を保有しながら、生活上の困難を解決することを可能とする弾力的な制度であり、利用者の生活がたちゆかなくなる前に、利用者の相談を受ける防貧的な機能をもった制度でもある。低所得者の自立支援を行う制度として、ますます期待されている状況にあるといえるだろう。

　なお、生活福祉資金については本章第1節を参照いただくとともに、その実際の運用や事例については、『生活福祉資金の手引』[*5]に詳しいので参考にしていただきたい。

2 生活福祉資金貸付制度の相談に訪れる利用者の状況

　生活福祉資金の相談に訪れる者の状況はさまざまである。

　相談の内容には、例えば、医療費の支払いに困り、病院の窓口で制度を紹介された例、子どもの私立高校進学を控えているが、父親の疾病による収入の低下で入学金や授業料の支払いができずに来所する例、失業してしまい、雇用保険の失業等給付を受けていたが、それが支給されな

*4
平成21（2009）年度に経済危機対策として創設された「第二のセーフティネット」の一つである総合支援資金においては、必ずしも民生委員がかかわらない形で貸付を行っている。

*5
生活福祉資金貸付制度研究会 編『令和5年度版 生活福祉資金の手引』全国社会福祉協議会、2023年。

第5章

くなってからも再就職できずに生活困窮となり相談に訪れる例、などがある。

こうした者の中には、生活保護の相談に行ったが、手持ちの預貯金が多少あったり資産があったりするなどの理由で申請に至らず、生活福祉資金を紹介されて来所する者も少なくない。

それぞれが、何らかの事情により金銭面でたちゆかなくなり、資金の貸付を求めて相談に訪れる。

まずは、利用者を受け止め、困っているそれぞれの状況を把握するために、どのような思いで相談に来ているのか、そして、資金の借り入れによって、何を解決したいと思っているかを十分に聴き取りながら、本人の状況の理解に努める必要がある。

なお、令和2（2020）年3月より、新型コロナウイルス感染症の影響により、失業、休業を余儀なくされ、収入が減少した世帯を対象に、「緊急小口資金」及び「総合支援資金（生活支援費）」の特例措置による貸付（コロナ特例貸付）が実施された。

コロナ特例貸付は、若年層から高齢者層まで幅広い世代に利用された。また、個人事業主、フリーランスの形態で仕事をする世帯、外国人など、これまで、社会福祉協議会に相談に訪れることのなかった人々に対応し、借受世帯の生活を支えるための重要な役割を果たしたといえる。

一方で、本来は「貸付と相談支援」を同時に行うことが事業の特徴であるが、コロナ特例貸付においては、想定をはるかに超える多くの貸付申請に対応することを優先せざるをえず、きめ細かな相談支援が十分にできない状況が生じた。今後、償還が始まっていくなかで、事業の本旨をいかした対応を実現するために、社会福祉協議会の相談支援の体制強化が重要な課題となっている。[6]

*6
コロナ特例貸付の果たした役割と今後の課題については、全国社会福祉協議会政策委員会『コロナ特例貸付からみえる生活困窮者支援のあり方に関する検討会報告書』（令和4〔2022〕年12月）にまとめられており、多くの示唆に富む。

3 生活福祉資金貸付制度の活用による自立支援のポイント

生活福祉資金貸付制度の活用による自立支援のポイントを、以下に示す。

（1）十分な制度説明

生活福祉資金は、将来、償還を伴う貸付金である。利用者から相談があったときには、十分に制度説明を行うことが大切である。貸付を行う

だけでなく、償還のプロセスにおいても必要に応じて相談・支援を行うことを特徴としており、担当職員や民生委員がかかわっていくこと、利用者本人の意思だけで申し込みができるわけではなく、原則として「連帯借受人」「連帯保証人」を立てる必要があることなどを利用者が理解できるようにていねいに伝えておくことが求められる。

　教育支援資金等、世帯の子どもが利用する資金については、償還をしていく子ども自身も、制度について理解できるようはたらきかけておくことが大切である。

（2）利用者の将来を見据えた支援

　貸付にあたって留意したいことは、生活福祉資金の貸付が、利用者の当面の生活課題の解決だけでなく、将来の安定した生活につながっていくように、短期・中期・長期的な見通しをもち、目標を明確にしながら、将来を見据えた貸付や支援を行っていくことである。担当職員や民生委員は、貸付や償還のプロセスで、課題が解決されたかどうか、また、利用者が無理なく課題解決に取り組み、安定した生活が営めているかどうかを確認するとともに、そのときどきの生活課題が解決できるよう支援していく必要がある。

　また、滞納も介入の機会ととらえ、生活がたちゆかなくなる前に世帯の状況を把握し、課題解決に向けてはたらきかけていくことが求められている。

（3）他法他施策の活用と他職種との連携、協働

　生活福祉資金は、もともと活用できる何らかの他法他施策がある場合は活用できない制度であるが、例えば、生活保護の申請や、社会福祉諸法によるサービス利用の可能性については、初回相談の段階や資金の貸付が開始された後も適宜検討していくことが必要である。また、利用者の状況に即して、社会福祉分野だけでなく法律分野など他職種の専門職と連携、協働していくことも大切である。

　平成27（2015）年4月に生活困窮者自立支援法が施行されたことに伴い、総合支援資金と緊急小口資金の利用に際しては、原則として生活困窮者自立支援制度（自立相談支援事業）の利用を要件化した。

　このような流れの中で、自立相談支援事業における主任相談支援員・相談支援員・就労支援員との緊密な連携、協働による支援が期待されている。また、利用者が生活困窮者自立支援制度における家計改善支援事

第5章

業も利用する場合には、家計改善支援員との連携、協働も必要となる。

　利用者が安定した生活を再建できるよう、就労支援、法律相談など、地域のさまざまな関係機関や専門職、及び地域にあるインフォーマルな資源との関係を構築しておくことが求められている。

4 生活福祉資金貸付制度を通じた自立支援の実践

　ここでは、生活福祉資金貸付制度を通じた自立支援の実践について、教育支援資金、総合支援資金、特例貸付の3つの事例を通して見ていくこととしたい。

（1）教育支援資金の貸付けを通じた自立支援

事例 1

＜世帯の状況（3人世帯）＞

世帯主　45歳（男性）会社の倒産により失業　求職活動中

妻　　　43歳（女性）無職　病弱

長女　　17歳（女性）高校3年生

＜相談に至る経過＞

　世帯主は会社員として働いていたが、会社の倒産により失業。失業手当を受給しながら求職活動を行っていた。妻は3年前よりうつ病を患い精神科クリニックに通院中であった。その妻より、民生委員に「長女が専門学校に合格したが、夫が失業し、進学をあきらめてもらわなければならなくなった」と泣きながら電話がかかった。

　民生委員はさっそく、この世帯宅を訪問することとした。

＜支援の経過＞

①民生委員は世帯宅を訪問し、妻と面接をした。長女が希望していた専門学校に合格したものの、夫が失業。仕事を見つけるとがんばっているが住宅ローンの返済もあり、蓄えも少ない。自分は通院を続けており仕事をすることはできない。どうしたらよいかとのこと。

　民生委員は、長女の教育支援資金貸付について説明。後日、家族3人とともに面接をする約束をした。

②翌日訪問したところ、妻と長女のみ在宅。長女に教育支援資金について説明したところ「専門学校で資格を取得すれば就職も有利になる。貸付けを利

用し進学したい。アルバイトなどをしてがんばりたい」と話す。世帯主は「自分が何とかする」と言い残し出かけてしまったとのこと。

　民生委員は再度訪問し、世帯主とも面接。無利子で貸付けをする制度であり、長女自身が就職してから無理なく返済できる公的な制度であることを説明。同時に、職を失い自分自身の将来に不安をもっている世帯主の気持ちを受け止めた。

③1週間後、必要な書類を整え、長女は居住する市の社協にて教育支援資金（就学支度費・教育支援費）の申請を行い、後日貸付けが決定された。長女は希望する専門学校に進学できた。

＜その後の経過＞

　世帯主が再就職できるまで1年近くかかり、その間、民生委員は市の社協と連携して就労支援サービスに関する情報提供を行うとともに、世帯主と妻を見守り、励まし続けた。長女は、学校の状況などを年に2回は報告しに来てくれていた。

　2年後、長女は専門学校を卒業し資格を生かした仕事に就くことができた。償還も滞りなく行っている。長女が仕事を始めたことで、世帯の生活も安定しつつある。

＜考察＞

　この事例では、民生委員が単に生活福祉資金の貸付手続きを紹介するだけでなく、その後も世帯を見守り、心理的なサポートとともに、支援を行ってきた。貸付けを一つの手段として世帯を支援する、生活福祉資金の特徴が表れた実践例であるといえるだろう。

（2）総合支援資金の貸付けを通じた自立支援

事 例 2

＜世帯の状況＞

世帯主　45歳（男性）単身。失業中で収入がなく、家賃が払えず生活困窮状態にある。

＜相談に至る経過＞

　世帯主は高校を卒業後、工場で製造の仕事に従事していたが、1年前に工場が倒産、失業した。再就職をめざすも年齢のためか、仕事を見つけられないうちに雇用保険の給付も終了。わずかな貯金も底を突き、家賃を滞納し、このままではアパートを出ていかなければならない状況となった。そのよう

なとき、知人から市の社協で生活に必要な資金を貸してもらえるとの話を聞き、市社協に相談に出向いた。

<支援の経過>
①世帯主は市社協を訪れ、生活福祉資金担当者と面談し、仕事が見つからないこと、お金がなくこのままでは近くアパートを出ていかなければならないこと、親族の支援を受けることが困難なことなどについて話し、再就職できれば返済するので生活福祉資金を借りたい旨を相談した。

②市社協の担当者は、本人に就労意欲はあるものの、地域の状況を考えると本人が希望する条件での就職はすぐにはむずかしいと判断し、住まいと生活費の確保、就業への支援を総合的に行うことが必要と考えた。そこで、市の「自立相談支援センター」（自立相談支援機関）と連携した支援が適切と判断、世帯主に、生活困窮者自立支援制度の内容について説明し、本人の同意を得てセンターに連絡、翌日、本人とともにセンターを訪問した。

③自立相談支援センターでは、相談支援員があらためて世帯主本人の置かれた状況についてていねいに聴き取りを行うとともに、生活困窮者自立支援制度の説明を行い、自分たちもできる限りの支援をしていくとして、世帯主を励ますとともに、次回の面談日を定めた。

④数回の面談を経て支援プランが作成されることとなった。住まいの確保のために住居確保給付金の支給を行うとともに、生活費について市社協の総合支援資金（生活支援費）の貸付けを行うことにより生活の安定を図った。

⑤その上で、自立相談支援センターの相談支援員と市社協の資金担当者が連携・分担しつつ就職活動への助言などを継続的に行った。当初、世帯主は再就職先として製造業にこだわっていたが、相談支援員等が助言を重ねるなかで、より幅広い業種で就業をめざすことについて納得し、その結果、半年後に大型小売店の在庫管理の仕事を得ることができた。

<その後の経過>
　再就職が実現したので、生活福祉資金の貸付けは終了した。職場にも慣れつつあるようである。現在は総合支援資金の据置期間である。今後、償還が始まることとなるので、市社協の資金担当者は、近くに出向いたときなど、折々に世帯主へ励ましの声をかけるとともに、何かあればいつでも相談してほしい旨を伝えている。

<考察>
　平成27（2015）年４月の生活困窮者自立支援制度の施行に伴い、生活福祉資金貸付制度についても一部見直しが図られた。特に、総合支援資金と緊急小口資金（上限10万円）の利用に際しては、原則として生活困窮者自立支援

制度（自立相談支援事業）の利用が要件化された。

　総合支援資金の借受人は、多くが無就業状態であるほか、周囲に支援者が少ないこともあり、就職を含め自立への手厚い支援が必要でありながら、社協の職員体制の限界もあり、十分な支援がむずかしいケースも多かった。

　この改正により、生活困窮者自立支援制度と連携した貸付けとすることで、その支援体制の強化が図られるようになった。この事例のケースでも、両事業の給付金と貸付金をセットで利用することで、住まいと生活費を確保することにより生活の安定を図り、就職活動に専念できる環境がまずつくられている。さらに本人が再就職先の業種にこだわっていたものを、自立相談支援機関と市社協の職員が継続的にかかわるなかで、本人の考え方も変わり、就業につながる結果となっている。そこには、孤立した状態にあった世帯主を自立相談支援機関と社協の担当者が励まし続けたことが大きな意味を有しているといえる。

　特に、課題を抱え、自信を失いがちな人が自立相談支援機関を一人で訪問し、相談を行うことには精神的な負担を伴うが、この事例では市社協の資金担当者が自立相談支援機関まで同行し、面談に同席していることが世帯主にとっても安心感につながり、それがその後の支援にスムーズにつながっていると考えられる。

　総合支援資金を含む生活福祉資金の借入相談者の多くは、複合的な課題を抱えているケースも多い。今後に向けては、生活福祉資金の相談窓口が新たな生活困窮者自立支援制度の利用へのつなぎ役となり、両制度が有効に連携しつつ、効果的な支援が行われることが期待されているといえる。

（３）（新型コロナウイルス感染症の影響に伴う）生活福祉資金の特例貸付

事例 3

＜世帯の状況（単身世帯）＞
世帯主　55歳（女性）単身
　過去に婚姻歴があるが、夫とは死別。子どもは独立しており、今は疎遠。
　コロナの影響で離職、再就職するも収入が安定せず。
　周りに頼れる人がおらず、どうすればよいかわからなくなってしまった。

＜相談に至る経過＞
　Ａさんは、自宅から近所の飲食店で長年勤務していたが、新型コロナウイルス感染症の流行が始まると、客足が大幅に減少し、休業・時短要請の影響などもあって減収状況が続き、年末には店舗の閉店が決定、本人は解雇され

た。

　単身世帯であり、もともと切り詰めた生活をしていたので、退職時には貯蓄があり、退職金も支給されたことで、本人もしばらくの期間は生計維持が可能であると考えていた。

　また、コロナ禍前より、地元社会福祉協議会（以下、社協）の広報紙（全戸配布）を読む機会が定期的にあったことや、地域のイベントに毎年社協が出店していたのを見て、社協の存在や社協で特例貸付の受付をしていることも報道などを通じて知っていた。

　ただ、福祉施設に再就職することも決まっていたことや、これまで一度も借入をした経験がないこと、生活福祉資金貸付制度も自身とは無縁のものだと思っており、相談・利用できる制度ではないとも考えていた。

　しかし、緊急事態宣言が発出され、自身も濃厚接触者となり、後に新型コロナウイルス感染症にかかってしまったことで、就業先の施設へ長期間出勤ができず、治癒後も勤務形態が変則的になったことから、年度末に退職することとなった。

　本人が思っていた以上にコロナの影響が長引いたことで、厳しい状況が続き、自身で現状を振り返ったときに大きな不安におそわれるようになった。親戚もコロナの影響を受けて減収状態にあったことから、金銭的な援助を申し出ることができず、以前にかかわりのあった相談機関の職員に相談したところ、社協の貸付けを紹介された。社協に来所したときの所持金は7万円しかなく、失業給付も未申請の状態であった。

＜支援の経過＞

　本人は持病の通院歴があるが、所持金の状況から医療受診を後回しにしている様子が初回来所時にうかがえた。医師からは、「治療を継続すれば就労には影響はない」と診断されており、本人も治療の意思を有していた。

　貸付担当は、緊急小口資金と総合支援資金の特例貸付の申請手続きを進め、社協が受託している生活困窮者自立支援事業の利用を提案。常に相談支援員と情報共有しながら失業給付の申請もすすめた。

　相談支援員は、住居確保給付金の申請手続きと家計改善支援を継続的に実施し、就労支援員と連携しながら相談支援を行った。貸付期間中に就職が決定したAさんは、増収となったことにより、小額ながらも貯蓄もできるようになった。

　借入金については、翌年1月から償還開始となる計画であったが、借入時に非課税世帯であったことが確認できたため、最初に貸付けを受けた資金については償還免除申請の手続きを行い、借入金の償還免除が決定した。

＜その後の経過＞

　特例貸付と住居確保給付金を利用したことで生活の立て直しを図ることができ、就労支援を受けて、地元企業への就職も決定した。初めての分野での就労は慣れないことも多々あったが、上司や同僚にも恵まれ、毎日楽しく、がんばって働いているとの連絡もあった。

　また、就労支援員が本人や企業側の担当者と連絡を取り合い、定着支援の体制も構築できたことで職場定着も実現した。採用から数か月後には、責任ある立場の業務も任されるようになった。本人は「今後、困ったときに相談できる機関として社協が身近にあると知っただけでも、精神的に救われた」と語っていた。

＜考察＞

　本事例のケースに限らず、貸付担当と自立支援・就労支援がタッグを組むことで、"制度の壁"を越え、多くの関係機関や地域と連携し、多様な支援を展開することができる。本事例では、特に社協内に配置されている生活困窮者自立支援事業の担当部門と連携が密接に取れ、家計というセンシティブな課題にワンストップでの対応ができたことが功を奏したといえる。

　貸付制度利用への抵抗感から、生活がギリギリになるまで関係機関への相談を避ける世帯がある一方で、貸付制度を利用したくても自分には資格がないと考え、相談・申請することはできないと思っている相談者もいるため、自分の状況や思いを相談事として上手く伝えることができない相談者に対して、どのように寄り添って必要な支援につなげていくかが問われる。

　特に、住民一人ひとりに制度についての情報が正確に行き届いているとは言い切れず、支援を必要とする人ほど情報へのアクセスがしにくい状況にあることも想定できるため、さまざまな形で地域社会への情報発信の方法を模索し、少しでも多くの方に情報が伝わるような広報啓発活動をしていくことも必要である。

　また、金融機関や他の団体が行う融資制度とは異なり、生活福祉資金貸付制度は単に金銭の貸付けを目的とした制度ではない。その前身である「世帯更生資金」が創設されてから、公益性を担う「社協ブランド」として、その時代背景にあわせた貸付けと同時に社協職員や民生委員などによる必要な相談支援がセットで行われてきた。

　償還についても償還猶予、償還免除、少額返済等といった柔軟な対応ができるとともに、貸付けの利用に至らなかった相談者とも課題解決に向けた方策を一緒に考える実践やスタンスを大切にすることで、貸付相談を通じて福祉課題の解決が可能となる場面が多くあるといえる。

第5章

参考文献
- 全国社会福祉協議会「これからの生活福祉資金貸付事業のあり方に関する検討委員会報告書」2019年
- 全国社会福祉協議会「生活福祉資金ユーザー（借受人）による事業評価に関する調査研究事業報告書（令和元年度 生活困窮者就労準備支援事業費等補助金 社会福祉推進事業）」2020年

第6章

ホームレス状態にある人々への支援

学習のねらい

　経済・雇用環境を反映し、失業等の原因により生活困窮者が増加している。そのなかでもとりわけ、住居を喪失し路上生活を余儀なくされた人たち（ホームレス）の問題が都市問題の一つとして可視化されるようになったが、近年その態様が変わってきている。

　ホームレス状態にある人たちは健康で文化的な生活を送ることができず、また公共の場等で生活していることから地域社会でコンフリクト（対立葛藤）が生まれるなどの問題が生じている。ホームレス状態にある人たちが社会から孤立し、地域から排除される状況にあるといってよいであろう。一方、これまでホームレスの範疇でとらえられてこなかった年齢階層や居住形態も視野に入れて検討されるようになってきている。

　本章では、ホームレスとは何か（ホームレスの定義、社会的排除と包摂）、またホームレスにはどのような実態があるのか（ホームレス調査）、さらにはホームレス問題への取り組みとしてどのようなことが行われているのか、ホームレス自立支援法と基本方針、生活困窮者自立支援法におけるホームレス支援策、ホームレス支援の実際についてふれながら、政策と実践の両面から明らかにしていく。

第1節 「ホームレス」とは－社会的排除・包摂とのかかわりから

1 法的定義と実際の範囲

　バブル経済の崩壊以降の1990年代、地域社会において特定の住居をもたず、公園や駅、道路、河川敷などの公共空間でテントや小屋を建て、あるいは段ボール等を敷いて寝起きする野宿生活者、という新しい貧困問題が出現し社会問題化した。

　このような状態に置かれている人たちの問題・課題に対応するため、民間団体や行政機関等がさまざまなかかわりをもってきた。そこでは、野宿者、路上生活者等さまざまな用語が使用されていた。平成11（1999）年に政府は「ホームレス問題連絡会議」を設置し、同会議で初めてこのような状態にある人々について「ホームレス」という用語を採用し、本格的に対策に乗り出した。

　ホームレスを法律として定義したのは平成14（2002）年に制定された「ホームレスの自立の支援等に関する特別措置法」（**ホームレス自立支援法**）の第2条である。同条ではホームレスを「都市公園、河川、道路、駅舎その他の施設を故なく起居の場所とし、日常生活を営んでいる者をいう」と定義している。

　一方、それに比して欧米においてホームレスとは、わが国の法的定義に見られるような居住の場所がなく路上や公園、河川敷などの公共の場に野宿せざるを得ないホームレス状態にある人とともに、不安定な居住形態にある人、すなわち、自宅に住むことができず友人の家に同居する人や、シェルターなどで寝起きし生活する人など、ホームレスになる恐れのある人も含め広義に定義している。

　わが国で用いられている定義は「ホームレス」を野宿生活者（路上生活者）に限定しており、欧米で主流となっている定義と比べて、より狭義に規定しているといえよう。

　こうした法律上の定義とホームレスの実態について比較してみたい。近年では「ネットカフェ難民」のように特定の住所をもたずに市場の提供する宿泊サービスを利用する人や、平成20（2008）年の「年越し派遣村[*1]」に代表されるように、一定の期間のみ路上で生活する人など、不安

＊1
本書第1章第4節3
（2）❶参照。

定な居住形態や、収入の喪失、そして家族・地域・労働から切り離され、社会的諸関係（社会的つながり）を喪失した状態にある人たちの社会的排除の問題としてとらえられる状況も出現している。このような、わが国における狭義のホームレスの定義とは必ずしも一致しない状況が出現している。

② 社会的排除・包摂の観点から見る ホームレス状態

　近年、「社会的排除」（ソーシャルエクスクルージョン）と「社会的包摂」（ソーシャルインクルージョン）という概念がよく使用されるようになっている。この「社会的排除」は従来のような経済的な問題を中心とした「貧困」という考え方に対して、社会的・文化的・政治的な意味においても社会の周縁に置かれている人の問題としてとらえる概念として提唱されている。一方、「社会的包摂」は社会的つながりを回復させ、社会の中で包み込んでいくという文脈で使用される概念である。こうした概念は福祉国家の変容やグローバル化の進展といった社会的な変化を加味した概念といえる。

　ホームレス問題はこの社会的排除の典型としてとらえることもできる。ホームレス状態にある者は、雇用の喪失あるいは不安定な雇用関係、住居の喪失や一時寄宿など不安定な居住、稼働収入の喪失や低位性などによって家族・地域・労働から切り離され、社会的諸関係（社会的つながり）がもてない状況にある人としてとらえることができる。

　またこうした状況にあるホームレスに対し、「臭い」「汚い」という身体表象のレベル、「労働忌避者」として労働規範に抵触することを非難する道徳のレベル、公共空間の占拠という物理的なレベルなどで、ホームレスを取り巻く社会との間で軋轢が生じる場合もある。その結果として、ホームレスを社会の構成員の一員として容認せず社会の周縁に排除・排斥しているという側面も見られる。

　そのため、このようなホームレス状態にある人たちを社会に包摂していく視点からの支援が必要になってくる。すなわち、社会の側からホームレス状態にある人に対して、積極的に社会への参加・参画を促すとともに、地域社会への帰属を高め、ホームレスを我われと同じ社会の一員と位置付け、社会的共生を図る方向で考えていかなければならない。

　平成12（2000）年に社会福祉事業法を改正して成立した社会福祉法に

第6章

＊2
厚生省（現 厚生労働省）
社会・援護局、平成12
（2000）年。

おける地域福祉の理念や、政府の検討会である「社会的な援護を要する人々に対する社会福祉のあり方に関する検討会」報告書^{＊2}では、これまで社会の周縁に置かれていたホームレス状態にある人も一人の地域の住民としてとらえ、地域の課題として取り組み進めていくとするなど、ホームレスを社会の中で包摂していく考え方が示されている。

3 ホームレス調査の目的・内容

ホームレス状態にある人たちを支援する上で、ホームレスがどのような背景から生み出されるのか、どのような様態にあるのか、また生活していく上でどのような課題があるのかなど、その原因・様態・生活課題等を理解することは重要である。そこで、以下ではホームレス調査からホームレス状態にある人の全国動向と近年の傾向について述べる。

これまで厚生労働省が実施した大規模な「ホームレスの実態に関する全国調査」（生活実態調査）が、平成15（2003）年、平成19（2007）年、平成24（2012）年、平成28（2016）年、令和3（2021）年と実施されている。また、同調査の概数調査が、毎年（平成15〔2003〕年、平成19〔2007〕年〜令和5〔2023〕年）実施されている。

前者の大規模調査（以下、生活実態調査）の目的は、「ホームレス自立支援法」及び「ホームレスの自立の支援等に関する基本方針」の見直しを検討するにあたり、政策評価等の実施に必要なデータを収集することとされ、また、後者の概数調査は、法及び基本方針に基づき実施される施策の効果を継続的に把握することを目的とするとしている。

以下では、令和3（2021）年生活実態調査と、令和5（2023）年概数調査について概観していく。

❶令和3（2021）年生活実態調査

まず、令和3（2021）年11月に実施された生活実態調査である。同調査はおおむね5年ごとに実施されており、今回で5回めにあたる調査結果（前回との比較）の概要は、**表6−1**のとおりである。

調査対象自治体は、東京23区・指定都市及び、令和3（2021）年1月概数調査で20名以上のホームレス数の報告があった市で、約1,300人を目標に個別面接が実施され、1,169人からの回答を得た。平均年齢は63.6歳と前回（平成28〔2016〕年10月調査）より2.1歳高く、路上生活期間10年以上は40.0%と前回より5.4ポイント高かった。

〈表6－1〉ホームレスの実態に関する全国調査結果の概要

路上での生活

（以下、平成28年⇒令和3年）

1　路上生活の形態

　○生活している場所が定まっている者　79.5%（+2.1）

　○生活場所　　・公園　27.4%（▲5.6）　　・河川　24.8%（▲1.5）　　・道路　15.3%（▲0.0）

2　路上生活の期間

　○今回の路上生活の期間

　　・「10年以上」　40.2%（+5.4）　　・「5年以上10年未満」　19.1%（▲1.4）

　　・「3年以上5年未満」　9.2%（▲1.3）　　・「1年以上3年未満」　11.4%（▲0.8）

　　・「1年未満」　19.7%（▲1.9）

3　仕事と収入の状況

　○仕事をしている者　48.9%（▲6.7）

　　→主な内訳は「廃品回収」が66.4%（▲4.4）と最も多い

　○仕事による収入月額

　　・「1万円未満」　6.0%（▲3.6）　　・「1～3万円未満」　18.7%（▲12.0）

　　・「3～5万円未満」　27.5%（▲6.1）　　・「5万円以上」　47.9%（+22.0）

　　→仕事をしている者の平均収入は、約5.8万円（+2.0万円）

路上生活までのいきさつ

1　路上生活の直前の職業と雇用形態

　○職業　　　　　・「建設・採掘従事者」　36.3%（▲11.9）　　・「生産工程従事者」　12.9%（▲0.1）

　　　　　　　　　→建設業関係者が約5割を占める

　○雇用形態　　　・「常勤職員・従業員（正社員）」　45.8%（+5.4）　　・「臨時パート・アルバイト」　23.2%（▲0.9）

2　路上生活に至った理由　　※複数回答のため上位3つを掲載

　○「仕事が減った」　24.5%（▲2.3）、「倒産や失業」　22.9%（▲3.2）、「人間関係がうまくいかなくて、仕事を辞めた」　18.9%（+1.8）

　前回調査結果

　〔「仕事が減った」26.8%、「倒産や失業」26.1%、「病気・けがや高齢で仕事ができなくなった」17.1%〕

　＊上位3位以外では「アパート等の家賃が払えなくなった」13.2%（+2.2）

健康状態

　○健康状態が「あまりよくない」「よくない」と訴える者　34.9%（+7.8）

　　→このうち治療等を受けていない者　63.5%（+2.6）

福祉制度の周知・利用

　○「巡回相談員に会ったことがある」　78.9%（▲10.9）

　　→「会ったことがあり相談した」　29.5%（▲17.3）

　○「シェルターを知っている」　69.2%（▲1.0）

　　→「知っており利用したことがある」　21.9%（+1.3）

　○「自立支援センターを知っている」　68.4%（▲4.9）

　　→「知っており利用したことがある」　13.3%（▲1.8）

　○「生活保護を利用したことがある」　32.7%（▲0.2）

今後の生活について

　○今後どのような生活を望むか

　　・「アパートに住み、就職して自活したい」　17.5%（▲4.2）

　　・「アパートで福祉の支援を受けながら、軽い仕事を見つけたい」　12.0%（▲0.8）

　　・「今のままでいい」　40.9%（+5.6）

　○求職活動状況

　　・「求職活動している」　8.4%（▲3.0）

　　・「今も求職活動していないし、今後も求職活動をする予定はない」　75.5%（+2.9）

（注）（　）内は平成28年調査結果からの変動値。

（出典）厚生労働省「令和3年　ホームレスの実態に関する全国調査（生活実態調査）」結果（令和4年4月公表）をもとに筆者作成

第6章

❷令和5（2023）年概数調査

　次に、毎年実施されている概数調査である令和5（2023）年1月概数調査では、ホームレスが確認された自治体は、234市区町村（令和4〔2022〕年は246市区町村）であり、令和4（2022）年1月の概数調査と比較すると12市区町村（4.9%）減少している。本調査は、市区町村による巡回での目視調査で、男女別ホームレス数、場所別（都市公園、河川、道路、駅舎、その他施設の5区分に分類）ホームレス数を調査するものである。

　調査結果（前回との比較）の概要は、**表6－2**のとおりである。

〈表6－2〉最新の概数調査（ホームレスの実態に関する全国調査）の概要

1　全国のホームレス数　　　　　　　　　　　（以下、令和4年⇒令和5年） 　3,448人 ⇒3,065人（▲383人） （1）ホームレスの多い都道府県 　・大阪府：966人 ⇒888人（▲78人） 　・東京都：770人 ⇒661人（▲109人） 　・神奈川県：536人　⇒454人（▲82人） （2）ホームレスの多い市区 　・大阪市：923人 ⇒841人（▲82人） 　・東京都23区：703人 ⇒604人（▲99人） 　・横浜市：285人 ⇒247人（▲38人） 　・福岡市：182人 ⇒144人（▲38人） 　・川崎市：161人 ⇒132人（▲29人） 　・仙台市：88人 ⇒84人（▲4人） 　・名古屋市：84人 ⇒78人（▲6人） 2　ホームレスの生活している場所 　・都市公園：849人 ⇒771人（▲78人） 　・河川：828人 ⇒719人（▲109人） 　・道路：735人 ⇒678人（▲57人） 　・駅舎：197人 ⇒190人（▲7人） 　・その他施設：839人 ⇒707人（▲132人）

（注）（　）内は令和4年調査結果からの変動値。
（出典）厚生労働省「ホームレスの実態に関する全国調査（概数調査）」結果（令和5年4月公表）をもとに筆者作成

第2節　ホームレス支援策の概要

1 ホームレス自立支援法の制定

　ホームレス問題への本格的な取り組みは、厚生省（現 厚生労働省）では、「ホームレス問題連絡会議」による「当面の対応策」をふまえた、平成12（2000）年から実施されるホームレスの自立支援事業（自立支援センター）を契機に進められた。同事業は自立支援センターの整備の中で宿所及び食事を提供し、健康診断、生活相談・指導及び職業相談・あっせんを行うことで、利用者の就労の自立を促進することを目的に実施された。

　しかし、長引く不況下にあって、従来の労働政策や福祉制度での対応には限界も見えた。法律としての対応がにわかに求められ、地方自治体のみならず、国が果たすべき役割を明確にすべきであるとの議論と、多くの民間支援団体から法制化への要望が強く出されるようになった。

　その結果、平成14（2002）年8月、ホームレス自立支援法の成立をみることとなった。同法は、10年間の時限立法であるが、施行後5年で見直しをするとしており、同法成立によって、低所得者対策の一つとして、国がホームレスの自立支援を進めていくという道筋が示されることとなった。なお、平成24（2012）年6月には、同法の期限が5年間延長され、さらに平成29（2017）年6月には、議員立法により10年間延長する改正案が国会で可決成立した。

2 「ホームレスの自立の支援等に関する基本方針」

　平成15（2003）年7月には、平成14（2002）年8月に成立したホームレス自立支援法に基づき「**ホームレスの自立の支援等に関する基本方針**」（以下、基本方針）が策定され、平成20（2008）年7月、平成25（2013）年7月にはホームレスの実態に関する全国調査の結果をふまえ見直しがされていくこととなる。

（1）平成15（2003）年7月

　ホームレス自立支援法の制定以降、ホームレス問題への対応は、雇用、

住宅、保健医療、福祉等の各分野にわたる総合的な取り組みの必要性が強調され、平成15（2003）年7月末に、基本方針が策定された。そこでは、全国調査を通してホームレスの現状の把握を行うとともに、ホームレス自立支援法第8条第2項に関連した内容として、具体的なホームレス対策の推進方策が提示された。

　調査結果として、ホームレス状態にある人の状況は、①就労意欲はあるが仕事がなく失業状態であること、②医療や福祉の援護が必要なこと、③社会生活を拒否していることであるとし、このような状況に対応した具体的な対策を提示している。その中では、ホームレスの自立支援事業、及びホームレス個々人の事情に対応した自立を総合的に支援する事業の展開を進めることや、自立支援プログラムの策定を通して、就労支援とその後のアフターケアを含めた対応を行うことの必要性が強調された。

　また、生活保護法の適用については、居住の場所がないことや稼働能力があることのみをもって、保護の要件に欠けるということではなく、①ホームレスの抱える問題やさまざまな状況、精神的・身体的状況、日常生活管理能力、金銭管理能力、稼働能力等を十分に把握した上で、自立に向けての指導援助の必要性を考慮し、適正な保護を実施することや、②ホームレスの日常生活管理能力、金銭管理能力等の状況から見て、直ちに居宅生活を送ることが困難な者については、保護施設や無料低額宿泊事業による宿泊所等において保護を行うことなどがあげられた。

（2）平成20（2008）年7月

　平成20（2008）年7月、新たな「ホームレスの自立の支援等に関する基本方針」（厚生労働省・国土交通省告示第1号）が示された。この基本方針は、平成15（2003）年の基本方針に代わるものであり、新たな内容を加えてまとめられた。

　上記の調査結果・分析もふまえ、平成20（2008）年の方針では、ホームレスの自立支援に向けて、国、地方公共団体ならびに民間団体などが連携して、よりきめ細かで総合的な取り組みを行うことの必要性に言及している。また、地域によって状況が異なることにも配慮し、地域特性に合った展開を求めている。

　全国調査の結果から、食事の確保や健康面での問題を抱えるなど、健康で文化的な生活を送ることができない状況にあること、高齢化していること、野宿生活が長期化していること、就労によって自立する意欲が低い者の割合が増加している等の傾向が見られることを示した上で、ホ

ームレスが自らの意思で安定した生活を営めるように支援するには、就業の機会の確保とともに安定した居住の場の確保、その他保健・医療の確保、生活に関する相談・指導による自立支援策などが必要であるとし、課題ごとに取り組み方針を示している。

　例えば、就業については、ホームレスの状況や能力に合った職業開拓、能力開発、職業訓練、情報収集・提供、雇用主の支援等について言及している。また、安定した居住場所の確保に関しては、地方公共団体において「住宅確保要配慮者に対する賃貸住宅の供給の促進に関する法律」（住宅セーフティネット法）第10条第1項に規定する居住支援協議会の枠組みの活用を図り、民間賃貸住宅にかかわる団体と自立支援センターやその他福祉部局との連携の促進を求めている。

　ホームレス状態にある人たちの自立支援については、地方公共団体が社会福祉協議会、NPO（非営利組織）、ボランティアグループ等、地域の資源と連携、協力し、生活相談・生活支援を行うこと、また、現にホームレス状態ではなくとも、ホームレスになることを余儀なくされる恐れのある者についての支援の必要性についても言及している。

　そしてこれらの取り組みに向けて、都道府県及び市町村が、各地の現状・課題を把握し、民間団体や関係者等の意見も幅広く聴取しながら、ホームレス対策に関する実施計画について策定することを求めている。

（3）平成25（2013）年7月

　全国調査の結果からは傾向として、①路上生活者の高齢化・長期化の進展、②高齢・長期層の路上生活は廃品回収等の収入で生活が営まれていること、③再路上化が繰り返されていること、④屋根のある場所と路上を行き来する若年層が一定数いること、などがみられるとしている。

　これらの状況に対し、ホームレス支援は総合的かつきめ細かな対策を講ずる必要があるとして、就業の機会の確保、安定した居住の場所の確保、保健及び医療の確保、生活に関する相談及び指導、ホームレス自立支援事業及びホームレスの個々の事情に対応した自立を総合的に支援する事業等の取り組みをあげている。また、施策はあくまでも緊急的かつ過渡的な施策として位置付け、ホームレスの自立支援体制については国、自治体が地域の実情に即し計画策定、実施と推進に努めるとしている。

第6章

3 生活困窮者自立支援法における ホームレス支援策

＊3
本書第4章第1節参照。

　生活困窮者自立支援法が平成25（2013）年12月に成立し、平成27（2015）年4月施行された。[＊3] 同法で定められた事業の一つである**一時生活支援事業**は、一定の住居のない生活困窮者に対し当面の日常生活に関する支援（宿泊場所や衣食の提供等）を行うとしている。同事業は、ホームレス対策事業として実施されてきた「ホームレス緊急一時宿泊事業」（シェルター事業）等を移行して運用されることになった。移行後は、生活困窮者自立支援法の事業である自立相談支援事業等を行う機関や各法、とりわけ生活保護法やホームレス自立支援法等と連携し、体系的・包括的に支援を展開していくこととなった。

❶生活困窮者自立支援法で規定する一時生活支援事業（法施行時）

　一時生活支援事業は任意事業の一つである。同事業の支援内容は、衣食住の提供であり、同法において一時生活支援事業は「福祉事務所設置自治体は、住居のない生活困窮者であって、所得が一定水準以下の者に対して、省令で定める期間内に限り、宿泊場所の供与や衣食の供与等を実施」することになっている。同事業は衣食住の提供とともに、場合によっては、同事業利用期間中に求職活動やアパート等を借りる資金を貯蓄し、自立を支援することをそのねらいとしている。

　同事業の実施主体は、都道府県、市及び福祉事務所を設置している町村であり、単独または自治体間で共同実施することも可能である。また、社会福祉法人等に委託可能である。人員については施設で相談支援員を常駐する場合、一時生活支援事業とあわせて自立相談支援事業を受託する必要がある。生活困窮者自立支援法の対象とする「生活困窮者」は「現に経済的に困窮し、最低限度の生活を維持することができなくなるおそれのある者」と広く対象者を規定しているが、一時生活支援事業の対象要件は「省令において、世帯収入が住民税非課税相当以下の者を参考に設定」と具体的な所得・資産要件を定めている（ただし、緊急性が求められる場合、個々の状況に合わせ即時的に利用できる）。

　平成30（2018）年改正では、これまでの一定の住居をもたない生活困窮者のほかにシェルター等を利用していた人や居住に困難を抱える人であって地域社会から孤立している人を対象に追加している（平成31〔2019〕年4月施行）。

❷生活保護法、ホームレス自立支援法との関係

　生活困窮者自立支援法の対象者には生活保護受給者は含まれないが、一時生活支援事業の利用者には、要否判定期間中の利用や医療扶助単給受給もあるため、場合によっては生活保護法の適用を認めている。

　また、ホームレス自立支援法下における対策として、ホームレス総合相談推進事業（巡回相談指導等事業）、ホームレス緊急一時宿泊事業（シェルター事業）、ホームレス自立支援事業（自立支援センター）、ホームレス能力活用推進事業、NPO（非営利組織）等民間支援団体が行う生活困窮者等支援事業などが実施されている。生活困窮者自立支援法施行に伴い、ホームレス自立支援法で行っていたホームレス緊急一時宿泊事業、ホームレス自立支援事業は一時生活支援事業に、ホームレス総合相談支援事業は自立相談支援事業に移行された。

4 最近の基本方針の動向

　国は、「ホームレスの実態に関する全国調査（生活実態調査）」を踏まえ、平成27（2015）年7月、平成30（2018）年7月に、**ホームレスの自立の支援等に関する基本方針**を策定（改定）してきた。

　令和5（2023）年7月に策定された基本方針では、ホームレス等の自立を積極的に促すとともに、ホームレスとなることを防止するための生活上の支援の推進を記している。

　令和5（2023）年の基本方針の概要は、次の通りである。なお、基本方針の適用期間は、告示日から起算して5年間となっている。

（1）基本的な考え方

　ホームレス自立支援施策は、自らの意思で安定した生活を営めるように支援することが基本であるとし、そのためには、就業機会の確保が最も重要であり、同時に、安定した居住の場所の確保、地域で自立した日常生活が継続可能となる環境づくり、保健医療の確保、生活に関する相談及び指導等の総合的な自立支援施策を講ずる必要がある。

　生活困窮者自立支援法による自立相談支援事業を中心として、生活保護法等の関連制度と連携し、包括的な支援を恒久的に提供する必要がある。一時生活支援事業にも積極的に取り組むとともに、住宅セーフティネット法が規定する居住支援協議会を活用した関係者間の連携を図る。

＊4
平成30（2018）年6月改正。

（2）各課題に対する取り組み方針

❶就業の機会の確保

　就労意欲はあるが仕事がなく失業状態にある者については、職業相談、求人開拓等の既存施策を進めるなど、各種の就業対策を実施する（就労準備支援事業や就労訓練事業の利用機会の提供、多種多様な職種の開拓等に関する情報収集及び情報提供等、職業相談等、雇用関連施策と福祉関連施策の有機的な連携）。

❷安定した居住の場所の確保

　安定した居住の場所の確保のための入居の支援等に向けては、国、地方公共団体及び住宅セーフティネット法に規定する居住支援法人等が連携し、公営住宅及び民間賃貸住宅を通じた施策が重要である。

❸保健及び医療の確保

　個々のニーズに応じた健康相談や、保健指導等による健康対策、結核検診等の医療対策の推進とともに、衛生状況を改善していくため、都道府県と市町村が連携し、ホームレスの健康状態の把握や清潔な衛生状態の保持に努めるとともに、疾病の予防、検査、治療等を包括的に行う保健医療及び福祉の連携・協力体制の強化が重要である。また、路上やシェルター等において、保健師、看護師、精神保健福祉士等の保健医療職による医療的視点に基づいたきめ細かな相談や支援が必要である。

❹個々の事情に対応した自立の総合的な支援

　女性のホームレス等に対しては、性別に配慮したきめ細かな自立支援を行う必要がある。性的マイノリティのホームレス等に対しては、相談支援を行うなかで、個々の事情について配慮を行う必要がある。

　配偶者等からの暴力により、ホームレスとなることを余儀なくされた者については、配偶者暴力相談支援センター等の関係機関と連携し、当面の一時的な居住の確保や相談支援等の必要な支援を行う必要がある。

　債務や滞納等を抱えているホームレス等については、家計の視点から の専門的な情報提供や助言、債務整理等に関する支援（法テラスへの同行支援等）等を行う。

❺ホームレスの人権の擁護

　人権擁護について、ホームレス及び近隣住民の双方の人権に配慮しつ

つ、取り組みを推進する必要がある（偏見や差別的意識の解消、啓発広報活動、人権相談等を通じた、暴力、嫌がらせ等の解消等）。

　地域における生活環境の改善・地域における安全の確保、地域社会の理解とパトロール活動の強化等の地域安全活動、指導・取り締まり等を実施する必要がある。

❻その他、ホームレスの自立の支援等に関する基本的な事項

　ホームレス問題の解決を図るためには、ホームレスの自立を直接支援する施策の実施とともに、路上（野宿）生活を脱却した者が再度路上（野宿）生活になることを防止し、新たなホームレスを生まない地域社会づくりを推進する必要がある。

（3）総合的かつ効果的な推進体制

❶国の役割と連携

　国は、ホームレスの自立支援施策に関する制度や施策の企画立案、また、効果的な施策の展開のための調査研究、ホームレス問題や各種の施策についての地域住民に対する普及啓発、関係者に対する研修等を行う。さらに、地方公共団体や関係団体におけるホームレスの自立支援に関する取り組みを支援するため、各種の情報提供を積極的に行うとともに、財政上の措置その他必要な措置を講ずるよう努める。

❷地方公共団体の役割と連携

　地方公共団体は、基本方針に即して、市町村におけるホームレス自立支援施策が効果的かつ効率的に実施されるための課題を検討した上で、必要に応じてホームレス自立支援施策に関する実施計画を策定し、それに基づき、地域の実情に応じて計画的に施策を実施する。また、地方公共団体においてホームレスの自立支援に関する事業を実施する際には、関係団体と十分連携しつつ、その能力の積極的な活用を図る必要がある。

❸関係団体の役割と連携

　ホームレスの自立の支援等を行う民間団体は、ホームレスの生活実態を把握しており、ホームレスに最も身近な地域のNPO、ボランティア団体、民生委員、社会福祉協議会、社会福祉士会、社会福祉法人、居住支援法人等との連携が不可欠である。

第3節 ホームレス支援の実際

1 ホームレス支援の実践

　ホームレス支援においては、駅舎、公園、河川などで生活しているホームレスの状態にある、またはホームレス状態となる恐れのある人に対して、自治体、生活保護の実施機関（福祉事務所）、巡回相談事業を委託された社会福祉法人、NPO等の職員が定期的な巡回により現地で相談を受け、その人が抱える問題を把握し、必要な援助が受けられるように、福祉事務所、医療機関、自立支援センターなどの各種機関と連携・協働している。

　ホームレス状態にある人たちの中には、路上生活を余儀なくされた者だけでなく、本人自らの意思でこのような暮らしを選択した人もおり、福祉サービスなどの利用を無理に勧めることもできず、この事業のむずかしさを日々感じている職員も少なくない。しかし、本人に了承してもらえる範囲で繰り返し出向いて相談を行うなど時間をかけ支援につなげる取り組みを行う必要がある。

　これらの活動では、主としてアウトリーチの手法がとられ、住居や食事、場合によっては医療の提供が行われ、住居設定後は、生活再建に向けて、日常生活支援、社会生活支援、就労支援等を行っている。アウトリーチの段階では、主として本人の生活の場で相談やはたらきかけなどが行われるが、住居設定後は、居宅、施設、病院等で行われるのが一般的である。また財源としては、公的資金、助成金、寄付金等が充てられる。

2 ホームレス支援に必要なこと

　ホームレス状態にある人たちの支援の基本は、生活困窮者自立支援法や生活保護法など、公的な制度利用へのつなぎからさらに自立支援につなげることにあるが、社会的包摂の観点からも、官民協働により進められることが重要になっている。ホームレス支援に必要な具体的方策として、次の視点・機能が必要になると考えられる。

❶情報提供（広報）機能

　①ホームレス状態にある人たちに対し、どのような社会資源（相談す

る場所、利用できる制度・サービス等）を活用できるかについての情報、②地域住民等に対し、ホームレスに対する理解促進のための情報、③関係機関・施設・団体等に対して、ホームレスの実態・支援実績等についての情報、④議会・行政に対し、ホームレスの実態・支援実績等の情報、などを提供することなど。

❷情報収集（調査）機能

①ホームレス状態にある人たちが地域にどれだけいるか、またどのような実情にあるか（困窮状態／生活課題を抱えているか）、②ホームレスに対し、地域住民等がどのような要望・意見をもっているか、③ホームレスに対し、関係機関・施設・団体がどのようなかかわりをしているか、④ホームレスに対し、議会・行政がどのような考え、施策を打ち出して（打ち出そうとして）いるか、などについて明らかにすることなど。

❸問題発見機能

①地域に積極的に出向きホームレスを発見すること、②地域住民に対し、ホームレスを見かけた場合は積極的に通報連絡してくれるよう依頼すること、③関係機関・施設・団体から同様の通報・連絡をしてくれるよう依頼することなど。

❹相談援助・支援機能

①本人の状態・意向を聴取した上で、アセスメントを行い、その社会的必要に応じて社会資源（公私の社会資源）提供を行っていくこと、②生活課題と社会資源とのマッチングにあたり、関係機関への紹介・同道等を行うことなど。

❺ネットワーク機能

ホームレスの問題解決・緩和は、機関・施設・団体個々で解決できる問題ではなく、社会資源を結び付けるネットワーク化が図られて初めて可能であることを認識し、関係機関・関係者等のネットワーキングを行うことなど。

❻資源開発機能

既存の社会資源がホームレスの生活構造（労働の不安定性、生活の不安定性がもたらす生活構造にあること）に見合ったものとはいえない状

第6章

況にある場合、ホームレスの生活構造に即した社会資源の開発の必要性を認識し、それらを開発していくことなど。

❼ コーディネート機能

関係機関・施設・団体等の連絡調整を行い、情報の共有、支援方法の確認等が行われて初めて問題解決・緩和が図れることを認識し、コーディネート機能を発揮することなど。

❽ 代弁的機能

ホームレス状態にある人たちの意向を反映すること、すなわち、直接・間接に物理的・社会的はく奪状態にあることを明らかにし、ホームレス状態にある人たち自身が生活課題を解決・緩和し、市民生活を送れるよう、権利擁護・権利獲得のための支援・活動を行うことなど。

❸ 今後のホームレス対策

前節で述べてきたように、ホームレス対策は、支援策についての事業を定めた生活困窮者自立支援法の中に法定化され実施されることとなった。また、ホームレス自立支援法は10年間延長された。制度の動向が注視されるなかで、各自治体がホームレス対策事業の推進にあたっては、引き続き次のような点に留意することが求められている。

まず、ホームレスが少ない自治体においても、ネットカフェなど不安定な居住形態にある生活困窮者は一定程度存在すると考えられる。そうした生活困窮者の実態を全国調査などによりきちんと把握する必要がある。そして、相談を自治体の自立相談支援機関の窓口が受けた場合、自治体が一時生活支援事業を展開していないと適切に支援することができない。しかしながら、生活困窮者自立支援法の趣旨を生かすためには、自治体で独自の支援策が生み出せないならば、他の自治体と連携した広域的な取り組みを検討する必要がある。

次に、一時生活支援事業の委託に際しては、法定化された事業であることの重要性をふまえて、「事業を適切、公正、中立かつ効率的に実施することができる者で、社会福祉法人、一般社団法人若しくは一般財団法人又は特定非営利活動法人その他都道府県等が適当と認めるもの[*5]」に委託が可能とされている。しかし、事業における支援の継続性の観点を重視することが不可欠であり、そのためには事業者の選定について支援

＊5
生活困窮者自立支援法施行規則（省令）第9条。

の実績やノウハウを十分ふまえていくことが欠かせない。

　また、一時生活支援事業における宿泊施設は、利用者の保健衛生及び防災等に十分配慮された施設の構造及び設備を有するものとし、宿泊施設や民間アパート等を借り上げる方法により実施する場合は、利用者の安全の確保に配慮するものとする。

　第三に、以前は自立支援センターやシェルターから就労自立等でホームレスを脱却した者に対しては、再路上化を防ぐことがなかなかむずかしい状況にあった。生活困窮者自立支援法の自立相談支援事業では、こうした継続的な支援も担うことが可能であり、適切なアフターケアを実施するシステムを構築する必要がある。また、以上の居住に不安のある生活困窮者は、自立相談支援事業でアセスメントを行うなかで、単に一時生活支援事業の利用にとどまらず、そのほかの生活課題についても十分に把握することが生活困窮者自立支援法の趣旨であることを認識する必要がある。

4 ホームレス状態にある人々への支援の事例

　ホームレス状態にある人々への支援は、大きくは、ホームレス自立支援法、生活保護法、生活困窮者自立支援法の３つの法律によって行われている。支援にあたっては、ホームレス状態にある人々個々の意向や実情が反映される形で居所の設定（居宅・施設・病院等）が行われるよう配慮していくことが大切である。

　ここでは、支援の実際を理解するために、２つの事例を紹介する。ホームレス状態にある人々への自立支援のイメージをつかんでいただきたい。

（1）NPOによる自立支援

事 例 1

＜世帯の状況＞
Dさん　65歳（男性）。路上生活を続けて３年になる。

＜支援につながるまでの経過＞
　Dさんは、中学卒業後地元を離れ、都市部にある町工場に就職した。Dさんは母子世帯で育っており、Dさんの兄３人も同じように地元を離れて就職していた。このためDさんも兄と同様の道を歩んだ。

　就職して3年間は、町工場で働きながら実家に仕送りしていたが、職場の人間関係がうまくいかず退職。その後は建設関係の仕事に就き、全国各地の現場を回り仕事をしていた。50代なかばで腰が悪くなり、それまでのように働けなくなったDさんは、簡易宿泊所に寝泊まりしながら、不定期に日雇いの仕事に従事していた。しかし、60代になりだんだんと仕事がなくなり、とうとう簡易宿泊所に泊まることができなくなった。2回ほど一時入所施設を利用したこともあったが、同室者に気を使う生活が耐えられず、62歳より、公園で寝泊まりしながら、アルミ缶や雑誌を集めて換金し、何とか日々の生活を送ってきた。

＜支援の経過①：NPOの支援員との出会い＞

・公園で寝泊まりを始めて間もないころから、月に数回、NPOの支援員やボランティアがおにぎりなどの食料を持って訪ねてくるようになった。Dさんを心配し、医療や生活の支援が受けられることを話してくれたが、以前利用した施設のことを思い出すと、Dさんはとても支援を受ける気持ちにはなれなかった。

・Dさんが支援を拒否しても、民間団体の支援員やボランティアは、訪問をやめることはなく、定期的に、安否確認と食料の支援が続いていた。

＜支援の経過②：支援の実施＞

・公園での生活が始まってから3年、Dさんは65歳になっていた。ある日、Dさんは、自転車でアルミ缶を運んでいる途中で転倒してしまった。足をけがしたDさんは、辛うじて公園に戻ったが、自分で動くことができなくなってしまった。公園で寝泊まりする仲間が心配して食料などを運んでくれたが、痛みは増すばかりであった。

・5日ほどたったとき、いつものように訪問した民間団体の支援員は、Dさんの異変を察知し、救急車でDさんを病院に搬送した。右足を骨折しており、手術とリハビリが必要な状況であった。

・Dさんは入院し、手術をすることになった。入院と同時に病院の医療ソーシャルワーカーが福祉事務所に連絡を入れ、生活保護が開始された。

・入院中、民間団体の支援員は、しばしばDさんを見舞った。そして、これまで苦労しながら働き、自分で生活してきたDさんをねぎらった。支援員は、病院への訪問を重ねながら、落ち着いて安定的な暮らしをしたいというDさんの希望を受け止めた。そして、生活保護担当ワーカーと医療ソーシャルワーカーとともに、退院後の支援について検討することとした。

・Dさんを交えて検討した結果、退院後は、民間団体が運営するシェルターに入所し、地域でひとり暮らしができるように準備していくことになった。

<その後の経過>

・退院後、民間団体が運営するシェルターに入所したDさんは、通院によるリハビリを行いながら、特に支障なく日々の生活を送ることができるようになった。シェルターには、日中、入所者が集まり談笑できるサロンがあるが、支援員が見守る中で、Dさんは次第にサロンでスタッフや入所者とも交流できるようになっていった。

・半年ほどたったとき、Dさんは、民間団体とつながりのある家主から、シェルターの近くに入居可能なアパートを紹介してもらうことができた。そして、アパートでひとり暮らしをすることになった。

・現在、Dさんは、毎日シェルターのサロンに通い、スタッフとともに、サロンの運営を手伝っている。路上生活を経験した当事者として、シェルターにつながる利用者の、よき相談相手にもなっている。

<考察>

　ホームレス状態にある人々の中には、自分から支援を求めることのできない人が少なくない。また、Dさんのように、人間関係で苦労をした経験がある場合は、集団生活を余儀なくされる施設の入所を望まなかったり、支援者も含め人とかかわることに積極的になれない場合もある。

　本事例では、NPOの支援員が、Dさんが支援を拒否しても訪問を継続し、関係構築の土台をつくっていたことが、その後の支援を進める鍵となった。NPOのもつシェルターなどで家族的な居住の場、人とのつながりを構築するサロンのような居場所なども、Dさんが地域で自分らしく生活していくために不可欠な社会資源であったといえるだろう。

第6章

（2）一時生活支援事業の利用による自立支援

事 例 2

<世帯の状況>

Eさん　27歳（男性）。失業し、住まいがない状態にある。

<相談に至る経過>

　Eさんは、高校卒業後、地元の企業で営業の仕事に就いたが、ノルマが厳しく、3年で退職。その後、飲食店、配送業などのアルバイトをしながら生計を維持していた。半年前に父母が離婚したため実家を出なければならなくなった。頼れる親族、友人がなく、ネットカフェに泊まりながら、不定期に働いていたが、不眠もあり、体調を崩すことが多くなっていた。どうしよう

かと悩んでいたところ、ネットカフェに貼ってあった、「仕事とくらしの相談センター」（生活困窮者自立支援制度の自立相談支援事業。以下、相談センター）のチラシを見つけ、思い切って電話で相談することにした。

<支援の経過①：初回相談>

・Eさんが相談センターに電話したところ、応答した相談支援員がEさんを心配し、親身になって相談に乗ってくれようとしていることが伝わってきた。Eさんは、相談支援員の勧めで、その日のうちに相談センターを訪れた。

・相談支援員は、Eさんの不安を受け止めた。そして、今後の生活を考えていくにあたり、原則3か月、最大6か月まで利用できる、「自立支援センター」（生活困窮者自立支援制度の一時生活支援事業）という名称の宿泊場所と、食料や衣料の提供をする施設があるという情報をEさんに伝えた。

・Eさんは、施設を利用することに不安がなかったわけではないが、自立支援センターでは、就職に向けた支援もしてもらえることを知って思い切って利用することとした。

<支援の経過②：支援の実施>

・自立支援センターに入所したEさんを、自立支援センターのソーシャルワーカーは、あたたかく迎えた。「まずは、ゆっくり身体を休めてください。これからのことは、一緒に考えていきましょう」とのソーシャルワーカーの言葉かけに、Eさんの不安は和らいだ。

・自立支援センターで、食事、入浴ができ、夜も眠れるようになったEさんは、就職に向けて動いていくこととなった。自立支援センターには就労支援員がおり、面接を重ねる中で、Eさんの希望に即した求人を一緒に検討するとともに、履歴書作成や面接に向けた準備等を支援した。

・就職は、1度の採用面接では決まらなかったが、就労支援員とソーシャルワーカーは、就職に向けた一つひとつのプロセスに誠実に取り組むEさんの努力を認め、励まし続けた。その結果、2か月後、Eさんはパンの製造をする会社に就職することができた。今後は、パンの製造ができる職人をめざしていくことになる。Eさんが以前から憧れていた仕事とのこと。

・就職する会社には寮があったが、仕事に慣れるまで、Eさんは自立支援センターから職場に通うことになった。早朝からの仕事であり、当初は夕方疲れた様子で自立支援センターに戻るEさんの姿が見られたが、だんだんと仕事や職場にも慣れていった。

・2回目の給料が出て、寮で使う家財や日用品等が購入できるようになったEさんは、自立支援センターを退所することとなった。自立支援センターのソーシャルワーカーは、寮に引っ越しをするEさんを見届けた。

＜その後の経過＞

・Ｅさんは、その後も就労を続けている。ときおり、試作したというパンを持って、相談センターと自立支援センターを訪れている。

・職場と寮との往復だけを続けているというＥさんに、相談センターの相談支援員は、Ｅさんが住む地域で継続的に行っている「食事会」にボランティアとして参加してくれないかと呼びかけた。

・子どもや高齢者が集まる「食事会」で、Ｅさんは、黙々と調理を手伝ったり、皿を洗ったりしている。寡黙であるが、誠実に役割を果たし、子どもたちとのトランプやゲームにとことん付き合うＥさんは、今ではすっかり人気者になっている。

＜考察＞

　近年では、本事例のＥさんのような、住まいを失った若年のホームレス状態の人々が少なくない。ネットカフェやファストフード店などに滞在しながら、不安定就労を続けるこうした人々は、外からは見えにくく、また、本人自身も自らSOSを発することがなかなかできないことが多い。

　本事例では、Ｅさんがチラシを見て相談できたこと、また、最初の電話相談で相談してみようと思ってもらえるような対応ができたことが、支援につながるポイントとなった。家族や友人など頼れる人がいない相談者の場合は、地域で生活を始めた後のフォローアップや、人とのつながりの構築も大切である。住まいと仕事の確保だけにとどまらず、地域で孤立しないための居場所やつながりをつくる支援も不可欠であるといえるだろう。

第6章

参考文献

● 岡部　卓「地域福祉と社会的排除－ホームレス支援の課題と展望」『人文学報』№339（2003年）首都大学東京

● 全国社会福祉協議会・ホームレスへの市民福祉活動の開発に関する実践研究委員会「ホームレス支援と地域福祉－ホームレスを支援する市民福祉活動と社会福祉協議会」2002年

● 全国社会福祉協議会・ホームレス問題への市民理解をすすめる啓発資料編集委員会「ホームレス支援をすすめるために－地域の実践事例から学ぶ－」2003年

● 厚生労働省社会・援護局「社会・援護局関係主管課長会議資料」2017年

COLUMN

◉「路上」に思う、「地域社会」の姿

「お前、こんなところで油売っててていいのか？　ちゃんと勉強してんのか？」「俺にも、お前ぐらいの息子がいるんだよ」

そして笑いながら、「俺みたいになっちゃダメだぞ」。

「路上訪問」での一場面。高校・大学生くらいの人と一緒に訪問すると、ときおり「路上のおっちゃん（親しみをこめてこう呼んでいる）」から投げかけられる言葉である。何度聞いても、いまだに返す言葉も浮かばない。しかし同時に、「俺」と称して語り始めるその言葉に、自らの暮らしを語ろうとする力を実感することもある。

私は、東京・新宿のNPOで「ホームレス状態」にある人々、「路上生活者」等とよばれる人々とかかわっている。平成6（1994）年の夏ごろからのかかわりである。

その取り組みの一端である「路上訪問」。新宿駅周辺の片隅にごく普通の「市民」がボランティアとして参加して、路上で暮らす人々を「訪問」し、言葉を交わして歩く。「誰でも参加自由」として参加者を募り、絶えず入れ替わる人々が「担い手」となり、成り立ってきた。

実は、取り組みを始めた当初は「誰でも」と呼びかけていたわけではなかった。路上死など厳しい生活状況を目の当たりにすることもあった。就労支援や生活保護制度などの社会福祉諸施策の活用を図れないかとやっきになっていたころだった。冒頭で「俺」と語りはじめる「路上のおっちゃん」との出会いは、象徴的な出来事の一つだ。出会って間もないころに「持病が悪化して職を失った。病院に行く金はないから、どうしようもない」と言う。「生活保護制度を活用すれば、医療費を自分で負担することはない。せめて病院だけでも」と勧めても、なぜか同じ言葉を繰り返すばかり。「このままでいい」「放っておいてくれ」とかかわりを「拒まれる」ことは、ほかの出会いでもたびたびあった。

「支援者」のようにふるまうほどに、目を伏せてしまう。私たち自身がかかわりにとまどい、広く参加を呼びかけるどころではなかった。

そうした支援・援助への「拒否」とも聞こえる言葉は、「路上」だけの特別なものではない。このような「拒否」が注目されるようになったのは、在宅でのひとり暮らし高齢者の支援にかかわる分野で「孤立死」が生じてしまう背景として、「セルフネグレクト」概念が語られたのがきっかけだったと覚えている。医療や食事などを「拒む」行為が、自らの健康や安全を損ない死に至ることもある。今では高齢者だけでなく、いわ

ゆる「ごみ屋敷問題」、若者の「ひきこもり」「自死」等の背景課題として語られることも多く、医療・福祉分野の大きな課題といわれている。

「路上訪問」の中で聞く「このままでいい」という言葉にも、同様の課題を感じていた。それも当事者の意思なのだからと、文字どおりに受け取っていいのか、と。

あるとき、大学生のボランティアに向かって突然、冒頭の「おっちゃんの言葉」が飛び出した。何がきっかけとなったのかはわからない。どこか遠いところにいる息子さんの姿に重なったのかもしれない。それから、「おっちゃん」はふるさとや家族のことを熱心に語り始めた。そして、なぜ自分が路上生活にまで至ったかも、悔しさや後悔の思いもこめながら話し続けた。何かできるわけでもなく、ひたすらその話を聞きながら訪問を重ねるなかで、「病院へ行く」と本人の言葉として語られるようになった。「そのための援助がほしい」「もう一度ネクタイを締めているところを息子に見せるまでは、死ぬわけにはいかないのだ」と。

生活保護制度の説明をするたび、うんざりとした表情で「病院へは行けない」と繰り返していたときのその気持ちに、はじめて想いを馳せることができた。家族に扶養照会が行われることとなる。そうした運用について、私たちが話すまでもなく十分にご存知だったのだろう。必要だったのはご自身の気持ちを受け入れるプロセスだったのかもしれない。

人としてのお互いの「顔の見える関係」を手探りのようにつくっていく中で、いきいきとした表情が表れてくる。そして、自らに必要なニーズ、「これからの暮らし」を自らの言葉として語り始める。この人自身の「生活者」「市民」としてのチカラを感じた。当事者の「意思」なるものは、その人個人のものとしてだけ存在しているわけではないのかもしれない。誰かとの出会い、またそのかかわりのあり方次第でさまざまに変わり得るものなのだ。

「市民」としての多様な出会いをどう育んでいくか。「路上訪問」での私たちの課題は、「誰でも参加自由」と呼びかけながら、そうした「出会いの場づくり」へと変わっていった。

「セルフネグレクト」という概念は、私たちの日々の暮らしの中に生じている「社会的孤立」の実態を示すとともに、地域社会・コミュニティのあり方そのものを問うているのかもしれない。

ソーシャルインクルージョン（社会的包摂）という言葉が地域福祉にかかわるさまざまな分野で理念として語られるようになって久しい。「包摂」のありようは、市民一人ひとりが「当事者」として問われていると感じてならない。

第6章

資料編

生活保護法制関係資料

● 恤救規則 ———————————————— 252

● 救護法 ————————————————— 252

● 生活困窮者緊急生活援護要綱 —————— 253

● 生活保護法〔旧法〕————————— 254

● 生活保護法 ——————————————— 256

● 生活困窮者自立支援法 ———————— 273

● ホームレスの自立の支援等に関する特別措置法 — 278

● 子どもの貧困対策の推進に関する法律 ————— 280

生活保護法制関係資料

恤救規則〈明治 7 年12月 8 日太政官達第162号〉

済貧恤救ハ人民相互ノ情誼ニ因テ其方法ヲ設クヘキ筈ニ候得共目下難差置無告ノ窮民ハ自今各地ノ遠近ニヨリ50日以内ノ分左ノ規則ニ照シ取計置委曲内務省ヘ可伺出此旨相達候事

1 極貧ノ者独身ニテ廃疾ニ罹リ産業ヲ営ム能ハサル者ニハ 1 ケ年米 1 石 8 斗ノ積ヲ以テ給与スヘシ

但独身ニ非スト雖モ余ノ家人70年以上15年以下ニテ其身廃疾ニ罹リ窮迫ノ者ハ本文ニ準シ給与スヘシ

1 同独身ニテ70年以上ノ者重病或ハ老衰シテ産業ヲ営ム能ハサル者ニハ 1 ケ年米 1 石 8 斗ノ積ヲ以テ給与スヘシ

但独身ニ非スト雖モ余ノ家人70年以上15年以下ニテ其

身重病或ハ老衰シテ窮迫ノ者ハ本文ニ準シ給与スヘシ

1 同独身ニテ疾病ニ罹リ産業ヲ営ム能ハサル者ニハ 1 日米 男ハ 3 合 女ハ 2 合 ノ割ヲ以テ給与スヘシ

但独身ニ非スト雖モ余ノ家人70年以上15年以下ニテ其身病ニ罹リ窮迫ノ者ハ本文ニ準シ給与スヘシ

1 同独身ニテ13年以下ノ者ニハ 1 ケ年米 7 斗ノ積ヲ以テ給与スヘシ

但独身ニ非スト雖モ余ノ家人70年以上15年以下ニテ其身窮迫ノ者ハ本文ニ準シ給与スヘシ

1 救助米ハ該地前月ノ下米相場ヲ以テ石代下ケ渡スヘキ事

救護法〈昭和 4 年 4 月 2 日法律第39号〉

廃止 昭和21年 9 月 9 日法律第17号

第1章 被救護者

第1条 左ニ掲グル者貧困ノ為生活スルコト能ハザルトキハ本法ニ依リ之ヲ救護ス

1 65歳以上ノ老衰者

2 13歳以下ノ幼者

3 妊産婦

4 不具廃疾、疾病、傷病其ノ他精神又ハ身体ノ障碍ニ因リ労務ヲ行フニ故障アル者

②前項第 3 号ノ妊産婦ヲ救護スベキ期間並ニ同項第 4 号ニ掲グル事由ノ範囲及程度ハ勅令ヲ以テ之ヲ定ム

第2条 前条ノ規定ニ依リ救護ヲ受クベキ者ノ扶養義務者扶養ヲ為スコトヲ得ルトキハ之ヲ救護セズ但シ急迫ノ事情アル場合ニ於テハ此ノ限ニ在ラズ

第2章 救護機関

第3条 救護ハ救護ヲ受クベキ者ノ居住地ノ市町村長其ノ居住地ナキトキ又ハ居住地分明ナラザルトキハ其ノ現在地ノ市町村長之ヲ行フ

第4条 市町村ニ救護事務ノ為委員ヲ設置スルコトヲ得

②委員ハ名誉職トシ救護事務ニ関シ市町村長ヲ補助ス

第5条 委員ノ選任、解任、職務執行其ノ他委員ニ関シ必要ナル事項ハ命令ヲ以テ之ヲ定ム

第3章 救護施設

第6条 本法ニ於テ救護施設ト称スルハ養老院、孤児院、病院其ノ他ノ本法ニ依ル救護ヲ目的トスル施設ヲ謂フ

第7条 市町村救護施設ヲ設置セントスルトキハ其ノ設備ニ付地方長官ノ認可ヲ受クベシ

②私人救護施設ヲ設置セントスルトキハ地方長官ノ認可ヲ受クベシ

第8条 前条第 2 項ノ規定ニ依リ設置シタル救護施設ハ市町村長ガ救護ノ為行フ委託ヲ拒ムコトヲ得ズ

第9条 本法ニ定ムルモノノ外救護施設ノ設置、管理、廃止其ノ他救護施設ニ関シ必要ナル事項ハ命令ヲ以テ之ヲ定ム

第4章 救護ノ種類及方法

第10条 救護ノ種類左ノ如シ

1 生活扶助

2 医療

3 助産

4 生業扶助

②前項各号ノ救護ノ範囲、程度及方法ハ勅令ヲ以テ之ヲ定ム

第11条 救護ハ救護ヲ受クル者ノ居宅ニ於テ之ヲ行フ

第12条 幼者居宅救護ヲ受クベキ場合ニ於テ市町村長其ノ哺育上必要アリト認ムルトキハ勅令ノ定ムル所ニ依リ幼者ト併セ其ノ母ヲ救護ヲ為スコトヲ得

第13条 市町村長居宅救護ヲ為スコト能ハズ又ハ之ヲ適当ナラズト認ムルトキハ救護ヲ受クル者ヲ救護施設ニ収容シ若ハ収容ヲ委託シ又ハ私人ノ家庭若ハ適当ナル施設ニ収容ヲ委託スルコトヲ得

第14条 市町村長ハ救護ヲ受クル者ノ親権者又ハ後見人ガ適当ニ其ノ権利ヲ行ハザル場合ニ於テハ其ノ異議アルトキト雖モ前条ノ処分ヲ為スコトヲ得

第15条 救護施設ノ長ハ命令ノ定ムル所ニ依リ其ノ施設ニ収容セラレタル者ニ対シ適当ナル作業ヲ課スルコトヲ得

第16条 第13条ノ規定ニ依リ収容セラレ又ハ収容ヲ委託セラレタル未成年者ニ付親権者及後見人ノ職務ヲ行フ者ナキトキハ市町村長又ハ其ノ指定シタル者勅令ノ定ムル所ニ依リ後見人ノ職務ヲ行フ

第17条 救護ヲ受クル者死亡シタル場合ニ於テハ勅令ノ定ムル所ニ依リ埋葬ヲ行フ者ニ対シ埋葬費ヲ給スルコトヲ得

②前項ノ場合ニ於テ埋葬ヲ行フ者ナキトキハ救護ヲ為シタル市町村長ニ於テ埋葬ヲ行フベシ

第5章 救護費

第18条 救護ヲ受クル者同一市町村ニ 1 年以上引続キ居住

スル者ナキトキハ救護ニ要スル費用ハ其ノ居住地ノ市町村ノ負担トス

第19条 救護ヲ受クル者左ノ各号ノ1ニ該当スルモノナキトキハ其ノ居住期間1年ニ満チザル場合ニ於テモ救護ニ要スル費用ハ其ノ居住地ノ市町村ノ負担トス

1　夫婦ノ一方居住1年以上ナルトキ同居ノ他ノ一方
2　父母其ノ他ノ直系尊属居住1年以上ナルトキ同居ノ子其ノ他ノ直系卑属
3　子其ノ他ノ直系卑属居住1年以上ナルトキ同居ノ父母其ノ他ノ直系尊属

第20条 前2条ニ規定スル期間ノ計算ニ付テハ勅令ノ定ムル所ニ依ル

第21条 救護ニ要スル費用ガ前3条ノ規定ニ依リ市町村ノ負担ニ属セザル場合ニ於テハ其ノ費用ハ救護ヲ受クル者ノ居住地ノ道府県、其ノ居住地ナキトキ又ハ居住地分明ナラザルトキハ其ノ現在地ノ道府県ノ負担トス

第22条 第17条ノ規定ニ依ル埋葬ニ要スル費用ノ負担ニ関シテハ前4条ノ規定ヲ準用ス

第23条 委員ニ関スル費用ハ市町村ノ負担トス

第24条 第21条及第22条ノ規定ニ依リ道府県ノ負担スル費用ハ救護ヲ為シタル地ノ市町村ニ於テ一時之ヲ繰替支弁スベシ

第25条 国庫ハ勅令ノ定ムル所ニ依リ左ノ諸費ニ対シ其ノ2分ノ1以内ヲ補助ス

1　第18条乃至第23条ノ規定ニ依リ市町村又ハ道府県ノ負担シタル費用
2　道府県ノ設置シタル救護施設及第7条第1項ノ規定ニ依リ市町村ノ設置シタル救護施設ノ費用
3　第7条第2項ノ規定ニ依リ私人ノ設置シタル救護施設ノ設備ニ要スル費用

②道府県ハ勅令ノ定ムル所ニ依リ下ノ諸費ニ対シ其ノ4分ノ1ヲ補助スベシ

1　第18条乃至第20条、第22条及第23条ノ規定ニ依リ市町村ノ負担シタル費用
2　第7条第1項ノ規定ニ依リ市町村ノ設置シタル救護施設ノ費用
3　第7条第2項ノ規定ニ依リ私人ノ設置シタル救護施設ノ設備ニ要スル費用

第26条 救護ヲ受クル者資力アルニ拘ラズ救護ヲ為シタルトキハ救護ニ要スル費用ヲ負担シタル市町村又ハ道府県ハ其ノ者ヨリ其ノ費用ノ全部又ハ一部ヲ徴収スルコトヲ得

第27条 救護ヲ受ケタル者救護ニ要シタル費用ノ弁償ヲ為スノ資力アルニ至リタルトキハ救護ノ費用ヲ負担シタル市町村又ハ道府県ハ救護ヲ廃止シタル日ヨリ5年以内ニ其ノ費用ノ全部又ハ一部ノ償還ヲ命ズルコトヲ得

第28条 救護ヲ受クル者死亡シタルトキハ市町村長ハ命令ノ定ムル所ニ依リ遺留ノ金銭ヲ以テ救護及埋葬ニ要スル費用ニ充当シ仍足ラザルトキハ遺留ノ物品ヲ売却シテ之ニ充当スルコトヲ得

第6章　雑　則

第29条 救護ヲ受クル者左ニ掲グル事由ノ1ニ該当スルトキハ市町村長ハ救護ヲ為サザルコトヲ得

1　本法又ハ本法ニ基キテ発スル命令ニ依リ市町村長又ハ救護施設ノ長ノ為シタル処分ニ従ハザルトキ
2　故ナク救護ニ関スル検診又ハ調査ヲ拒ミタルトキ
3　性行著シク不良ナルトキ又ハ著シク怠惰ナルトキ

第30条 第7条第2項ノ規定ニ依リ設置シタル救護施設ガ本法若ハ本法ニ基キテ発スル命令又ハ之ニ基キテ為ス処分ニ違反シタルトキハ地方長官ハ同項ノ認可ヲ取消スコトヲ得

第31条 道府県、市町村其ノ他ノ公共団体ハ左ニ掲グル土地建物ニ対シテハ租税其ノ他ノ公課ヲ課スルコトヲ得ズ但シ有料ニテ之ヲ使用セシムルモノニ対シテハ此ノ限リニ在ラズ

1　主トシテ救護施設ノ用ニ供スル建物
2　前号ニ掲グル建物ノ敷地其ノ他主トシテ救護施設ノ用ニ供スル土地

第32条 詐欺其ノ他ノ不正ノ手段ニ依リ救護ヲ受ケ又ハ受ケシメタル者ハ3月以下ノ懲役又ハ100円以下ノ罰金ニ処ス

第33条 本法中町村ニ関スル規定ハ町村制ヲ施行セザル地ニ於テハ町村ニ準ズベキモノニ、町村長ニ関スル規定ハ町村長ニ準ズベキ者ニ之ヲ適用ス

附　則

①本法施行ノ期日ハ勅令ヲ以テ之ヲ定ム〔昭和6年勅令第210号で同7年1月1日から施行〕

②左ノ法令ハ之ヲ廃止ス
　明治4年太政官達第300号
　明治6年太政官布告第79号
　明治6年太政官布告第138号
　明治7年太政官達第162号恤救規則

生活困窮者緊急生活援護要綱 〈昭和20年12月15日閣議決定〉

終戦後ノ国内現状ニ鑑ミ特ニ困窮セル者ニ対シ右記要綱ニ依リ緊急生活援護ノ方途ヲ講ジ以テ当面セル生活困窮ノ状態ヲ匡救セントス

(1)　生活援護ノ対象ト為スベキ者ハ一般国内生活困窮者及左ニ掲グル者ニシテ著シク生活ニ困窮セルモノトス

1　失業者
2　戦災者
3　海外引揚者
4　在外者留守家族
5　傷病軍人及其家族並ニ軍人ノ遺族

(2)　生活援護ヲ要スル者ノ世帯ノ実情ニ応ジ左ノ方法ニ依ルモノトス

1　宿泊施設、給食施設及救護施設ノ拡充
2　衣料、寝具其ノ他ノ生活必需品ノ給与
3　食料品ノ補給
4　生業ノ指導幹旋
5　自家用消費物資、生産資材ノ給与又ハ貸与

(3)　生活援護ノ実施ハ都道府県ノ計画ニ基キ市区町村長ヲシテ当ラシメ町内会長、部落会長、方面委員、社会事業団体等ヲシテ之ニ協力セシムルモノトス

⑷　生活援護ニ要スル経費
　　既定経費ヲ本要綱ノ趣旨ニ即シ適用スルノ外尚必要経
　　費ハ此ノ際特ニ別途考慮スルモノトス

（備考）
　1　本要綱ノ実施ニ当リテハ取敢ヘズ都市特ニ六大都市
　　　並ニ引揚者ノ多数滞留地ニ重点ヲ置クモノトス
　2　本要綱ノ実施ニ当リテハ其ノ徹底ヲ期スル為特ニ全
　　　国方面委員ヲ積極的ニ活動セシムルモノトス

生活保護法〔旧法〕〈昭和21年9月9日法律第17号〉

廃止　昭和25年5月4日法律第144号
第1章　総　則
第1条　この法律は、生活の保護を要する状態にある者の
　生活を、国が差別的又は優先的な取扱をなすことなく平
　等に保護して、社会の福祉を増進することを目的とする。
第2条　下の各号の1に該当する者には、この法律による
　保護は、これをなさない。
　1　能力があるにもかかわらず、勤労の意思のない者、
　　勤労を怠る者その他生計の維持に努めない者
　2　素行不良な者
第3条　扶養義務者が扶養をなし得る者には、急迫した事
　情がある場合を除いては、この法律による保護は、これ
　をなさない。
第2章　保護機関
第4条　保護は、保護を受ける者の居住地の市町村長（東
　京都の区のある区域においては東京都長官とする。以下
　同じ。）、居住地がないか、又は明かでないときは、現在
　地の市町村長がこれを行ふ。
第5条　民生委員法による民生委員は、命令の定めるとこ
　ろにより、保護事務に関して市町村長を補助する。
第3章　保護施設
第6条　この法律において保護施設とは、この法律による
　保護を目的とする施設又はこの法律による保護を受ける
　者の援護のために必要な施設をいふ。
②　前項の援護とは、宿所の提供その他この法律による保
　護を全うするため必要な事項で命令をもつて定めるもの
　をいふ。
第7条　市町村が保護施設を設置しようとするときは、そ
　の設備について、地方長官の認可を受けなければならな
　い。
②　市町村以外の者（都道府県を除く。以下同じ。）が保
　護施設を設置しようとするときは、地方長官の認可を受
　けなければならない。
第8条　前条第2項の規定により設置した保護施設は、市
　町村長が保護又は援護のため行ふ委託を拒むことができ
　ない。
第9条　この法律で定めるものの外、保護施設の設置、管
　理、廃止その他保護施設に関して必要な事項は、命令で
　これを定める。
第4章　保護の種類、程度及び方法
第10条　保護は、生活に必要な限度を超えることができな
　い。
第11条　保護の種類は、左の通りである。
　1　生活扶助
　2　医療
　3　助産
　4　生業扶助

　5　葬祭扶助
②　前項各号の保護の程度及び方法は、勅令でこれを定め
　る。
第12条　市町村長は、必要と認めるときは、保護を受ける
　者を保護施設に収容し、若しくは収容を委託し、又は私
　人の家庭若しくは適当な施設に収容を委託することがで
　きる。
第13条　市町村長は保護を受ける者の親権者又は後見人が
　その権利を適切に行はない場合は、その異議があつても、
　前条の規定による処分をなすことができる。
第14条　保護施設の長は、命令の定めるところにより、そ
　の施設に収容された者に対して、適当な作業を行はせる
　ことができる。
第15条　第12条の規定により収容され、又は収容を委託さ
　れた未成年者について、親権者及び後見人の職務を行ふ
　者がないときは、市町村長又はその指定した者が、勅令
　の定めるところにより、後見人の職務を行ふ。
第16条　市町村長は、保護を受ける者に対して、勤労その
　他生計の維持に必要なことに関して指示をなすことがで
　きる。
第17条　保護を受ける者が死亡した場合は、勅令の定める
　ところにより、葬祭を行ふ者に対して、葬祭費を給する
　ことができる。保護を受ける者が死亡した場合に、葬祭
　を行ふ者がないときは、保護をなした市町村長が、葬祭
　を行はなければならない。
第5章　保護費
第18条　保護を受ける者が同一の市町村に1箇年以上引続
　いて居住する者であるときは、保護に要する費用は、そ
　の居住地の市町村がこれを支弁する。
②　保護を受ける者が東京都の区のある区域に居住する者
　であるときは、保護に要する費用は、東京都がこれを支
　弁する。
第19条　保護を受ける者が左の各号の1に該当する者であ
　るときは、その居住期間が1箇年に満たない場合におい
　ても、保護に要する費用は、その居住地の市町村がこれ
　を支弁する。
　1　夫婦の一方が居住1箇年以上であるとき、同居の他
　　の一方
　2　父母その他の直系尊属が居住1箇年以上であるとき、
　　同居の子その他の直系卑属
　3　子その他の直系卑属が居住1箇年以上であるとき、
　　同居の父母その他の直系尊属
第20条　第18条第1項及び前条に規定する期間の計算につ
　いては、勅令の定めるところによる。
第21条　保護に要する費用が第18条第1項及び第19条の規
　定により市町村が支弁しない場合は、その費用は、保護
　を受ける者の居住地の都道府県がこれを支弁する。

② 保護を受ける者の居住地がないか、又は明らかでないときは、保護に要する費用は、その者の現在地の都道府県がこれを支弁する。

第22条 第17条第1項の葬祭費及び同条第2項の規定による葬祭に要する費用の支弁に関しては、第18条乃至前条の規定を準用する。

第23条 第5条の規定により民生委員が職務を行ふため必要な費用は、市町村（東京都の区のある区域に置かれる民生委員については東京都とする。）がこれを支弁する。

第24条 都道府県が設置した保護施設及び第7条の規定により市町村又は市町村以外の者が設置した保護施設の事務費は、勅令の定めるところにより、第18条、第19条及び第21条の規定によりその施設で保護又は援護を受ける者の保護に要する費用を支弁する市町村又は都道府県がこれを支弁する。

第25条 第21条及び第22条の規定により都道府県が支弁する費用は、保護を行つた地の市町村が、一時これを繰替支弁しなければならない。

第26条 都道府県は、勅令の定めるところにより、第7条第2項の規定により市町村以外の者が設置した保護施設の設備に要する費用に対して、その4分の3を支出しなければならない。

第27条 都道府県は、勅令の定めるところにより、下の費用に対して、その4分の1を負担しなければならない。

　1　第23条の規定により市町村が支弁した費用

　2　第7条第1項の規定により市町村が設置した保護施設の設備に要する費用

第28条 都道府県は、勅令の定めるところにより、第18条第1項、第19条、第22条及び第24条の規定により市町村が支弁した費用に対して、その10分の1を負担しなければならない。

第29条 国庫は、勅令の定めるところにより、第18条、第19条、第21条、第22条及び第24条の規定により市町村又は都道府県が支弁した費用に対して、その10分の8を負担する。

第30条 国庫は、勅令の定めるところにより、第26条の規定により都道府県が支出した費用に対して、その3分の2を負担する。

第31条 国庫は、勅令の定めるところにより、下の費用に対してその2分の1を負担する。

　1　第23条の規定により市町村又は東京都が支弁した費用

　2　都道府県が設置した保護施設及び第7条第1項の規定により市町村が支弁した保護施設の設置に要する費用

第32条 保護を受ける者に資力があるにもかかわらず保護をなしたときは、保護に要する費用を支弁した市町村又は都道府県は、その者から、その費用の全部又は一部を徴収することができる。

第33条 保護を受けた者が保護に要した費用を弁償する資力を有するようになつたときは、保護の費用を支弁した市町村又は都道府県は保護を廃止した日から5箇年以内に、その費用の全部又は一部の償還を命ずることができる。

第34条 保護を受ける者に対して民法により扶養の義務を履行しなければならない者があるときはその義務の範囲内において、保護に要する費用を支弁した市町村又は都道府県は、その費用の全部又は一部をその者から徴収することができる。

② 前項の規定による費用の徴収に関して争があるときは、民事訴訟による。

第35条 保護を受ける者が死亡したときは、市町村長は、命令の定めるところにより、遺留の金銭を保護に要した費用、第27条第1項の葬祭費及び同条第2項の規定による葬祭に要した費用に充て、なお足りないときは、遺留した物品を売却して、これに充てることができる。

第6章 雑　則

第36条 保護を受ける者が左の各号の1に該当するときは、市町村長は、保護をなさないことができる。

　1　この法律又はこの法律に基いて発する命令により市町村長又は保護施設の長が、なした処分又は指示に従はないとき。

　2　正当な理由がなく保護に関する検診又は調査を拒んだとき。

第37条 第7条第2項の規定により設置した保護施設が、この法律若しくはこの法律に基いて発する命令又はこれに基いてなす処分に違反したときは、地方長官は、同項の認可を取り消すことができる。

第38条 この法律により給与を受けた保護金品を標準として、租税その他の公課を課することができない。

第39条 この法律による保護金品は、既に給与を受けたものであるとないとにかかはらず、これを差押へることができない。

第40条 都道府県、市町村その他の公共団体は、下の建物及び土地に対しては、有料で使用させるものを除いては、租税その他の公課を課することができない。

　1　主として保護施設のために使ふ建物

　2　前項の建物の敷地その他の主として保護施設のために使ふ土地

第41条 詐欺その他不正の手段により保護を受け、又は受けさせた者は、6箇月以下の懲役又は500円以下の罰金に処する。

第42条 その法律中町村に関する規定は、町村制を施行しない地において町村に準ずるものに、町村長に関する規定は、町村長に準ずる者にこれを適用する。

附　則　抄

第43条 この法律施行の期日は、勅令でこれを定める。
〔昭和21年勅令第437号で同年10月1日から施行〕

第44条 救護法、軍事扶助法、母子保護法、医療保護法及び戦時災害保護法は、これを廃止する。

第45条 救護法第7条若しくは母子保護法第9条第2項の規定により設置した施設又は医療保護法第6条の規定により経営する施設（都道府県の施設を除く。）で、この法律施行の際現に存するものは、この法律施行の日から2箇月を限り、第7条の規定による認可を受けなくても、同条の認可を受けた保護施設とみなす。

② 前項の施設の設置者が同項の期間内に第7条の認可を申請した場合において、その申請に対する認可又は不認可の処分の日までも、また同項と同様である。

生活保護法〈昭和25年5月4日法律第144号〉

第1章 総則

（この法律の目的）

第1条 この法律は、日本国憲法第25条に規定する理念に基き、国が生活に困窮するすべての国民に対し、その困窮の程度に応じ、必要な保護を行い、その最低限度の生活を保障するとともに、その自立を助長することを目的とする。

（無差別平等）

第2条 すべて国民は、この法律の定める要件を満たす限り、この法律による保護（以下「保護」という。）を、無差別平等に受けることができる。

（最低生活）

第3条 この法律により保障される最低限度の生活は、健康で文化的な生活水準を維持することができるものでなければならない。

（保護の補足性）

第4条 保護は、生活に困窮する者が、その利用し得る資産、能力その他あらゆるものを、その最低限度の生活の維持のために活用することを要件として行われる。

2　民法（明治29年法律第89号）に定める扶養義務者の扶養及び他の法律に定める扶助は、すべてこの法律による保護に優先して行われるものとする。

3　前2項の規定は、急迫した事由がある場合に、必要な保護を行うことを妨げるものではない。

（この法律の解釈及び運用）

第5条 前4条に規定するところは、この法律の基本原理であつて、この法律の解釈及び運用は、すべてこの原理に基いてされなければならない。

（用語の定義）

第6条 この法律において「被保護者」とは、現に保護を受けている者をいう。

2　この法律において「要保護者」とは、現に保護を受けているといないとにかかわらず、保護を必要とする状態にある者をいう。

3　この法律において「保護金品」とは、保護として給与し、又は貸与される金銭及び物品をいう。

4　この法律において「金銭給付」とは、金銭の給与又は貸与によつて、保護を行うことをいう。

5　この法律において「現物給付」とは、物品の給与又は貸与、医療の給付、役務の提供その他金銭給付以外の方法で保護を行うことをいう。

第2章 保護の原則

（申請保護の原則）

第7条 保護は、要保護者、その扶養義務者又はその他の同居の親族の申請に基いて開始するものとする。但し、要保護者が急迫した状況にあるときは、保護の申請がなくても、必要な保護を行うことができる。

（基準及び程度の原則）

第8条 保護は、厚生労働大臣の定める基準により測定した要保護者の需要を基とし、そのうち、その者の金銭又は物品で満たすことのできない不足分を補う程度において行うものとする。

2　前項の基準は、要保護者の年齢別、性別、世帯構成別、所在地域別その他保護の種類に応じて必要な事情を考慮した最低限度の生活の需要を満たすに十分なものであつて、且つ、これをこえないものでなければならない。

（必要即応の原則）

第9条 保護は、要保護者の年齢別、性別、健康状態等その個人又は世帯の実際の必要の相違を考慮して、有効且つ適切に行うものとする。

（世帯単位の原則）

第10条 保護は、世帯を単位としてその要否及び程度を定めるものとする。但し、これによりがたいときは、個人を単位として定めることができる。

第3章 保護の種類及び範囲

（種類）

第11条 保護の種類は、次のとおりとする。

1　生活扶助
2　教育扶助
3　住宅扶助
4　医療扶助
5　介護扶助
6　出産扶助
7　生業扶助
8　葬祭扶助

2　前項各号の扶助は、要保護者の必要に応じ、単給又は併給として行われる。

（生活扶助）

第12条 生活扶助は、困窮のため最低限度の生活を維持することのできない者に対して、左に掲げる事項の範囲内において行われる。

1　衣食その他日常生活の需要を満たすために必要なもの
2　移送

（教育扶助）

第13条 教育扶助は、困窮のため最低限度の生活を維持することのできない者に対して、左に掲げる事項の範囲内において行われる。

1　義務教育に伴つて必要な教科書その他の学用品
2　義務教育に伴つて必要な通学用品
3　学校給食その他義務教育に伴つて必要なもの

（住宅扶助）

第14条 住宅扶助は、困窮のため最低限度の生活を維持することのできない者に対して、左に掲げる事項の範囲内において行われる。

1　住居
2　補修その他住宅の維持のために必要なもの

（医療扶助）

第15条 医療扶助は、困窮のため最低限度の生活を維持することのできない者に対して、左に掲げる事項の範囲内において行われる。

1　診察
2　薬剤又は治療材料
3　医学的処置、手術及びその他の治療並びに施術

　4　居宅における療養上の管理及びその療養に伴う世話
　　その他の看護
　5　病院又は診療所への入院及びその療養に伴う世話そ
　　の他の看護
　6　移送
（介護扶助）
第15条の2　介護扶助は、困窮のため最低限度の生活を維
　持することのできない要介護者（介護保険法〔平成9年
　法律第123号〕第7条第3項に規定する要介護者をいう。
　第3項において同じ。）に対して、第1号から第4号ま
　で及び第9号に掲げる事項の範囲内において行われ、困
　窮のため最低限度の生活を維持することのできない要支
　援者（同条第4項に規定する要支援者をいう。以下この
　項及び第6項において同じ。）に対して、第5号から第
　9号までに掲げる事項の範囲内において行われ、困窮の
　ため最低限度の生活を維持することのできない居宅要支
　援被保険者等（同法第115条の45第1項第1号に規定す
　る居宅要支援被保険者等をいう。）に相当する者（要支
　援者を除く。）に対して、第8号及び第9号に掲げる事
　項の範囲内において行われる。
　1　居宅介護（居宅介護支援計画に基づき行うものに限
　　る。）
　2　福祉用具
　3　住宅改修
　4　施設介護
　5　介護予防（介護予防支援計画に基づき行うものに限
　　る。）
　6　介護予防福祉用具
　7　介護予防住宅改修
　8　介護予防・日常生活支援（介護予防支援計画又は介
　　護保険法第115条の45第1項第1号ニに規定する第1
　　号介護予防支援事業による援助に相当する援助に基づ
　　き行うものに限る。）
　9　移送
2　前項第1号に規定する居宅介護とは、介護保険法第8
　条第2項に規定する訪問介護、同条第3項に規定する訪
　問入浴介護、同条第4項に規定する訪問看護、同条第5
　項に規定する訪問リハビリテーション、同条第6項に規
　定する居宅療養管理指導、同条第7項に規定する通所介
　護、同条第8項に規定する通所リハビリテーション、同
　条第9項に規定する短期入所生活介護、同条第10項に規
　定する短期入所療養介護、同条第11項に規定する特定施
　設入居者生活介護、同条第12項に規定する福祉用具貸与、
　同条第15項に規定する定期巡回・随時対応型訪問介護看
　護、同条第16項に規定する夜間対応型訪問介護、同条第
　17項に規定する地域密着型通所介護、同条第18項に規定
　する認知症対応型通所介護、同条第19項に規定する小規
　模多機能型居宅介護、同条第20項に規定する認知症対応
　型共同生活介護、同条第21項に規定する地域密着型特定
　施設入居者生活介護及び同条第23項に規定する複合型サ
　ービス並びにこれらに相当するサービスをいう。
3　第1項第1号に規定する居宅介護支援計画とは、居宅
　において生活を営む要介護者が居宅介護その他居宅にお
　いて日常生活を営むために必要な保健医療サービス及び
　福祉サービス（以下この項において「居宅介護等」とい

う。）の適切な利用等をすることができるようにするた
めの当該要介護者が利用する居宅介護等の種類、内容等
を定める計画をいう。
4　第1項第4号に規定する施設介護とは、介護保険法第
　8条第22項に規定する地域密着型介護老人福祉施設入所
　者生活介護、同条第27項に規定する介護福祉施設サービ
　ス、同条第28項に規定する介護保健施設サービス及び同
　条第29項に規定する介護医療院サービスをいう。
5　第1項第5号に規定する介護予防とは、介護保険法第
　8条の2第2項に規定する介護予防訪問入浴介護、同条
　第3項に規定する介護予防訪問看護、同条第4項に規定
　する介護予防訪問リハビリテーション、同条第5項に規
　定する介護予防居宅療養管理指導、同条第6項に規定す
　る介護予防通所リハビリテーション、同条第7項に規定
　する介護予防短期入所生活介護、同条第8項に規定する
　介護予防短期入所療養介護、同条第9項に規定する介護
　予防特定施設入居者生活介護、同条第10項に規定する介
　護予防福祉用具貸与、同条第13項に規定する介護予防認
　知症対応型通所介護、同条第14項に規定する介護予防小
　規模多機能型居宅介護及び同条第15項に規定する介護予
　防認知症対応型共同生活介護並びにこれらに相当するサ
　ービスをいう。
6　第1項第5号及び第8号に規定する介護予防支援計画
　とは、居宅において生活を営む要支援者が介護予防その
　他身体上又は精神上の障害があるために入浴、排せつ、
　食事等の日常生活における基本的な動作の全部若しくは
　一部について常時介護を要し、又は日常生活を営むのに
　支障がある状態の軽減又は悪化の防止に資する保健医療
　サービス及び福祉サービス（以下この項において「介護
　予防等」という。）の適切な利用等をすることができる
　ようにするための当該要支援者が利用する介護予防等の
　種類、内容等を定める計画であつて、介護保険法第115
　条の46第1項に規定する地域包括支援センターの職員の
　うち同法第8条の2第16項の厚生労働省令で定める者が
　作成したものをいう。
7　第1項第8号に規定する介護予防・日常生活支援とは、
　介護保険法第115条の45第1項第1号イに規定する第1
　号訪問事業、同号ロに規定する第1号通所事業及び同号
　ハに規定する第1号生活支援事業による支援に相当する
　支援をいう。
（出産扶助）
第16条　出産扶助は、困窮のため最低限度の生活を維持す
　ることのできない者に対して、左に掲げる事項の範囲内
　において行われる。
　1　分べんの介助
　2　分べん前及び分べん後の処置
　3　脱脂綿、ガーゼその他の衛生材料
（生業扶助）
第17条　生業扶助は、困窮のため最低限度の生活を維持す
　ることのできない者又はそのおそれのある者に対して、
　左に掲げる事項の範囲内において行われる。但し、これ
　によつて、その者の収入を増加させ、又はその自立を助
　長することのできる見込のある場合に限る。
　1　生業に必要な資金、器具又は資料
　2　生業に必要な技能の修得

3　就労のために必要なもの
（葬祭扶助）
第18条　葬祭扶助は、困窮のため最低限度の生活を維持することのできない者に対して、左に掲げる事項の範囲内において行われる。
1　検案
2　死体の運搬
3　火葬又は埋葬
4　納骨その他葬祭のために必要なもの
2　左に掲げる場合において、その葬祭を行う者があるときは、その者に対して、前項各号の葬祭扶助を行うことができる。
1　被保護者が死亡した場合において、その者の葬祭を行う扶養義務者がないとき。
2　死者に対しその葬祭を行う扶養義務者がない場合において、その遺留した金品で、葬祭を行うに必要な費用を満たすことのできないとき。

第4章　保護の機関及び実施
（実施機関）
第19条　都道府県知事、市長及び社会福祉法（昭和26年法律第45号）に規定する福祉に関する事務所（以下「福祉事務所」という。）を管理する町村長は、次に掲げる者に対して、この法律の定めるところにより、保護を決定し、かつ、実施しなければならない。
1　その管理に属する福祉事務所の所管区域内に居住地を有する要保護者
2　居住地がないか、又は明らかでない要保護者であつて、その管理に属する福祉事務所の所管区域内に現在地を有するもの
2　居住地が明らかである要保護者であつても、その者が急迫した状況にあるときは、その急迫した事由が止むまでは、その者に対する保護は、前項の規定にかかわらず、その者の現在地を所管する福祉事務所を管理する都道府県知事又は市町村長が行うものとする。
3　第30条第1項ただし書の規定により被保護者を救護施設、更生施設若しくはその他の適当な施設に入所させ、若しくはこれらの施設に入所を委託し、若しくは私人の家庭に養護を委託した場合又は第34条の2第2項の規定により被保護者に対する次の各号に掲げる介護扶助を当該各号に定める者若しくは施設に委託して行う場合においては、当該入所又は委託の継続中、その者に対して保護を行うべき者は、その者に係る入所又は委託前の居住地又は現在地によつて定めるものとする。
1　居宅介護（第15条の2第2項に規定する居宅介護をいう。以下同じ。）（特定施設入居者生活介護（同項に規定する特定施設入居者生活介護をいう。）に限る。）居宅介護を行う者
2　施設介護（第15条の2第4項に規定する施設介護をいう。以下同じ。）介護老人福祉施設（介護保険法第8条第27項に規定する介護老人福祉施設をいう。以下同じ。）
3　介護予防（第15条の2第5項に規定する介護予防をいう。以下同じ。）（介護予防特定施設入居者生活介護（同項に規定する介護予防特定施設入居者生活介護をいう。）に限る。）介護予防を行う者

4　前3項の規定により保護を行うべき者（以下「保護の実施機関」という。）は、保護の決定及び実施に関する事務の全部又は一部を、その管理に属する行政庁に限り、委任することができる。
5　保護の実施機関は、保護の決定及び実施に関する事務の一部を、政令の定めるところにより、他の保護の実施機関に委託して行うことを妨げない。
6　福祉事務所を設置しない町村の長（以下「町村長」という。）は、その町村の区域内において特に急迫した事由により放置することができない状況にある要保護者に対して、応急的処置として、必要な保護を行うものとする。
7　町村長は、保護の実施機関又は福祉事務所の長（以下「福祉事務所長」という。）が行う保護事務の執行を適切ならしめるため、次に掲げる事項を行うものとする。
1　要保護者を発見し、又は被保護者の生計その他の状況の変動を発見した場合において、速やかに、保護の実施機関又は福祉事務所長にその旨を通報すること。
2　第24条第10項の規定により保護の開始又は変更の申請を受け取つた場合において、これを保護の実施機関に送付すること。
3　保護の実施機関又は福祉事務所長から求められた場合において、被保護者等に対して、保護金品を交付すること。
4　保護の実施機関又は福祉事務所長から求められた場合において、要保護者に関する調査を行うこと。
（職権の委任）
第20条　都道府県知事は、この法律に定めるその職権の一部を、その管理に属する行政庁に委任することができる。
（補助機関）
第21条　社会福祉法に定める社会福祉主事は、この法律の施行について、都道府県知事又は市町村長の事務の執行を補助するものとする。
（民生委員の協力）
第22条　民生委員法（昭和23年法律第198号）に定める民生委員は、この法律の施行について、市町村長、福祉事務所長又は社会福祉主事の事務の執行に協力するものとする。
（事務監査）
第23条　厚生労働大臣は都道府県知事及び市町村長の行うこの法律の施行に関する事務について、都道府県知事は市町村長の行うこの法律の施行に関する事務について、その指定する職員に、その監査を行わせなければならない。
2　前項の規定により指定された職員は、都道府県知事又は市町村長に対し、必要と認める資料の提出若しくは説明を求め、又は必要と認める指示をすることができる。
3　第1項の規定により指定すべき職員の資格については、政令で定める。
（申請による保護の開始及び変更）
第24条　保護の開始を申請する者は、厚生労働省令で定めるところにより、次に掲げる事項を記載した申請書を保護の実施機関に提出しなければならない。ただし、当該申請書を作成することができない特別の事情があるときは、この限りでない。

1　要保護者の氏名及び住所又は居所

2　申請者が要保護者と異なるときは、申請者の氏名及び住所又は居所並びに要保護者との関係

3　保護を受けようとする理由

4　要保護者の資産及び収入の状況（生業若しくは就労又は求職活動の状況、扶養義務者の扶養の状況及び他の法律に定める扶助の状況を含む。以下同じ。）

5　その他要保護者の保護の要否、種類、程度及び方法を決定するために必要な事項として厚生労働省令で定める事項

2　前項の申請書には、要保護者の保護の要否、種類、程度及び方法を決定するために必要な書類として厚生労働省令で定める書類を添付しなければならない。ただし、当該書類を添付することができない特別の事情があるときは、この限りでない。

3　保護の実施機関は、保護の開始の申請があつたときは、保護の要否、種類、程度及び方法を決定し、申請者に対して書面をもつて、これを通知しなければならない。

4　前項の書面には、決定の理由を付さなければならない。

5　第3項の通知は、申請のあつた日から14日以内にしなければならない。ただし、扶養義務者の資産及び収入の状況の調査に日時を要する場合その他特別な理由がある場合には、これを30日まで延ばすことができる。

6　保護の実施機関は、前項ただし書の規定により同項本文に規定する期間内に第3項の通知をしなかつたときは、同項の書面にその理由を明示しなければならない。

7　保護の申請をしてから30日以内に第3項の通知がないときは、申請者は、保護の実施機関が申請を却下したものとみなすことができる。

8　保護の実施機関は、知れたる扶養義務者が民法の規定による扶養義務を履行していないと認められる場合において、保護の開始の決定をしようとするときは、厚生労働省令で定めるところにより、あらかじめ、当該扶養義務者に対して書面をもつて厚生労働省令で定める事項を通知しなければならない。ただし、あらかじめ通知することが適当でない場合として厚生労働省令で定める場合は、この限りでない。

9　第1項から第7項までの規定は、第7条に規定する者からの保護の変更の申請について準用する。

10　保護の開始又は変更の申請は、町村長を経由してすることもできる。町村長は、申請を受け取つたときは、5日以内に、その申請に、要保護者に対する扶養義務者の有無、資産及び収入の状況その他保護に関する決定をするについて参考となるべき事項を記載した書面を添えて、これを保護の実施機関に送付しなければならない。

（職権による保護の開始及び変更）

第25条　保護の実施機関は、要保護者が急迫した状況にあるときは、すみやかに、職権をもつて保護の種類、程度及び方法を決定し、保護を開始しなければならない。

2　保護の実施機関は、常に、被保護者の生活状態を調査し、保護の変更を必要とすると認めるときは、速やかに、職権をもつてその決定を行い、書面をもつて、これを被保護者に通知しなければならない。前条第4項の規定は、この場合に準用する。

3　町村長は、要保護者が特に急迫した事由により放置す

ることができない状況にあるときは、すみやかに、職権をもつて第19条第6項に規定する保護を行わなければならない。

（保護の停止及び廃止）

第26条　保護の実施機関は、被保護者が保護を必要としなくなつたときは、速やかに、保護の停止又は廃止を決定し、書面をもつて、これを被保護者に通知しなければならない。第28条第5項又は第62条第3項の規定により保護の停止又は廃止をするときも、同様とする。

（指導及び指示）

第27条　保護の実施機関は、被保護者に対して、生活の維持、向上その他保護の目的達成に必要な指導又は指示をすることができる。

2　前項の指導又は指示は、被保護者の自由を尊重し、必要の最少限度に止めなければならない。

3　第1項の規定は、被保護者の意に反して、指導又は指示を強制し得るものと解釈してはならない。

（相談及び助言）

第27条の2　保護の実施機関は、第55条の7第1項に規定する被保護者就労支援事業及び第55条の8第1項に規定する被保護者健康管理支援事業を行うほか、要保護者から求めがあつたときは、要保護者の自立を助長するために、要保護者からの相談に応じ、必要な助言をすることができる。

（報告、調査及び検診）

第28条　保護の実施機関は、保護の決定若しくは実施又は第77条若しくは第78条（第3項を除く。次項及び次条第1項において同じ。）の規定の施行のため必要があると認めるときは、要保護者の資産及び収入の状況、健康状態その他の事項を調査するために、厚生労働省令で定めるところにより、当該要保護者に対して、報告を求め、若しくは当該職員に、当該要保護者の居住の場所に立ち入り、これらの事項を調査させ、又は当該要保護者に対して、保護の実施機関の指定する医師若しくは歯科医師の検診を受けるべき旨を命ずることができる。

2　保護の実施機関は、保護の決定若しくは実施又は第77条若しくは第78条の規定の施行のため必要があると認めるときは、保護の開始又は変更の申請書及びその添付書類の内容を調査するために、厚生労働省令で定めるところにより、要保護者の扶養義務者若しくはその他の同居の親族又は保護の開始若しくは変更の申請の当時要保護者若しくはこれらの者であつた者に対して、報告を求めることができる。

3　第1項の規定によつて立入調査を行う当該職員は、厚生労働省令の定めるところにより、その身分を示す証票を携帯し、かつ、関係人の請求があるときは、これを提示しなければならない。

4　第1項の規定による立入調査の権限は、犯罪捜査のために認められたものと解してはならない。

5　保護の実施機関は、要保護者が第1項の規定による報告をせず、若しくは虚偽の報告をし、若しくは立入調査を拒み、妨げ、若しくは忌避し、又は医師若しくは歯科医師の検診を受けるべき旨の命令に従わないときは、保護の開始若しくは変更の申請を却下し、又は保護の変更、停止若しくは廃止をすることができる。

259

（資料の提供等）

第29条 保護の実施機関及び福祉事務所長は、保護の決定若しくは実施又は第77条若しくは第78条の規定の施行のために必要があると認めるときは、次の各号に掲げる者の当該各号に定める事項につき、官公署、日本年金機構若しくは国民年金法（昭和34年法律第141号）第3条第2項に規定する共済組合等（次項において「共済組合等」という。）に対し、必要な書類の閲覧若しくは資料の提供を求め、又は銀行、信託会社、次の各号に掲げる者の雇主その他の関係人に、報告を求めることができる。

　1　要保護者又は被保護者であつた者　氏名及び住所又は居所、資産及び収入の状況、健康状態、他の保護の実施機関における保護の決定及び実施の状況その他政令で定める事項（被保護者であつた者にあつては、氏名及び住所又は居所、健康状態並びに他の保護の実施機関における保護の決定及び実施の状況を除き、保護を受けていた期間における事項に限る。）

　2　前号に掲げる者の扶養義務者　氏名及び住所又は居所、資産及び収入の状況その他政令で定める事項（被保護者であつた者の扶養義務者にあつては、氏名及び住所又は居所を除き、当該被保護者であつた者が保護を受けていた期間における事項に限る。）

2　別表第1の上欄に掲げる官公署の長、日本年金機構又は共済組合等は、それぞれ同表の下欄に掲げる情報につき、保護の実施機関又は福祉事務所長から前項の規定による求めがあつたときは、速やかに、当該情報を記載し、若しくは記録した書類を閲覧させ、又は資料の提供を行うものとする。

（行政手続法の適用除外）

第29条の2　この章の規定による処分については、行政手続法（平成5年法律第88号）第3章（第12条及び第14条を除く。）の規定は、適用しない。

第5章　保護の方法

（生活扶助の方法）

第30条　生活扶助は、被保護者の居宅において行うものとする。ただし、これによることができないとき、これによつては保護の目的を達しがたいとき、又は被保護者が希望したときは、被保護者を救護施設、更生施設、日常生活支援住居施設（社会福祉法第2条第3項第8号に規定する事業の用に供する施設その他の施設であつて、被保護者に対する日常生活上の支援の実施に必要なものとして厚生労働省令で定める要件に該当すると都道府県知事が認めたものをいう。第62条第1項及び第70条第1号ハにおいて同じ。）若しくはその他の適当な施設に入所させ、若しくはこれらの施設に入所を委託し、又は私人の家庭に養護を委託して行うことができる。

2　前項ただし書の規定は、被保護者の意に反して、入所又は養護を強制することができるものと解釈してはならない。

3　保護の実施機関は、被保護者の親権者又は後見人がその権利を適切に行わない場合においては、その異議があつても、家庭裁判所の許可を得て、第1項但書の措置をとることができる。

第31条　生活扶助は、金銭給付によつて行うものとする。但し、これによることができないとき、これによること

が適当でないとき、その他保護の目的を達するために必要があるときは、現物給付によつて行うことができる。

2　生活扶助のための保護金品は、一月分以内を限度として前渡するものとする。但し、これによりがたいときは、一月分をこえて前渡することができる。

3　居宅において生活扶助を行う場合の保護金品は、世帯単位に計算し、世帯主又はこれに準ずる者に対して交付するものとする。但し、これによりがたいときは、被保護者に対して個々に交付することができる。

4　地域密着型介護老人福祉施設（介護保険法第8条第22項に規定する地域密着型介護老人福祉施設をいう。以下同じ。）、介護老人福祉施設又は介護老人保健施設（同条第28項に規定する介護老人保健施設をいう。以下同じ。）であつて第54条の2第1項の規定により指定を受けたもの（同条第2項本文の規定により同条第1項の指定を受けたものとみなされたものを含む。）において施設介護を受ける被保護者に対して生活扶助を行う場合の保護金品を前項に規定する者に交付することが適当でないときその他保護の目的を達するために必要があるときは、同項の規定にかかわらず、当該地域密着型介護老人福祉施設若しくは介護老人福祉施設の長又は当該介護老人保健施設の管理者に対して交付することができる。

5　前条第1項ただし書の規定により生活扶助を行う場合の保護金品は、被保護者又は施設の長若しくは養護の委託を受けた者に対して交付するものとする。

（教育扶助の方法）

第32条　教育扶助は、金銭給付によつて行うものとする。但し、これによることができないとき、これによることが適当でないとき、その他保護の目的を達するために必要があるときは、現物給付によつて行うことができる。

2　教育扶助のための保護金品は、被保護者、その親権者若しくは未成年後見人又は被保護者の通学する学校の長に対して交付するものとする。

（住宅扶助の方法）

第33条　住宅扶助は、金銭給付によつて行うものとする。但し、これによることができないとき、これによることが適当でないとき、その他保護の目的を達するために必要があるときは、現物給付によつて行うことができる。

2　住宅扶助のうち、住居の現物給付は、宿所提供施設を利用させ、又は宿所提供施設にこれを委託して行うものとする。

3　第30条第2項の規定は、前項の場合に準用する。

4　住宅扶助のための保護金品は、世帯主又はこれに準ずる者に対して交付するものとする。

（医療扶助の方法）

第34条　医療扶助は、現物給付によつて行うものとする。但し、これによることができないとき、これによることが適当でないとき、その他保護の目的を達するために必要があるときは、金銭給付によつて行うことができる。

2　前項に規定する現物給付のうち、医療の給付は、医療保護施設を利用させ、又は医療保護施設若しくは第49条の規定により指定を受けた医療機関にこれを委託して行うものとする。

3　前項に規定する医療の給付のうち、医療を担当する医師又は歯科医師が医学的知見に基づき後発医薬品（医薬

品、医療機器等の品質、有効性及び安全性の確保等に関する法律（昭和35年法律第145号）第14条又は第19条の2の規定による製造販売の承認を受けた医薬品のうち、同法第14条の4第1項各号に掲げる医薬品と有効成分、分量、用法、用量、効能及び効果が同一性を有すると認められたものであつて厚生労働省令で定めるものをいう。以下この項において同じ。）を使用することができると認めたものについては、原則として、後発医薬品によりその給付を行うものとする。

4　第2項に規定する医療の給付のうち、あん摩マッサージ指圧師、はり師、きゆう師等に関する法律（昭和22年法律第217号）又は柔道整復師法（昭和45年法律第19号）の規定によりあん摩マッサージ指圧師、はり師、きゆう師又は柔道整復師（以下「施術者」という。）が行うことのできる範囲の施術については、第55条第1項の規定により指定を受けた施術者に委託してその給付を行うことを妨げない。

5　急迫した事情その他やむを得ない事情がある場合においては、被保護者は、第2項及び前項の規定にかかわらず、指定を受けない医療機関について医療の給付を受け、又は指定を受けない施術者について施術の給付を受けることができる。

6　医療扶助のための保護金品は、被保護者に対して交付するものとする。

（介護扶助の方法）

第34条の2　介護扶助は、現物給付によつて行うものとする。ただし、これによることができないとき、これによることが適当でないとき、その他保護の目的を達するために必要があるときは、金銭給付によつて行うことができる。

2　前項に規定する現物給付のうち、居宅介護、福祉用具の給付、施設介護、介護予防、介護予防福祉用具及び介護予防・日常生活支援（第15条の2第7項に規定する介護予防・日常生活支援をいう。第54条の2第1項において同じ。）の給付は、介護機関（その事業として居宅介護を行う者及びその事業として居宅介護支援計画（第15条の2第3項に規定する居宅介護支援計画をいう。第54条の2第1項及び別表第2において同じ。）を作成する者、その事業として介護保険法第8条第13項に規定する特定福祉用具販売を行う者（第54条の2第1項及び別表第2において「特定福祉用具販売事業者」という。）、地域密着型介護老人福祉施設、介護老人福祉施設、介護老人保健施設及び介護医療院、その事業として介護予防を行う者及びその事業として介護予防支援計画（第15条の2第6項に規定する介護予防支援計画をいう。第54条の2第1項及び別表第2において同じ。）を作成する者、その事業として同法第8条の2第11項に規定する特定介護予防福祉用具販売を行う者（第54条の2第1項及び別表第2において「特定介護予防福祉用具販売事業者」という。）並びに介護予防・日常生活支援事業者（その事業として同法第115条の45第1項第1号に規定する第1号事業を行う者をいう。以下同じ。）をいう。以下同じ。）であつて、第54条の2第1項の規定により指定を受けたもの（同条第2項本文の規定により同条第1項の指定を受けたものとみなされたものを含む。）にこれを

委託して行うものとする。

3　前条第5項及び第6項の規定は、介護扶助について準用する。

（出産扶助の方法）

第35条　出産扶助は、金銭給付によつて行うものとする。但し、これによることができないとき、これによることが適当でないとき、その他保護の目的を達するために必要があるときは、現物給付によつて行うことができる。

2　前項ただし書に規定する現物給付のうち、助産の給付は、第55条第1項の規定により指定を受けた助産師に委託して行うものとする。

3　第34条第5項及び第6項の規定は、出産扶助について準用する。

（生業扶助の方法）

第36条　生業扶助は、金銭給付によつて行うものとする。但し、これによることができないとき、これによることが適当でないとき、その他保護の目的を達するために必要があるときは、現物給付によつて行うことができる。

2　前項但書に規定する現物給付のうち、就労のために必要な施設の供用及び生業に必要な技能の授与は、授産施設若しくは訓練を目的とするその他の施設を利用させ、又はこれらの施設にこれを委託して行うものとする。

3　生業扶助のための保護金品は、被保護者に対して交付するものとする。但し、施設の供用又は技能の授与のために必要な金品は、授産施設の長に対して交付することができる。

（葬祭扶助の方法）

第37条　葬祭扶助は、金銭給付によつて行うものとする。但し、これによることができないとき、これによることが適当でないとき、その他保護の目的を達するために必要があるときは、現物給付によつて行うことができる。

2　葬祭扶助のための保護金品は、葬祭を行う者に対して交付するものとする。

（保護の方法の特例）

第37条の2　保護の実施機関は、保護の目的を達するために必要があるときは、第31条第3項本文若しくは第33条第4項の規定により世帯主若しくはこれに準ずる者に対して交付する保護金品、第31条第3項ただし書若しくは第5項、第34条第6項（第34条の2第3項及び第35条第3項において準用する場合を含む。）若しくは第36条第3項の規定により被保護者に対して交付する保護金品、第32条第2項の規定により被保護者若しくはその親権者若しくは未成年後見人に対して交付する保護金品（以下この条において「教育扶助のための保護金品」という。）又は前条第2項の規定により葬祭を行う者に対して交付する保護金品のうち、介護保険料（介護保険法第129条第1項に規定する保険料をいう。）その他の被保護者（教育扶助のための保護金品にあつては、その親権者又は未成年後見人を含む。以下この条において同じ。）が支払うべき費用であつて政令で定めるものの額に相当する金銭について、被保護者に代わり、政令で定める者に支払うことができる。この場合において、当該支払があつたときは、これらの規定により交付すべき者に対し当該保護金品の交付があつたものとみなす。

第6章　保護施設

（種類）

第38条 保護施設の種類は、左の通りとする。

1 救護施設
2 更生施設
3 医療保護施設
4 授産施設
5 宿所提供施設

2 救護施設は、身体上又は精神上著しい障害があるために日常生活を営むことが困難な要保護者を入所させて、生活扶助を行うことを目的とする施設とする。

3 更生施設は、身体上又は精神上の理由により養護及び生活指導を必要とする要保護者を入所させて、生活扶助を行うことを目的とする施設とする。

4 医療保護施設は、医療を必要とする要保護者に対して、医療の給付を行うことを目的とする施設とする。

5 授産施設は、身体上若しくは精神上の理由又は世帯の事情により就業能力の限られている要保護者に対して、就労又は技能の修得のために必要な機会及び便宜を与えて、その自立を助長することを目的とする施設とする。

6 宿所提供施設は、住居のない要保護者の世帯に対して、住宅扶助を行うことを目的とする施設とする。

（保護施設の基準）

第39条 都道府県は、保護施設の設備及び運営について、条例で基準を定めなければならない。

2 都道府県が前項の条例を定めるに当たつては、第1号から第3号までに掲げる事項については厚生労働省令で定める基準に従い定めるものとし、第4号に掲げる事項については厚生労働省令で定める基準を標準として定めるものとし、その他の事項については厚生労働省令で定める基準を参酌するものとする。

1 保護施設に配置する職員及びその員数
2 保護施設に係る居室の床面積
3 保護施設の運営に関する事項であつて、利用者の適切な処遇及び安全の確保並びに秘密の保持に密接に関連するものとして厚生労働省令で定めるもの
4 保護施設の利用定員

3 保護施設の設置者は、第1項の基準を遵守しなければならない。

（都道府県、市町村及び地方独立行政法人の保護施設）

第40条 都道府県は、保護施設を設置することができる。

2 市町村及び地方独立行政法人（地方独立行政法人法（平成15年法律第118号）第2条第1項に規定する地方独立行政法人をいう。以下同じ。）は、保護施設を設置しようとするときは、あらかじめ、厚生労働省令で定める事項を都道府県知事に届け出なければならない。

3 保護施設を設置した都道府県、市町村及び地方独立行政法人は、現に入所中の被保護者の保護に支障のない限り、その保護施設を廃止し、又はその事業を縮少し、若しくは休止することができる。

4 都道府県及び市町村の行う保護施設の設置及び廃止は、条例で定めなければならない。

（社会福祉法人及び日本赤十字社の保護施設の設置）

第41条 都道府県、市町村及び地方独立行政法人のほか、保護施設は、社会福祉法人及び日本赤十字社でなければ設置することができない。

2 社会福祉法人又は日本赤十字社は、保護施設を設置しようとするときは、あらかじめ、左に掲げる事項を記載した申請書を都道府県知事に提出して、その認可を受けなければならない。

1 保護施設の名称及び種類
2 設置者たる法人の名称並びに代表者の氏名、住所及び資産状況
3 寄附行為、定款その他の基本約款
4 建物その他の設備の規模及び構造
5 取扱定員
6 事業開始の予定年月日
7 経営の責任者及び保護の実務に当る幹部職員の氏名及び経歴
8 経理の方針

3 都道府県知事は、前項の認可の申請があつた場合に、その施設が第39条第1項の基準のほか、次の各号の基準に適合するものであるときは、これを認可しなければならない。

1 設置しようとする者の経済的基礎が確実であること。
2 その保護施設の主として利用される地域における要保護者の分布状況からみて、当該保護施設の設置が必要であること。
3 保護の実務に当たる幹部職員が厚生労働大臣の定める資格を有するものであること。

4 第1項の認可をするに当つて、都道府県知事は、その保護施設の存続期間を限り、又は保護の目的を達するために必要と認める条件を附することができる。

5 第2項の認可を受けた社会福祉法人又は日本赤十字社は、同項第1号又は第3号から第8号までに掲げる事項を変更しようとするときは、あらかじめ、都道府県知事の認可を受けなければならない。この認可の申請があつた場合には、第3項の規定を準用する。

（社会福祉法人及び日本赤十字社の保護施設の休止又は廃止）

第42条 社会福祉法人又は日本赤十字社は、保護施設を休止し、又は廃止しようとするときは、あらかじめ、その理由、現に入所中の被保護者に対する措置及び財産の処分方法を明らかにし、かつ、第70条、第72条又は第74条の規定により交付を受けた交付金又は補助金に残余額があるときは、これを返還して、休止又は廃止の時期について都道府県知事の認可を受けなければならない。

（指導）

第43条 都道府県知事は、保護施設の運営について、必要な指導をしなければならない。

2 社会福祉法人又は日本赤十字社の設置した保護施設に対する前項の指導については、市町村長が、これを補助するものとする。

（報告の徴収及び立入検査）

第44条 都道府県知事は、保護施設の管理者に対して、その業務若しくは会計の状況その他必要と認める事項の報告を命じ、又は当該職員に、その施設に立ち入り、その管理者からその設備及び会計書類、診療録その他の帳簿書類（その作成又は保存に代えて電磁的記録（電子的方式、磁気的方式その他人の知覚によつては認識することができない方式で作られる記録であつて、電子計算機に

よる情報処理の用に供されるものをいう。）の作成又は保存がされている場合における当該電磁的記録を含む。第51条第２項第５号及び第54条第１項において同じ。）の閲覧及び説明を求めさせ、若しくはこれを検査させることができる。

2　第28条第３項及び第４項の規定は、前項の規定による立入検査について準用する。

（改善命令等）

第45条　厚生労働大臣は都道府県に対して、都道府県知事は市町村及び地方独立行政法人に対して、次に掲げる事由があるときは、その保護施設の設備若しくは運営の改善、その事業の停止又はその保護施設の廃止を命ずることができる。

1　その保護施設が第39条第１項の基準に適合しなくなつたとき。

2　その保護施設が存立の目的を失うに至つたとき。

3　その保護施設がこの法律若しくはこれに基づく命令又はこれらに基づいてする処分に違反したとき。

2　都道府県知事は、社会福祉法人又は日本赤十字社に対して、左に掲げる事由があるときは、その保護施設の設備若しくは運営の改善若しくはその事業の停止を命じ、又は第41条第２項の認可を取り消すことができる。

1　その保護施設が前項各号の１に該当するとき。

2　その保護施設が第41条第３項各号に規定する基準に適合しなくなつたとき。

3　その保護施設の経営につき営利を図る行為があつたとき。

4　正当な理由がないのに、第41条第２項第６号の予定年月日（同条第５項の規定により変更の認可を受けたときは、その認可を受けた予定年月日）までに事業を開始しないとき。

5　第41条第５項の規定に違反したとき。

3　前項の規定による処分に係る行政手続法第15条第１項又は第30条の通知は、聴聞の期日又は弁明を記載した書面の提出期限（口頭による弁明の機会の付与を行う場合には、その日時）の14日前までにしなければならない。

4　都道府県知事は、第２項の規定による認可の取消しに係る行政手続法第15条第１項の通知をしたときは、聴聞の期日及び場所を公示しなければならない。

5　第２項の規定による認可の取消しに係る聴聞の期日における審理は、公開により行わなければならない。

（管理規程）

第46条　保護施設の設置者は、その事業を開始する前に、左に掲げる事項を明示した管理規程を定めなければならない。

1　事業の目的及び方針

2　職員の定数、区分及び職務内容

3　その施設を利用する者に対する処遇方法

4　その施設を利用する者が守るべき規律

5　入所者に作業を課する場合には、その作業の種類、方法、時間及び収益の処分方法

6　その他施設の管理についての重要事項

2　都道府県以外の者は、前項の管理規程を定めたときは、すみやかに、これを都道府県知事に届け出なければならない。届け出た管理規程を変更しようとするときも、同

様とする。

3　都道府県知事は、前項の規定により届け出られた管理規程の内容が、その施設を利用する者に対する保護の目的を達するために適当でないと認めるときは、その管理規程の変更を命ずることができる。

（保護施設の義務）

第47条　保護施設は、保護の実施機関から保護のための委託を受けたときは、正当の理由なくして、これを拒んではならない。

2　保護施設は、要保護者の入所又は処遇に当たり、人種、信条、社会的身分又は門地により、差別的又は優先的な取扱いをしてはならない。

3　保護施設は、これを利用する者に対して、宗教上の行為、祝典、儀式又は行事に参加することを強制してはならない。

4　保護施設は、当該職員が第44条の規定によつて行う立入検査を拒んではならない。

（保護施設の長）

第48条　保護施設の長は、常に、その施設を利用する者の生活の向上及び更生を図ることに努めなければならない。

2　保護施設の長は、その施設を利用する者に対して、管理規程に従つて必要な指導をすることができる。

3　都道府県知事は、必要と認めるときは、前項の指導を制限し、又は禁止することができる。

4　保護施設の長は、その施設を利用する被保護者について、保護の変更、停止又は廃止を必要とする事由が生じたと認めるときは、すみやかに、保護の実施機関に、これを届け出なければならない。

第７章　医療機関、介護機関及び助産機関

（医療機関の指定）

第49条　厚生労働大臣は、国の開設した病院若しくは診療所又は薬局について、都道府県知事は、その他の病院若しくは診療所（これらに準ずるものとして政令で定めるものを含む。）又は薬局について、この法律による医療扶助のための医療を担当させる機関を指定する。

（指定の申請及び基準）

第49条の２　厚生労働大臣による前条の指定は、厚生労働省令で定めるところにより、病院若しくは診療所又は薬局の開設者の申請により行う。

2　厚生労働大臣は、前項の申請があつた場合において、次の各号のいずれかに該当するときは、前条の指定をしてはならない。

1　当該申請に係る病院若しくは診療所又は薬局が、健康保険法（大正11年法律第70号）第63条第３項第１号に規定する保険医療機関又は保険薬局でないとき。

2　申請者が、禁錮以上の刑に処せられ、その執行を終わり、又は執行を受けることがなくなるまでの者であるとき。

3　申請者が、この法律その他国民の保健医療若しくは福祉に関する法律で政令で定めるものの規定により罰金の刑に処せられ、その執行を終わり、又は執行を受けることがなくなるまでの者であるとき。

4　申請者が、第51条第２項の規定により指定を取り消され、その取消しの日から起算して５年を経過しない者（当該取消しの処分に係る行政手続法第15条の規定

による通知があつた日前60日以内に当該指定を取り消された病院若しくは診療所又は薬局の管理者であつた者で当該取消しの日から起算して５年を経過しないものを含む。）であるとき。ただし、当該指定の取消しの処分の理由となつた事実に関して申請者が有していた責任の程度を考慮して、この号本文に該当しないこととすることが相当であると認められるものとして厚生労働省令で定めるものに該当する場合を除く。

5 申請者が、第51条第２項の規定による指定の取消しの処分に係る行政手続法第15条の規定による通知があつた日から当該処分をする日又は処分をしないことを決定する日までの間に第51条第１項の規定による指定の辞退の申出をした者（当該指定の辞退について相当の理由がある者を除く。）で、当該申出の日から起算して５年を経過しないものであるとき。

6 申請者が、第54条第１項の規定による検査が行われた日から聴聞決定予定日（当該検査の結果に基づき第51条第２項の規定による指定の取消しの処分に係る聴聞を行うか否かの決定をすることが見込まれる日として厚生労働省令で定めるところにより厚生労働大臣が当該申請者に当該検査が行われた日から10日以内に特定の日を通知した場合における当該特定の日をいう。）までの間に第51条第１項の規定による指定の辞退の申出をした者（当該指定の辞退について相当の理由がある者を除く。）で、当該申出の日から起算して５年を経過しないものであるとき。

7 第５号に規定する期間内に第51条第１項の規定による指定の辞退の申出があつた場合において、申請者（当該指定の辞退について相当の理由がある者を除く。）が、同号の通知の日前60日以内に当該申出に係る病院若しくは診療所又は薬局の管理者であつた者で、当該申出の日から起算して５年を経過しないものであるとき。

8 申請者が、指定の申請前５年以内に被保護者の医療に関し不正又は著しく不当な行為をした者であるとき。

9 当該申請に係る病院若しくは診療所又は薬局の管理者が第２号から前号までのいずれかに該当する者であるとき。

3 厚生労働大臣は、第１項の申請があつた場合において、当該申請に係る病院若しくは診療所又は薬局が次の各号のいずれかに該当するときは、前条の指定をしないことができる。

1 被保護者の医療について、その内容の適切さを欠くおそれがあるとして重ねて第50条第２項の規定による指導を受けたものであるとき。

2 前号のほか、医療扶助のための医療を担当させる機関として著しく不適当と認められるものであるとき。

4 前３項の規定は、都道府県知事による前条の指定について準用する。この場合において、第１項中「診療所」とあるのは「診療所（前条の政令で定めるものを含む。次項及び第３項において同じ。）」と、第２項第１号中「又は保険薬局」とあるのは「若しくは保険薬局又は厚生労働省令で定める事業所若しくは施設」と読み替えるものとする。

（指定の更新）

第49条の３ 第49条の指定は、６年ごとにその更新を受けなければ、その期間の経過によつて、その効力を失う。

2 前項の更新の申請があつた場合において、同項の期間（以下この条において「指定の有効期間」という。）の満了の日までにその申請に対する処分がされないときは、従前の指定は、指定の有効期間の満了後もその処分がされるまでの間は、なおその効力を有する。

3 前項の場合において、指定の更新がされたときは、その指定の有効期間は、従前の指定の有効期間の満了の日の翌日から起算するものとする。

4 前条及び健康保険法第68条第２項の規定は、第１項の指定の更新について準用する。この場合において、必要な技術的読替えは、政令で定める。

（指定医療機関の義務）

第50条 第49条の規定により指定を受けた医療機関（以下「指定医療機関」という。）は、厚生労働大臣の定めるところにより、懇切丁寧に被保護者の医療を担当しなければならない。

2 指定医療機関は、被保護者の医療について、厚生労働大臣又は都道府県知事の行う指導に従わなければならない。

（変更の届出等）

第50条の２ 指定医療機関は、当該指定医療機関の名称その他厚生労働省令で定める事項に変更があつたとき、又は当該指定医療機関の事業を廃止し、休止し、若しくは再開したときは、厚生労働省令で定めるところにより、10日以内に、その旨を第49条の指定をした厚生労働大臣又は都道府県知事に届け出なければならない。

（指定の辞退及び取消し）

第51条 指定医療機関は、30日以上の予告期間を設けて、その指定を辞退することができる。

2 指定医療機関が、次の各号のいずれかに該当するときは、厚生労働大臣の指定した医療機関については厚生労働大臣が、都道府県知事の指定した医療機関については都道府県知事が、その指定を取り消し、又は期間を定めてその指定の全部若しくは一部の効力を停止することができる。

1 指定医療機関が、第49条の２第２項第１号から第３号まで又は第９号のいずれかに該当するに至つたとき。

2 指定医療機関が、第49条の２第３項各号のいずれかに該当するに至つたとき。

3 指定医療機関が、第50条又は次条の規定に違反したとき。

4 指定医療機関の診療報酬の請求に関し不正があつたとき。

5 指定医療機関が、第54条第１項の規定により報告若しくは診療録、帳簿書類その他の物件の提出若しくは提示を命ぜられてこれに従わず、又は虚偽の報告をしたとき。

6 指定医療機関の開設者又は従業者が、第54条第１項の規定により出頭を求められてこれに応ぜず、同項の規定による質問に対して答弁せず、若しくは虚偽の答弁をし、又は同項の規定による検査を拒み、妨げ、若しくは忌避したとき。ただし、当該指定医療機関の従業者がその行為をした場合において、その行為を防止

するため、当該指定医療機関の開設者が相当の注意及び監督を尽くしたときを除く。

7　指定医療機関が、不正の手段により第49条の指定を受けたとき。

8　前各号に掲げる場合のほか、指定医療機関が、この法律その他国民の保健医療若しくは福祉に関する法律で政令で定めるもの又はこれらの法律に基づく命令若しくは処分に違反したとき。

9　前各号に掲げる場合のほか、指定医療機関が、被保護者の医療に関し不正又は著しく不当な行為をしたとき。

10　指定医療機関の管理者が指定の取消し又は指定の全部若しくは一部の効力の停止をしようとするとき前5年以内に被保護者の医療に関し不正又は著しく不当な行為をした者であるとき。

（診療方針及び診療報酬）

第52条　指定医療機関の診療方針及び診療報酬は、国民健康保険の診療方針及び診療報酬の例による。

2　前項に規定する診療方針及び診療報酬によることのできないとき、及びこれによることを適当としないときの診療方針及び診療報酬は、厚生労働大臣の定めるところによる。

（医療費の審査及び支払）

第53条　都道府県知事は、指定医療機関の診療内容及び診療報酬の請求を随時審査し、且つ、指定医療機関が前条の規定によつて請求することのできる診療報酬の額を決定することができる。

2　指定医療機関は、都道府県知事の行う前項の決定に従わなければならない。

3　都道府県知事は、第1項の規定により指定医療機関の請求することのできる診療報酬の額を決定するに当つては、社会保険診療報酬支払基金法（昭和23年法律第129号）に定める審査委員会又は医療に関する審査機関で政令で定めるものの意見を聴かなければならない。

4　都道府県、市及び福祉事務所を設置する町村は、指定医療機関に対する診療報酬の支払に関する事務を、社会保険診療報酬支払基金又は厚生労働省令で定める者に委託することができる。

5　第1項の規定による診療報酬の額の決定については、審査請求をすることができない。

（報告等）

第54条　都道府県知事（厚生労働大臣の指定に係る指定医療機関については、厚生労働大臣又は都道府県知事）は、医療扶助に関して必要があると認めるときは、指定医療機関若しくは指定医療機関の開設者若しくは管理者、医師、薬剤師その他の従業者であつた者（以下この項において「開設者であつた者等」という。）に対して、必要と認める事項の報告若しくは診療録、帳簿書類その他の物件の提出若しくは提示を命じ、指定医療機関の開設者若しくは管理者、医師、薬剤師その他の従業者（開設者であつた者等を含む。）に対し出頭を求め、又は当該職員に、関係者に対して質問させ、若しくは当該指定医療機関について実地に、その設備若しくは診療録、帳簿書類その他の物件を検査させることができる。

2　第28条第3項及び第4項の規定は、前項の規定による検査について準用する。

（介護機関の指定等）

第54条の2　厚生労働大臣は、国の開設した地域密着型介護老人福祉施設、介護老人福祉施設又は介護老人保健施設について、都道府県知事は、その他の地域密着型介護老人福祉施設、介護老人福祉施設若しくは介護老人保健施設、その事業として居宅介護を行う者若しくはその事業として居宅介護支援計画を作成する者、特定福祉用具販売事業者、その事業として介護予防を行う者若しくはその事業として介護予防支援計画を作成する者、特定介護予防福祉用具販売事業者又は介護予防・日常生活支援事業者について、この法律による介護扶助のための居宅介護若しくは居宅介護支援計画の作成、福祉用具の給付、施設介護、介護予防若しくは介護予防支援計画の作成、介護予防福祉用具又は介護予防・日常生活支援の給付を担当させる機関を指定する。

2　介護機関について、別表第2の第1欄に掲げる介護機関の種類に応じ、それぞれ同表の第2欄に掲げる指定又は許可があつたときは、その介護機関は、その指定又は許可の時に前項の指定を受けたものとみなす。ただし、当該介護機関（地域密着型介護老人福祉施設及び介護老人福祉施設を除く。）が、厚生労働省令で定めるところにより、あらかじめ、別段の申出をしたときは、この限りではない。

3　前項の規定により第1項の指定を受けたものとみなされた別表第2の第1欄に掲げる介護機関に係る同項の指定は、当該介護機関が同表の第3欄に掲げる場合に該当するときは、その効力を失う。

4　第2項の規定により第1項の指定を受けたものとみなされた別表第2の第1欄に掲げる介護機関に係る同項の指定は、当該介護機関が同表の第4欄に掲げる場合に該当するときは、その該当する期間、その効力（それぞれ同欄に掲げる介護保険法の規定による指定又は許可の効力が停止された部分に限る。）を停止する。

5　第49条の2（第2項第1号を除く。）の規定は、第1項の指定（介護予防・日常生活支援事業者に係るものを除く。）について、第50条から前条までの規定は、同項の規定により指定を受けた介護機関（第2項本文の規定により第1項の指定を受けたものとみなされたものを含み、同項の指定を受けた介護予防・日常生活支援事業者（第2項本文の規定により第1項の指定を受けたものとみなされたものを含む。）を除く。）について準用する。この場合において、第50条及び第50条の2中「指定医療機関」とあるのは「指定介護機関」と、第51条第1項中「指定医療機関」とあるのは「指定介護機関（地域密着型介護老人福祉施設及び介護老人福祉施設に係るものを除く。）」と、同条第2項、第52条第1項及び第53条第1項から第3項までの規定中「指定医療機関」とあるのは「指定介護機関」と、同項中「社会保険診療報酬支払基金法（昭和23年法律第129号）に定める審査委員会又は医療に関する審査機関で政令で定めるもの」とあるのは「介護保険法に定める介護給付費等審査委員会」と、同条第4項中「指定医療機関」とあるのは「指定介護機関」と、「社会保険診療報酬支払基金又は厚生労働省令で定める者」とあるのは「国民健康保険団体連合会」と、

265

前条第1項中「指定医療機関」とあるのは「指定介護機関」と読み替えるものとするほか、必要な技術的読替えは、政令で定める。

6　第49条の2第1項及び第3項の規定は、第1項の指定（介護予防・日常生活支援事業者に係るものに限る。）について、第50条、第50条の2、第51条（第2項第1号、第8号及び第10号を除く。）、第52条から前条までの規定は、第1項の規定により指定を受けた介護機関（同項の指定を受けた介護予防・日常生活支援事業者（第2項本文の規定により第1項の指定を受けたものとみなされたものを含む。）に限る。）について準用する。この場合において、第49条の2第1項及び第3項中「厚生労働大臣」とあるのは「都道府県知事」と、第50条第1項中「指定医療機関」とあるのは「指定介護機関」と、同条第2項及び第50条の2中「指定医療機関」とあるのは「指定介護機関」と、「厚生労働大臣又は都道府県知事」とあるのは「都道府県知事」と、第51条第1項中「指定医療機関」とあるのは「指定介護機関」と、同条第2項中「指定医療機関が、次の」とあるのは「指定介護機関が、次の」と、「厚生労働大臣の指定した医療機関については厚生労働大臣が、都道府県知事の指定した医療機関については都道府県知事が」とあるのは「都道府県知事は」と、同項第2号から第7号まで及び第9号、第52条第1項並びに第53条第1項から第3項までの規定中「指定医療機関」とあるのは「指定介護機関」と、同項中「社会保険診療報酬支払基金法（昭和23年法律第129号）に定める審査委員会又は医療に関する審査機関で政令で定めるもの」とあるのは「介護保険法に定める介護給付費等審査委員会」と、同条第4項中「指定医療機関」とあるのは「指定介護機関」と、「社会保険診療報酬支払基金又は厚生労働省令で定める者」とあるのは「国民健康保険団体連合会」と、前条第1項中「都道府県知事（厚生労働大臣の指定に係る指定医療機関については、厚生労働大臣又は都道府県知事）」とあるのは「都道府県知事」と、「指定医療機関若しくは指定医療機関」とあるのは「指定介護機関若しくは指定介護機関」と、「命じ、指定医療機関」とあるのは「命じ、指定介護機関」と、「当該指定医療機関」とあるのは「当該指定介護機関」と読み替えるものとするほか、必要な技術的読替えは、政令で定める。

（助産機関及び施術機関の指定等）

第55条　都道府県知事は、助産師又はあん摩マツサージ指圧師、はり師、きゆう師若しくは柔道整復師について、この法律による出産扶助のための助産又はこの法律による医療扶助のための施術を担当させる機関を指定する。

2　第49条の2第1項、第2項（第1号、第4号ただし書、第7号及び第9号を除く。）及び第3項の規定は、前項の指定について、第50条、第50条の2、第51条（第2項第4号、第6号ただし書及び第10号を除く。）及び第54条の規定は、前項の規定により指定を受けた助産師並びにあん摩マツサージ指圧師、はり師、きゆう師及び柔道整復師について準用する。この場合において、第49条の2第1項及び第2項中「厚生労働大臣」とあるのは「都道府県知事」と、同項第4号中「者（当該取消しの処分に係る行政手続法第15条の規定による通知があつた日前

60日以内に当該指定を取り消された病院若しくは診療所又は薬局の管理者であつた者で当該取消しの日から起算して5年を経過しないものを含む。）」とあるのは「者」と、同条第3項中「厚生労働大臣」とあるのは「都道府県知事」と、第50条第1項中「医療機関（以下「指定医療機関」とあるのは「助産師又はあん摩マツサージ指圧師、はり師、きゆう師若しくは柔道整復師（以下それぞれ「指定助産機関」又は「指定施術機関」と、同条第2項中「指定医療機関」とあるのは「指定助産機関又は指定施術機関」と、「厚生労働大臣又は都道府県知事」とあるのは「都道府県知事」と、第50条の2中「指定医療機関は」とあるのは「指定助産機関又は指定施術機関は」と、「指定医療機関の」とあるのは「指定助産機関若しくは指定施術機関の」と、「厚生労働大臣又は都道府県知事」とあるのは「都道府県知事」と、第51条第1項中「指定医療機関」とあるのは「指定助産機関又は指定施術機関」と、同条第2項中「指定医療機関が、次の」とあるのは「指定助産機関又は指定施術機関が、次の」と、「厚生労働大臣の指定した医療機関については厚生労働大臣が、都道府県知事の指定した医療機関については都道府県知事が」とあるのは「都道府県知事は」と、同項第1号から第3号まで及び第5号中「指定医療機関」とあるのは「指定助産機関又は指定施術機関」と、同項第6号中「指定医療機関の開設者又は従業者」とあるのは「指定助産機関又は指定施術機関」と、同項第7号から第9号までの規定中「指定医療機関」とあるのは「指定助産機関又は指定施術機関」と、第54条第1項中「都道府県知事（厚生労働大臣の指定に係る指定医療機関については、厚生労働大臣又は都道府県知事）」とあるのは「都道府県知事」と、「指定医療機関若しくは指定医療機関の開設者若しくは管理者、医師、薬剤師その他の従業者であつた者（以下この項において「開設者であつた者等」という。）」とあり、及び「指定医療機関の開設者若しくは管理者、医師、薬剤師その他の従業者（開設者であつた者等を含む。）」とあるのは「指定助産機関若しくは指定施術機関若しくはこれらであつた者」と、「当該指定医療機関」とあるのは「当該指定助産機関若しくは指定施術機関」と読み替えるものとするほか、必要な技術的読替えは、政令で定める。

（医療保護施設への準用）

第55条の2　第52条及び第53条の規定は、医療保護施設について準用する。

（告示）

第55条の3　厚生労働大臣又は都道府県知事は、次に掲げる場合には、その旨を告示しなければならない。

1　第49条、第54条の2第1項又は第55条第1項の指定をしたとき。

2　第50条の2（第54条の2第5項及び第6項並びに第55条第2項において準用する場合を含む。）の規定による届出があつたとき。

3　第51条第1項（第54条の2第5項及び第6項並びに第55条第2項において準用する場合を含む。）の規定による第49条、第54条の2第1項又は第55条第1項の指定の辞退があつたとき。

4　第51条第2項（第54条の2第5項及び第6項並びに

第55条第2項において準用する場合を含む。）の規定により第49条、第54条の2第1項又は第55条第1項の指定を取り消したとき。

第8章 就労自立給付金及び進学準備給付金
（就労自立給付金の支給）

第55条の4 都道府県知事、市長及び福祉事務所を管理する町村長は、被保護者の自立の助長を図るため、その管理に属する福祉事務所の所管区域内に居住地を有する（居住地がないか、又は明らかでないときは、当該所管区域内にある）被保護者であつて、厚生労働省令で定める安定した職業に就いたことその他厚生労働省令で定める事由により保護を必要としなくなつたと認めたものに対して、厚生労働省令で定めるところにより、就労自立給付金を支給する。

2　前項の規定により就労自立給付金を支給する者は、就労自立給付金の支給に関する事務の全部又は一部を、その管理に属する行政庁に限り、委任することができる。

3　第1項の規定により就労自立給付金を支給する者は、就労自立給付金の支給に関する事務の一部を、政令で定めるところにより、他の就労自立給付金を支給する者に委託して行うことを妨げない。

（進学準備給付金の支給）

第55条の5 都道府県知事、市長及び福祉事務所を管理する町村長は、その管理に属する福祉事務所の所管区域内に居住地を有する（居住地がないか、又は明らかでないときは当該所管区域内にある）被保護者（18歳に達する日以後の最初の3月31日までの間にある者その他厚生労働省令で定める者に限る。）であつて教育訓練施設のうち教育訓練の内容その他の事情を勘案して厚生労働省令で定めるもの（次条において「特定教育訓練施設」という。）に確実に入学すると見込まれるものに対して、厚生労働省令で定めるところにより、進学準備給付金を支給する。

2　前条第2項及び第3項の規定は、進学準備給付金の支給について準用する。

第55条の6 第55条の4第1項の規定により就労自立給付金を支給する者又は前条第1項の規定により進学準備給付金を支給する者（第69条において「支給機関」という。）は、就労自立給付金若しくは進学準備給付金の支給又は第78条第3項の規定の施行のために必要があると認めるときは、被保護者若しくは被保護者であつた者又はこれらの者に係る雇主若しくは特定教育訓練施設の長その他の関係人に、報告を求めることができる。

第9章 被保護者就労支援事業及び被保護者健康管理支援事業
（被保護者就労支援事業）

第55条の7 保護の実施機関は、就労の支援に関する問題につき、被保護者からの相談に応じ、必要な情報の提供及び助言を行う事業（以下「被保護者就労支援事業」という。）を実施するものとする。

2　保護の実施機関は、被保護者就労支援事業の事務の全部又は一部を当該保護の実施機関以外の厚生労働省令で定める者に委託することができる。

3　前項の規定による委託を受けた者若しくはその役員若しくは職員又はこれらの者であつた者は、その委託を受けた事務に関して知り得た秘密を漏らしてはならない。
（被保護者健康管理支援事業）

第55条の8 保護の実施機関は、被保護者に対する必要な情報の提供、保健指導、医療の受診の勧奨その他の被保護者の健康の保持及び増進を図るための事業（以下「被保護者健康管理支援事業」という。）を実施するものとする。

2　前条第2項及び第3項の規定は、被保護者健康管理支援事業を行う場合について準用する。
（被保護者健康管理支援事業の実施のための調査及び分析等）

第55条の9 厚生労働大臣は、被保護者健康管理支援事業の実施に資するため、被保護者の年齢別及び地域別の疾病の動向その他被保護者の医療に関する情報について調査及び分析を行い、保護の実施機関に対して、当該調査及び分析の結果を提供するものとする。

2　保護の実施機関は、厚生労働大臣に対して、前項の規定による調査及び分析の実施に必要な情報を、厚生労働省令で定めるところにより提供しなければならない。

3　厚生労働大臣は、第1項の規定による調査及び分析に係る事務の一部を厚生労働省令で定める者に委託することができる。この場合において、厚生労働大臣は、委託を受けた者に対して、当該調査及び分析の実施に必要な範囲内において、当該調査及び分析に必要な情報を提供することができる。

4　前項の規定による委託を受けた者若しくはその役員若しくは職員又はこれらの者であつた者は、その委託を受けた事務に関して知り得た秘密を漏らしてはならない。

第10章 被保護者の権利及び義務
（不利益変更の禁止）

第56条 被保護者は、正当な理由がなければ、既に決定された保護を、不利益に変更されることがない。
（公課禁止）

第57条 被保護者は、保護金品及び進学準備給付金を標準として租税その他の公課を課せられることがない。
（差押禁止）

第58条 被保護者は、既に給与を受けた保護金品及び進学準備給付金又はこれらを受ける権利を差し押さえられることがない。
（譲渡禁止）

第59条 保護又は就労自立給付金若しくは進学準備給付金の支給を受ける権利は、譲り渡すことができない。
（生活上の義務）

第60条 被保護者は、常に、能力に応じて勤労に励み、自ら、健康の保持及び増進に努め、収入、支出その他生計の状況を適切に把握するとともに支出の節約を図り、その他生活の維持及び向上に努めなければならない。
（届出の義務）

第61条 被保護者は、収入、支出その他生計の状況について変動があつたとき、又は居住地若しくは世帯の構成に異動があつたときは、すみやかに、保護の実施機関又は福祉事務所長にその旨を届け出なければならない。
（指示等に従う義務）

第62条 被保護者は、保護の実施機関が、第30条第1項ただし書の規定により、被保護者を救護施設、更生施設、

日常生活支援住居施設若しくはその他の適当な施設に入所させ、若しくはこれらの施設に入所を委託し、若しくは私人の家庭に養護を委託して保護を行うことを決定したとき、又は第27条の規定により、被保護者に対し、必要な指導又は指示をしたときは、これに従わなければならない。

2 保護施設を利用する被保護者は、第46条の規定により定められたその保護施設の管理規程に従わなければならない。

3 保護の実施機関は、被保護者が前2項の規定による義務に違反したときは、保護の変更、停止又は廃止をすることができる。

4 保護の実施機関は、前項の規定により保護の変更、停止又は廃止の処分をする場合には、当該被保護者に対して弁明の機会を与えなければならない。この場合においては、あらかじめ、当該処分をしようとする理由、弁明をすべき日時及び場所を通知しなければならない。

5 第3項の規定による処分については、行政手続法第3章（第12条及び第14条を除く。）の規定は、適用しない。

（費用返還義務）

第63条 被保護者が、急迫の場合等において資力があるにもかかわらず、保護を受けたときは、保護に要する費用を支弁した都道府県又は市町村に対して、すみやかに、その受けた保護金品に相当する金額の範囲内において保護の実施機関の定める額を返還しなければならない。

第11章 不服申立て

（審査庁）

第64条 第19条第4項の規定により市町村長が保護の決定及び実施に関する事務の全部又は一部をその管理に属する行政庁に委任した場合における当該事務に関する処分並びに第55条の4第2項（第55条の5第2項において準用する場合を含む。第66条第1項において同じ。）の規定により市町村長が就労自立給付金又は進学準備給付金の支給に関する事務の全部又は一部をその管理に属する行政庁に委任した場合における当該事務に関する処分についての審査請求は、都道府県知事に対してするものとする。

（裁決をすべき期間）

第65条 厚生労働大臣又は都道府県知事は、保護の決定及び実施に関する処分又は就労自立給付金若しくは進学準備給付金の支給に関する処分についての審査請求がされたときは、当該審査請求がされた日（行政不服審査法（平成26年法律第68号）第23条の規定により不備を補正すべきことを命じた場合にあつては、当該不備が補正された日）から次の各号に掲げる場合の区分に応じそれぞれ当該各号に定める期間内に、当該審査請求に対する裁決をしなければならない。

1 行政不服審査法第43条第1項の規定による諮問をする場合 70日

2 前号に掲げる場合以外の場合 50日

2 審査請求人は、審査請求をした日（行政不服審査法第23条の規定により不備を補正すべきことを命じられた場合にあつては、当該不備を補正した日。第1号において同じ。）から次の各号に掲げる場合の区分に応じそれぞれ当該各号に定める期間内に裁決がないときは、厚生労

働大臣又は都道府県知事が当該審査請求を棄却したものとみなすことができる。

1 当該審査請求をした日から50日以内に行政不服審査法第43条第3項の規定により通知を受けた場合 70日

2 前号に掲げる場合以外の場合 50日

（再審査請求）

第66条 市町村長がした保護の決定及び実施に関する処分若しくは第19条第4項の規定による委任に基づいて行政庁がした処分に係る審査請求についての都道府県知事の裁決又は市町村長がした就労自立給付金若しくは進学準備給付金の支給に関する処分若しくは第55条の4第2項の規定による委任に基づいて行政庁がした処分に係る審査請求についての都道府県知事の裁決に不服がある者は、厚生労働大臣に対して再審査請求をすることができる。

2 前条第1項（各号を除く。）の規定は、再審査請求の裁決について準用する。この場合において、同項中「当該審査請求」とあるのは「当該再審査請求」と、「第23条」とあるのは「第66条第1項において読み替えて準用する同法第23条」と、「次の各号に掲げる場合の区分に応じそれぞれ当該各号に定める期間内」とあるのは「70日以内」と読み替えるものとする。

第67条及び第68条 削除

（審査請求と訴訟との関係）

第69条 この法律の規定に基づき保護の実施機関又は支給機関がした処分の取消しの訴えは、当該処分についての審査請求に対する裁決を経た後でなければ、提起することができない。

第12章 費 用

（市町村の支弁）

第70条 市町村は、次に掲げる費用を支弁しなければならない。

1 その長が第19条第1項の規定により行う保護（同条第5項の規定により委託を受けて行う保護を含む。）に関する次に掲げる費用

イ 保護の実施に要する費用（以下「保護費」という。）

ロ 第30条第1項ただし書、第33条第2項又は第36条第2項の規定により被保護者を保護施設に入所させ、若しくは入所を委託し、又は保護施設を利用させ、若しくは保護施設にこれを委託する場合に、これに伴い必要な保護施設の事務費（以下「保護施設事務費」という。）

ハ 第30条第1項ただし書の規定により被保護者を日常生活支援住居施設若しくはその他の適当な施設に入所させ、若しくはその入所をこれらの施設に委託し、又は私人の家庭に養護を委託する場合に、これに伴い必要な事務費（以下「委託事務費」という。）

2 その長の管理に属する福祉事務所の所管区域内に居住地を有する者に対して、都道府県知事又は他の市町村長が第19条第2項の規定により行う保護（同条第5項の規定により委託を受けて行う保護を含む。）に関する保護費、保護施設事務費及び委託事務費

3 その長の管理に属する福祉事務所の所管区域内に居住地を有する者に対して、他の町村長が第19条第6項の規定により行う保護に関する保護費、保護施設事務

費及び委託事務費

4　その設置する保護施設の設備に要する費用（以下「設備費」という。）

5　その長が第55条の４第１項の規定により行う就労自立給付金の支給（同条第３項の規定により委託を受けて行うものを含む。）及び第55条の５第１項の規定により行う進学準備給付金の支給（同条第２項において準用する第55条の４第３項の規定により委託を受けて行うものを含む。）に要する費用

6　その長が第55条の７の規定により行う被保護者就労支援事業及び第55条の８の規定により行う被保護者健康管理支援事業の実施に要する費用

7　この法律の施行に伴い必要なその人件費

8　この法律の施行に伴い必要なその事務費（以下「行政事務費」という。）

（都道府県の支弁）

第71条　都道府県は、次に掲げる費用を支弁しなければならない。

1　その長が第19条第１項の規定により行う保護（同条第５項の規定により委託を受けて行う保護を含む。）に関する保護費、保護施設事務費及び委託事務費

2　その長の管理に属する福祉事務所の所管区域内に居住地を有する者に対して、他の都道府県知事又は市町村長が第19条第２項の規定により行う保護（同条第５項の規定により委託を受けて行う保護を含む。）に関する保護費、保護施設事務費及び委託事務費

3　その長の管理に属する福祉事務所の所管区域内に現在地を有する者（その所管区域外に居住地を有する者を除く。）に対して、町村長が第19条第６項の規定により行う保護に関する保護費、保護施設事務費及び委託事務費

4　その設置する保護施設の設備費

5　その長が第55条の４第１項の規定により行う就労自立給付金の支給（同条第３項の規定により委託を受けて行うものを含む。）及び第55条の５第１項の規定により行う進学準備給付金の支給（同条第２項において準用する第55条の４第３項の規定により委託を受けて行うものを含む。）に要する費用

6　その長が第55条の７の規定により行う被保護者就労支援事業及び第55条の８の規定により行う被保護者健康管理支援事業の実施に要する費用

7　この法律の施行に伴い必要なその人件費

8　この法律の施行に伴い必要なその行政事務費

（繰替支弁）

第72条　都道府県、市及び福祉事務所を設置する町村は、政令の定めるところにより、その長の管理に属する福祉事務所の所管区域内の保護施設、指定医療機関その他これらに準ずる施設で厚生労働大臣の指定するものにある被保護者につき他の都道府県又は市町村が支弁すべき保護費及び保護施設事務費を一時繰替支弁しなければならない。

2　都道府県、市及び福祉事務所を設置する町村は、その長が第19条第２項の規定により行う保護（同条第５項の規定により委託を受けて行う保護を含む。）に関する保護費、保護施設事務費及び委託事務費を一時繰替支弁し

なければならない。

3　町村は、その長が第19条第６項の規定により行う保護に関する保護費、保護施設事務費及び委託事務費を一時繰替支弁しなければならない。

（都道府県の負担）

第73条　都道府県は、政令で定めるところにより、次に掲げる費用を負担しなければならない。

1　居住地がないか、又は明らかでない被保護者につき市町村が支弁した保護費、保護施設事務費及び委託事務費の４分の１

2　宿所提供施設又は児童福祉法（昭和22年法律第164号）第38条に規定する母子生活支援施設（第４号において「母子生活支援施設」という。）にある被保護者（これらの施設を利用するに至る前からその施設の所在する市町村の区域内に居住地を有していた被保護者を除く。同号において同じ。）につきこれらの施設の所在する市町村が支弁した保護費、保護施設事務費及び委託事務費の４分の１

3　居住地がないか、又は明らかでない被保護者につき市町村が支弁した就労自立給付金費（就労自立給付金の支給に要する費用をいう。以下同じ。）及び進学準備給付金費（進学準備給付金の支給に要する費用をいう。以下同じ。）の４分の１

4　宿所提供施設又は母子生活支援施設にある被保護者につきこれらの施設の所在する市町村が支弁した就労自立給付金費及び進学準備給付金費の４分の１

（都道府県の補助）

第74条　都道府県は、左に掲げる場合においては、第41条の規定により設置した保護施設の修理、改造、拡張又は整備に要する費用の４分の３以内を補助することができる。

1　その保護施設を利用することがその地域における被保護者の保護のため極めて効果的であるとき。

2　その地域に都道府県又は市町村の設置する同種の保護施設がないか、又はあつてもこれに収容若しくは供用の余力がないとき。

2　第43条から第45条までに規定するものの外、前項の規定により補助を受けた保護施設に対する監督については、左の各号による。

1　厚生労働大臣は、その保護施設に対して、その業務又は会計の状況について必要と認める事項の報告を命ずることができる。

2　厚生労働大臣及び都道府県知事は、その保護施設の予算が、補助の効果を上げるために不適当と認めるときは、その予算について、必要な変更をすべき旨を指示することができる。

3　厚生労働大臣及び都道府県知事は、その保護施設の職員が、この法律若しくはこれに基く命令又はこれらに基いてする処分に違反したときは、当該職員を解職すべき旨を指示することができる。

（準用規定）

第74条の２　社会福祉法第58条第２項から第４項までの規定は、国有財産特別措置法（昭和27年法律第219号）第２条第２項第１号の規定又は同法第３条第１項第４号及び同条第２項の規定により普通財産の譲渡又は貸付を受

けた保護施設に準用する。

（国の負担及び補助）

第75条 国は、政令で定めるところにより、次に掲げる費用を負担しなければならない。

1 市町村及び都道府県が支弁した保護費、保護施設事務費及び委託事務費の4分の3

2 市町村及び都道府県が支弁した就労自立給付金費及び進学準備給付金費の4分の3

3 市町村が支弁した被保護者就労支援事業及び被保護者健康管理支援事業に係る費用のうち、当該市町村における人口、被保護者の数その他の事情を勘案して政令で定めるところにより算定した額の4分の3

4 都道府県が支弁した被保護者就労支援事業及び被保護者健康管理支援事業に係る費用のうち、当該都道府県の設置する福祉事務所の所管区域内の町村における人口、被保護者の数その他の事情を勘案して政令で定めるところにより算定した額の4分の3

2 国は、政令の定めるところにより、都道府県が第74条第1項の規定により保護施設の設置者に対して補助した金額の3分の2以内を補助することができる。

（遺留金品の処分）

第76条 第18条第2項の規定により葬祭扶助を行う場合においては、保護の実施機関は、その死者の遺留の金銭及び有価証券を保護費に充て、なお足りないときは、遺留の物品を売却してその代金をこれに充てることができる。

2 都道府県又は市町村は、前項の費用について、その遺留の物品の上に他の債権者の先取特権に対して優先権を有する。

（損害賠償請求権）

第76条の2 都道府県又は市町村は、被保護者の医療扶助又は介護扶助を受けた事由が第三者の行為によって生じたときは、その支弁した保護費の限度において、被保護者が当該第三者に対して有する損害賠償の請求権を取得する。

（時効）

第76条の3 就労自立給付金又は進学準備給付金の支給を受ける権利は、2年を経過したときは、時効によって消滅する。

（費用等の徴収）

第77条 被保護者に対して民法の規定により扶養の義務を履行しなければならない者があるときは、その義務の範囲内において、保護費を支弁した都道府県又は市町村の長は、その費用の全部又は一部を、その者から徴収することができる。

2 前項の場合において、扶養義務者の負担すべき額について、保護の実施機関と扶養義務者の間に協議が調わないとき、又は協議をすることができないときは、保護の実施機関の申立により家庭裁判所が、これを定める。

第77条の2 急迫の場合等において資力があるにもかかわらず、保護を受けた者があるとき（徴収することが適当でないときとして厚生労働省令で定めるときを除く。）は、保護に要する費用を支弁した都道府県又は市町村の長は、第63条の保護の実施機関の定める額の全部又は一部をその者から徴収することができる。

2 前項の規定による徴収金は、この法律に別段の定めが

ある場合を除き、国税徴収の例により徴収することができる。

第78条 不実の申請その他不正な手段により保護を受け、又は他人をして受けさせた者があるときは、保護費を支弁した都道府県又は市町村の長は、その費用の額の全部又は一部を、その者から徴収するほか、その徴収する額に100分の40を乗じて得た額以下の金額を徴収することができる。

2 偽りその他不正の行為によつて医療、介護又は助産若しくは施術の給付に要する費用の支払を受けた指定医療機関、指定介護機関又は指定助産機関若しくは指定施術機関があるときは、当該費用を支弁した都道府県又は市町村の長は、その支弁した額のうち返還させるべき額をその指定医療機関、指定介護機関又は指定助産機関若しくは指定施術機関から徴収するほか、その返還させるべき額に100分の40を乗じて得た額以下の金額を徴収することができる。

3 偽りその他不正な手段により就労自立給付金若しくは進学準備給付金の支給を受け、又は他人をして受けさせた者があるときは、就労自立給付金費又は進学準備給付金費を支弁した都道府県又は市町村の長は、その費用の額の全部又は一部を、その者から徴収するほか、その徴収する額に100分の40を乗じて得た額以下の金額を徴収することができる。

4 前条第2項の規定は、前3項の規定による徴収金について準用する。

第78条の2 保護の実施機関は、被保護者が、保護金品（金銭給付によつて行うものに限る。）の交付を受ける前に、厚生労働省令で定めるところにより、当該保護金品の一部を、第77条の2第1項又は前条第1項の規定により保護費を支弁した都道府県又は市町村の長が徴収することができる徴収金の納入に充てる旨を申し出た場合において、保護の実施機関が当該被保護者の生活の維持に支障がないと認めたときは、厚生労働省令で定めるところにより、当該被保護者に対して保護金品を交付する際に当該申出に係る徴収金を徴収することができる。

2 第55条の4第1項の規定により就労自立給付金を支給する者は、被保護者が、就労自立給付金の支給を受ける前に、厚生労働省令で定めるところにより、当該就労自立給付金の額の全部又は一部を、第77条の2第1項又は前条第1項の規定により保護費を支弁した都道府県又は市町村の長が徴収することができる徴収金の納入に充てる旨を申し出たときは、厚生労働省令で定めるところにより、当該被保護者に対して就労自立給付金を支給する際に当該申出に係る徴収金を徴収することができる。

3 前2項の規定により第77条の2第1項又は前条第1項の規定による徴収金が徴収されたときは、当該被保護者に対して当該保護金品（第1項の申出に係る部分に限る。）の交付又は当該就労自立給付金（前項の申出に係る部分に限る。）の支給があつたものとみなす。

（返還額等の収納の委託）

第78条の3 第63条の規定により返還しなければならないものとして保護の実施機関の定める額（以下この項において「返還額」という。）又は第77条第1項若しくは第78条第1項から第3項までの規定により都道府県又は市

町村の長が徴収することとした額（第77条第１項にあつては、同条第２項の規定により家庭裁判所が定める額を含む。以下この項において「徴収額」という。）の収納の事務については、保護費を支弁した都道府県又は市町村は、収入の確保及び返還額を返還すべき者又は徴収額の徴収を受ける者の便益の増進に寄与すると認める場合に限り、政令で定めるところにより、私人に委託することができる。

2　保護費を支弁した都道府県又は市町村の長が、保護の変更、廃止又は停止に伴い、その費用の額の全部又は一部を返還させることとしたときは、その返還させる額（以下この項において「返還額」という。）の収納の事務については、当該保護費を支弁した都道府県又は市町村は、収入の確保及び返還額を返還すべき者の便益の増進に寄与すると認める場合に限り、政令で定めるところにより、私人に委託することができる。

3　就労自立給付金費又は進学準備給付金費を支弁した都道府県又は市町村の長が、就労自立給付金又は進学準備給付金の支給の決定後に判明した事実又は生じた事情に基づき、その費用の額の全部又は一部を返還させることとしたときは、その返還させる額（以下この項において「返還額」という。）の収納の事務については、当該就労自立給付金費又は進学準備給付金費を支弁した都道府県又は市町村は、収入の確保及び返還額を返還すべき者の便益の増進に寄与すると認める場合に限り、政令で定めるところにより、私人に委託することができる。

（返還命令）
第79条　国又は都道府県は、左に掲げる場合においては、補助金又は負担金の交付を受けた保護施設の設置者に対して、既に交付した補助金又は負担金の全部又は一部の返還を命ずることができる。
1　補助金又は負担金の交付条件に違反したとき。
2　詐偽その他不正な手段をもつて、補助金又は負担金の交付を受けたとき。
3　保護施設の経営について、営利を図る行為があつたとき。
4　保護施設が、この法律若しくはこれに基く命令又はこれらに基いてする処分に違反したとき。

（返還の免除）
第80条　保護の実施機関は、保護の変更、廃止又は停止に伴い、前渡した保護金品の全部又は一部を返還させるべき場合において、これを消費し、又は喪失した被保護者に、やむを得ない事由があると認めるときは、これを返還させないことができる。

第13章　雑　則
（後見人選任の請求）
第81条　被保護者が未成年者又は成年被後見人である場合において、親権者及び後見人の職務を行う者がないときは、保護の実施機関は、すみやかに、後見人の選任を家庭裁判所に請求しなければならない。

（都道府県の援助等）
第81条の2　都道府県知事は、市町村長に対し、保護並びに就労自立給付金及び進学準備給付金の支給に関する事務の適正な実施のため、必要な助言その他の援助を行うことができる。

2　都道府県知事は、前項に規定するもののほか、市町村長に対し、被保護者就労支援事業及び被保護者健康管理支援事業の効果的かつ効率的な実施のため、必要な助言その他の援助を行うことができる。

（情報提供等）
第81条の3　保護の実施機関は、第26条の規定により保護の廃止を行うに際しては、当該保護を廃止される者が生活困窮者自立支援法（平成25年法律第105号）第3条第1項に規定する生活困窮者に該当する場合には、当該者に対して、同法に基づく事業又は給付金についての情報の提供、助言その他適切な措置を講ずるよう努めるものとする。

（町村の一部事務組合等）
第82条　町村が一部事務組合又は広域連合を設けて福祉事務所を設置した場合には、この法律の適用については、その一部事務組合又は広域連合を福祉事務所を設置する町村とみなし、その一部事務組合の管理者（地方自治法（昭和22年法律第67号）第287条の3第2項の規定により管理者に代えて理事会を置く同法第285条の一部事務組合にあつては、理事会）又は広域連合の長（同法第291条の13において準用する同法第287条の3第2項の規定により長に代えて理事会を置く広域連合にあつては、理事会）を福祉事務所を管理する町村長とみなす。

（保護の実施機関が変更した場合の経過規定）
第83条　町村の福祉事務所の設置又は廃止により保護の実施機関に変更があつた場合においては、変更前の保護の実施機関がした保護の開始又は変更の申請の受理及び保護に関する決定は、変更後の保護の実施機関がした申請の受理又は決定とみなす。但し、変更前に行われ、又は行われるべきであつた保護に関する費用の支弁及び負担については、変更がなかつたものとする。

（厚生労働大臣への通知）
第83条の2　都道府県知事は、指定医療機関について第51条第2項の規定によりその指定を取り消し、又は期間を定めてその指定の全部若しくは一部の効力を停止した場合において、健康保険法第80条各号のいずれかに該当すると疑うに足りる事実があるときは、厚生労働省令で定めるところにより、厚生労働大臣に対し、その事実を通知しなければならない。

（実施命令）
第84条　この法律で政令に委任するものを除く外、この法律の実施のための手続その他その執行について必要な細則は、厚生労働省令で定める。

（大都市等の特例）
第84条の2　この法律中都道府県が処理することとされている事務で政令で定めるものは、地方自治法第252条の19第1項の指定都市（以下「指定都市」という。）及び同法第252条の22第1項の中核市（以下「中核市」という。）においては、政令の定めるところにより、指定都市又は中核市（以下「指定都市等」という。）が処理するものとする。この場合においては、この法律中都道府県に関する規定は、指定都市等に関する規定として指定都市等に適用があるものとする。

2　第66条第1項の規定は、前項の規定により指定都市等の長がした処分に係る審査請求について準用する。

（保護の実施機関についての特例）

第84条の3 身体障害者福祉法（昭和24年法律第283号）第18条第2項の規定により障害者の日常生活及び社会生活を総合的に支援するための法律（平成17年法律第123号）第5条第11項に規定する障害者支援施設（以下この条において「障害者支援施設」という。）に入所している者、知的障害者福祉法（昭和35年法律第37号）第16条第1項第2号の規定により障害者支援施設若しくは独立行政法人国立重度知的障害者総合施設のぞみの園法（平成14年法律第167号）第11条第1号の規定により独立行政法人国立重度知的障害者総合施設のぞみの園が設置する施設（以下この条において「のぞみの園」という。）に入所している者、老人福祉法（昭和38年法律第133号）第11条第1項第1号の規定により養護老人ホームに入所し、若しくは同項第2号の規定により特別養護老人ホームに入所している者又は障害者の日常生活及び社会生活を総合的に支援するための法律第29条第1項若しくは第30条第1項の規定により同法第19条第1項に規定する介護給付費等の支給を受けて障害者支援施設、のぞみの園若しくは同法第5条第1項の主務省令で定める施設に入所している者に対する保護については、その者がこれらの施設に引き続き入所している間、その者は、第30条第1項ただし書の規定により入所しているものとみなして、第19条第3項の規定を適用する。

（緊急時における厚生労働大臣の事務執行）

第84条の4 第54条第1項（第54条の2第5項及び第6項並びに第55条第2項において準用する場合を含む。）の規定により都道府県知事の権限に属するものとされている事務は、被保護者の利益を保護する緊急の必要があると厚生労働大臣が認める場合にあつては、厚生労働大臣又は都道府県知事が行うものとする。この場合においては、この法律の規定中都道府県知事に関する規定（当該事務に係るものに限る。）は、厚生労働大臣に関する規定として厚生労働大臣に適用があるものとする。

2 前項の場合において、厚生労働大臣又は都道府県知事が当該事務を行うときは、相互に密接な連携の下に行うものとする。

（事務の区分）

第84条の5 別表第3の上欄に掲げる地方公共団体がそれぞれ同表の下欄に掲げる規定により処理することとされている事務は、地方自治法第2条第9項第1号に規定する第1号法定受託事務とする。

（権限の委任）

第84条の6 この法律に規定する厚生労働大臣の権限は、厚生労働省令で定めるところにより、地方厚生局長に委任することができる。

2 前項の規定により地方厚生局長に委任された権限は、厚生労働省令で定めるところにより、地方厚生支局長に委任することができる。

（罰則）

第85条 不実の申請その他不正な手段により保護を受け、又は他人をして受けさせた者は、3年以下の懲役又は100万円以下の罰金に処する。ただし、刑法（明治40年法律第45号）に正条があるときは、刑法による。

2 偽りその他不正な手段により就労自立給付金若しくは進学準備給付金の支給を受け、又は他人をして受けさせた者は、3年以下の懲役又は100万円以下の罰金に処する。ただし、刑法に正条があるときは、刑法による。

第85条の2 第55条の7第3項（第55条の8第2項において準用する場合を含む。）及び第55条の9第4項の規定に違反して秘密を漏らした者は、1年以下の懲役又は100万円以下の罰金に処する。

第86条 第44条第1項、第54条第1項（第54条の2第5項及び第6項並びに第55条第2項において準用する場合を含む。以下この項において同じ。）、第55条の6若しくは第74条第2項第1号の規定による報告を怠り、若しくは虚偽の報告をし、第54条第1項の規定による物件の提出若しくは提示をせず、若しくは虚偽の物件の提出若しくは提示をし、若しくは同項の規定による当該職員の質問に対して、答弁せず、若しくは虚偽の答弁をし、又は第28条第1項（要保護者が違反した場合を除く。）、第44条第1項若しくは第54条第1項の規定による当該職員の調査若しくは検査を拒み、妨げ、若しくは忌避した者は、30万円以下の罰金に処する。

2 法人の代表者又は法人若しくは人の代理人、使用人その他の従業者が、その法人又は人の業務に関し、前項の違反行為をしたときは、行為者を罰するほか、その法人又は人に対しても前項の刑を科する。

＊令和5年5月19日公布（令和5年法律第31号）改正

生活困窮者自立支援法〈平成25年法律第105号〉

第1章　総　則
（目的）
第1条　この法律は、生活困窮者自立相談支援事業の実施、生活困窮者住居確保給付金の支給その他の生活困窮者に対する自立の支援に関する措置を講ずることにより、生活困窮者の自立の促進を図ることを目的とする。

（基本理念）
第2条　生活困窮者に対する自立の支援は、生活困窮者の尊厳の保持を図りつつ、生活困窮者の就労の状況、心身の状況、地域社会からの孤立の状況その他の状況に応じて、包括的かつ早期に行われなければならない。

2　生活困窮者に対する自立の支援は、地域における福祉、就労、教育、住宅その他の生活困窮者に対する支援に関する業務を行う関係機関（以下単に「関係機関」という。）及び民間団体との緊密な連携その他必要な支援体制の整備に配慮して行われなければならない。

（定義）
第3条　この法律において「生活困窮者」とは、就労の状況、心身の状況、地域社会との関係性その他の事情により、現に経済的に困窮し、最低限度の生活を維持することができなくなるおそれのある者をいう。

2　この法律において「生活困窮者自立相談支援事業」とは、次に掲げる事業をいう。

1　就労の支援その他の自立に関する問題につき、生活困窮者及び生活困窮者の家族その他の関係者からの相談に応じ、必要な情報の提供及び助言をし、並びに関係機関との連絡調整を行う事業

2　生活困窮者に対し、認定生活困窮者就労訓練事業（第16条第3項に規定する認定生活困窮者就労訓練事業をいう。）の利用についてのあっせんを行う事業

3　生活困窮者に対し、生活困窮者に対する支援の種類及び内容その他の厚生労働省令で定める事項を記載した計画の作成その他の生活困窮者の自立の促進を図るための支援が包括的かつ計画的に行われるための援助として厚生労働省令で定めるものを行う事業

3　この法律において「生活困窮者住居確保給付金」とは、生活困窮者のうち離職又はこれに準ずるものとして厚生労働省令で定める事由により経済的に困窮し、居住する住宅の所有権若しくは使用及び収益を目的とする権利を失い、又は現に賃借して居住する住宅の家賃を支払うことが困難となったものであって、就職を容易にするため住居を確保する必要があると認められるものに対し支給する給付金をいう。

4　この法律において「生活困窮者就労準備支援事業」とは、雇用による就業が著しく困難な生活困窮者（当該生活困窮者及び当該生活困窮者と同一の世帯に属する者の資産及び収入の状況その他の事情を勘案して厚生労働省令で定めるものに限る。）に対し、厚生労働省令で定める期間にわたり、就労に必要な知識及び能力の向上のために必要な訓練を行う事業をいう。

5　この法律において「生活困窮者家計改善支援事業」とは、生活困窮者に対し、収入、支出その他家計の状況を適切に把握すること及び家計の改善の意欲を高めることを支援するとともに、生活に必要な資金の貸付けのあっせんを行う事業をいう。

6　この法律において「生活困窮者一時生活支援事業」とは、次に掲げる事業をいう。

1　一定の住居を持たない生活困窮者（当該生活困窮者及び当該生活困窮者と同一の世帯に属する者の資産及び収入の状況その他の事情を勘案して厚生労働省令で定めるものに限る。）に対し、厚生労働省令で定める期間にわたり、宿泊場所の供与、食事の提供その他当該宿泊場所において日常生活を営むのに必要な便宜として厚生労働省令で定める便宜を供与する事業

2　次に掲げる生活困窮者に対し、厚生労働省令で定める期間にわたり、訪問による必要な情報の提供及び助言その他の現在の住居において日常生活を営むのに必要な便宜として厚生労働省令で定める便宜を供与する事業（生活困窮者自立相談支援事業に該当するものを除く。）

イ　前号に掲げる事業を利用していた生活困窮者であって、現に一定の住居を有する者

ロ　現在の住居を失うおそれのある者であって、地域社会から孤立しているもの

7　この法律において「子どもの学習・生活支援事業」とは、次に掲げる事業をいう。

1　生活困窮者である子どもに対し、学習の援助を行う事業

2　生活困窮者である子ども及び当該子どもの保護者に対し、当該子どもの生活習慣及び育成環境の改善に関する助言を行う事業（生活困窮者自立相談支援事業に該当するものを除く。）

3　生活困窮者である子どもの進路選択その他の教育及び就労に関する問題につき、当該子どもの保護者からの相談に応じ、必要な情報の提供及び助言をし、並びに関係機関との連絡調整を行う事業（生活困窮者自立相談支援事業に該当するものを除く。）

（市及び福祉事務所を設置する町村等の責務）
第4条　市（特別区を含む。）及び福祉事務所（社会福祉法（昭和26年法律第45号）に規定する福祉に関する事務所をいう。以下同じ。）を設置する町村（以下「市等」という。）は、この法律の実施に関し、関係機関との緊密な連携を図りつつ、適切に生活困窮者自立相談支援事業及び生活困窮者住居確保給付金の支給を行う責務を有する。

2　都道府県は、この法律の実施に関し、次に掲げる責務を有する。

1　市等が行う生活困窮者自立相談支援事業及び生活困窮者住居確保給付金の支給、生活困窮者就労準備支援事業及び生活困窮者家計改善支援事業並びに生活困窮者一時生活支援事業、子どもの学習・生活支援事業及びその他の生活困窮者の自立の促進を図るために必要な事業が適正かつ円滑に行われるよう、市等に対する必要な助言、情報の提供その他の援助を行うこと。

2　関係機関との緊密な連携を図りつつ、適切に生活困窮者自立相談支援事業及び生活困窮者住居確保給付金の支給を行うこと。

3　国は、都道府県及び市等（以下「都道府県等」という。）が行う生活困窮者自立相談支援事業及び生活困窮者住居確保給付金の支給、生活困窮者就労準備支援事業及び生活困窮者家計改善支援事業並びに生活困窮者一時生活支援事業、子どもの学習・生活支援事業及びその他の生活困窮者の自立の促進を図るために必要な事業が適正かつ円滑に行われるよう、都道府県等に対する必要な助言、情報の提供その他の援助を行わなければならない。

4　国及び都道府県等は、この法律の実施に関し、生活困窮者が生活困窮者に対する自立の支援を早期に受けることができるよう、広報その他必要な措置を講ずるように努めるものとする。

5　都道府県等は、この法律の実施に関し、生活困窮者に対する自立の支援を適切に行うために必要な人員を配置するように努めるものとする。

第2章　都道府県等による支援の実施
（生活困窮者自立相談支援事業）

第5条　都道府県等は、生活困窮者自立相談支援事業を行うものとする。

2　都道府県等は、生活困窮者自立相談支援事業の事務の全部又は一部を当該都道府県等以外の厚生労働省令で定める者に委託することができる。

3　前項の規定による委託を受けた者若しくはその役員若しくは職員又はこれらの者であった者は、その委託を受けた事務に関して知り得た秘密を漏らしてはならない。

（生活困窮者住居確保給付金の支給）

第6条　都道府県等は、その設置する福祉事務所の所管区域内に居住地を有する生活困窮者のうち第3条第3項に規定するもの（当該生活困窮者及び当該生活困窮者と同一の世帯に属する者の資産及び収入の状況その他の事情を勘案して厚生労働省令で定めるものに限る。）に対し、生活困窮者住居確保給付金を支給するものとする。

2　前項に規定するもののほか、生活困窮者住居確保給付金の額及び支給期間その他生活困窮者住居確保給付金の支給に関し必要な事項は、厚生労働省令で定める。

（生活困窮者就労準備支援事業等）

第7条　都道府県等は、生活困窮者自立相談支援事業及び生活困窮者住居確保給付金の支給のほか、生活困窮者就労準備支援事業及び生活困窮者家計改善支援事業を行うように努めるものとする。

2　都道府県等は、前項に規定するもののほか、次に掲げる事業を行うことができる。

1　生活困窮者一時生活支援事業

2　子どもの学習・生活支援事業

3　その他の生活困窮者の自立の促進を図るために必要な事業

3　第5条第2項及び第3項の規定は、前2項の規定により都道府県等が行う事業について準用する。

4　都道府県等は、第1項に規定する事業及び給付金の支給並びに第2項各号に掲げる事業を行うに当たって、母子及び父子並びに寡婦福祉法（昭和39年法律第129号）第31条の5第1項第2号に掲げる業務及び同法第31条の

11第1項第2号に掲げる業務並びに社会教育法（昭和24年法律第207号）第5条第1項第13号（同法第6条第1項において引用する場合を含む。）に規定する学習の機会を提供する事業その他関連する施策との連携を図るように努めるものとする。

5　厚生労働大臣は、生活困窮者就労準備支援事業及び生活困窮者家計改善支援事業の適切な実施を図るために必要な指針を公表するものとする。

（利用勧奨等）

第8条　都道府県等は、福祉、就労、教育、税務、住宅その他のその所掌事務に関する業務の遂行に当たって、生活困窮者を把握したときは、当該生活困窮者に対し、この法律に基づく事業の利用及び給付金の受給の勧奨その他適切な措置を講ずるように努めるものとする。

（支援会議）

第9条　都道府県等は、関係機関、第5条第2項（第7条第3項において準用する場合を含む。）の規定による委託を受けた者、生活困窮者に対する支援に関係する団体、当該支援に関係する職務に従事する者その他の関係者（第3項及び第4項において「関係機関等」という。）により構成される会議（以下この条において「支援会議」という。）を組織することができる。

2　支援会議は、生活困窮者に対する自立の支援を図るために必要な情報の交換を行うとともに、生活困窮者が地域において日常生活及び社会生活を営むのに必要な支援体制に関する検討を行うものとする。

3　支援会議は、前項の規定による情報の交換及び検討を行うために必要があると認めるときは、関係機関等に対し、生活困窮者に関する資料又は情報の提供、意見の開陳その他必要な協力を求めることができる。

4　関係機関等は、前項の規定による求めがあった場合には、これに協力するように努めるものとする。

5　支援会議の事務に従事する者又は従事していた者は、正当な理由がなく、支援会議の事務に関して知り得た秘密を漏らしてはならない。

6　前各項に定めるもののほか、支援会議の組織及び運営に関し必要な事項は、支援会議が定める。

（都道府県の市等の職員に対する研修等事業）

第10条　都道府県は、次に掲げる事業を行うように努めるものとする。

1　この法律の実施に関する事務に従事する市等の職員の資質を向上させるための研修の事業

2　この法律に基づく事業又は給付金の支給を効果的かつ効率的に行うための体制の整備、支援手法に関する市等に対する情報提供、助言その他の事業

2　第5条第2項の規定は、都道府県が前項の規定により事業を行う場合について準用する。

（福祉事務所を設置していない町村による相談等）

第11条　福祉事務所を設置していない町村（次項、第14条及び第15条第3項において「福祉事務所未設置町村」という。）は、生活困窮者に対する自立の支援につき、生活困窮者及び生活困窮者の家族その他の関係者からの相談に応じ、必要な情報の提供及び助言、都道府県との連絡調整、生活困窮者自立相談支援事業の利用の勧奨その他必要な援助を行う事業を行うことができる。

2　第5条第2項及び第3項の規定は、福祉事務所未設置町村が前項の規定により事業を行う場合について準用する。

（市等の支弁）

第12条　次に掲げる費用は、市等の支弁とする。

1　第5条第1項の規定により市等が行う生活困窮者自立相談支援事業の実施に要する費用

2　第6条第1項の規定により市等が行う生活困窮者住居確保給付金の支給に要する費用

3　第7条第1項及び第2項の規定により市等が行う生活困窮者就労準備支援事業及び生活困窮者一時生活支援事業の実施に要する費用

4　第7条第1項及び第2項の規定により市等が行う生活困窮者家計改善支援事業並びに子どもの学習・生活支援事業及び同項第3号に掲げる事業の実施に要する費用

（都道府県の支弁）

第13条　次に掲げる費用は、都道府県の支弁とする。

1　第5条第1項の規定により都道府県が行う生活困窮者自立相談支援事業の実施に要する費用

2　第6条第1項の規定により都道府県が行う生活困窮者住居確保給付金の支給に要する費用

3　第7条第1項及び第2項の規定により都道府県が行う生活困窮者就労準備支援事業及び生活困窮者一時生活支援事業の実施に要する費用

4　第7条第1項及び第2項の規定により都道府県が行う生活困窮者家計改善支援事業並びに子どもの学習・生活支援事業及び同項第3号に掲げる事業の実施に要する費用

5　第10条第1項の規定により都道府県が行う事業の実施に要する費用

（福祉事務所未設置町村の支弁）

第14条　第11条第1項の規定により福祉事務所未設置町村が行う事業の実施に要する費用は、福祉事務所未設置町村の支弁とする。

（国の負担及び補助）

第15条　国は、政令で定めるところにより、次に掲げるものの4分の3を負担する。

1　第12条の規定により市等が支弁する同条第1号に掲げる費用のうち当該市等における人口、被保護者（生活保護法（昭和25年法律第144号）第6条第1項に規定する被保護者をいう。第3号において同じ。）の数その他の事情を勘案して政令で定めるところにより算定した額

2　第12条の規定により市等が支弁する費用のうち、同条第2号に掲げる費用

3　第13条の規定により都道府県が支弁する同条第1号に掲げる費用のうち当該都道府県の設置する福祉事務所の所管区域内の町村における人口、被保護者の数その他の事情を勘案して政令で定めるところにより算定した額

4　第13条の規定により都道府県が支弁する費用のうち、同条第2号に掲げる費用

2　国は、予算の範囲内において、政令で定めるところにより、次に掲げるものを補助することができる。

1　第12条及び第13条の規定により市等及び都道府県が支弁する費用のうち、第12条第3号及び第13条第3号に掲げる費用の3分の2以内

2　第12条及び第13条の規定により市等及び都道府県が支弁する費用のうち、第12条第4号並びに第13条第4号及び第5号に掲げる費用の2分の1以内

3　前項に規定するもののほか、国は、予算の範囲内において、政令で定めるところにより、前条の規定により福祉事務所未設置町村が支弁する費用の4分の3以内を補助することができる。

4　生活困窮者就労準備支援事業及び生活困窮者家計改善支援事業が効果的かつ効率的に行われている場合として政令で定める場合に該当するときは、第2項の規定の適用については、同項第1号中「掲げる費用」とあるのは「掲げる費用並びに第7条第1項の規定により市等及び都道府県が行う生活困窮者家計改善支援事業の実施に要する費用」と、同項第2号中「並びに第13条第4号及び第5号」とあるのは「及び第13条第4号（いずれも第7条第1項の規定により市等及び都道府県が行う生活困窮者家計改善支援事業の実施に要する費用を除く。）並びに第13条第5号」とする。

第3章　生活困窮者就労訓練事業の認定

第16条　雇用による就業を継続して行うことが困難な生活困窮者に対し、就労の機会を提供するとともに、就労に必要な知識及び能力の向上のために必要な訓練その他の厚生労働省令で定める便宜を供与する事業（以下この条において「生活困窮者就労訓練事業」という。）を行う者は、厚生労働省令で定めるところにより、当該生活困窮者就労訓練事業が生活困窮者の就労に必要な知識及び能力の向上のための基準として厚生労働省令で定める基準に適合していることにつき、都道府県知事の認定を受けることができる。

2　都道府県知事は、生活困窮者就労訓練事業が前項の基準に適合していると認めるときは、同項の認定をするものとする。

3　都道府県知事は、第1項の認定に係る生活困窮者就労訓練事業（次項及び第21条第2項において「認定生活困窮者就労訓練事業」という。）が第1項の基準に適合しないものとなったと認めるときは、同項の認定を取り消すことができる。

4　国及び地方公共団体は、認定生活困窮者就労訓練事業を行う者の受注の機会の増大を図るように努めるものとする。

第4章　雑　則

（雇用の機会の確保）

第17条　国及び地方公共団体は、生活困窮者の雇用の機会の確保を図るため、職業訓練の実施、就職のあっせんその他の必要な措置を講ずるように努めるものとする。

2　国及び地方公共団体は、生活困窮者の雇用の機会の確保を図るため、国の講ずる措置と地方公共団体の講ずる措置が密接な連携の下に円滑かつ効果的に実施されるように相互に連絡し、及び協力するものとする。

3　公共職業安定所は、生活困窮者の雇用の機会の確保を図るため、求人に関する情報の収集及び提供、生活困窮者を雇用する事業主に対する援助その他必要な措置を講

ずるように努めるものとする。

4 公共職業安定所は、生活困窮者の雇用の機会の確保を図るため、職業安定法（昭和22年法律第141号）第29条第1項の規定により無料の職業紹介事業を行う都道府県等が求人に関する情報の提供を希望するときは、当該都道府県等に対して、当該求人に関する情報を電磁的方法（電子情報処理組織を使用する方法その他の情報通信の技術を利用する方法をいう。）その他厚生労働省令で定める方法により提供するものとする。

（不正利得の徴収）

第18条 偽りその他不正の手段により生活困窮者住居確保給付金の支給を受けた者があるときは、都道府県等は、その者から、その支給を受けた生活困窮者住居確保給付金の額に相当する金額の全部又は一部を徴収することができる。

2 前項の規定による徴収金は、地方自治法（昭和22年法律第67号）第231条の3第3項に規定する法律で定める歳入とする。

（受給権の保護）

第19条 生活困窮者住居確保給付金の支給を受けることとなった者の当該支給を受ける権利は、譲り渡し、担保に供し、又は差し押さえることができない。

（公課の禁止）

第20条 租税その他の公課は、生活困窮者住居確保給付金として支給を受けた金銭を標準として課することができない。

（報告等）

第21条 都道府県等は、生活困窮者住居確保給付金の支給に関して必要があると認めるときは、この法律の施行に必要な限度において、当該生活困窮者住居確保給付金の支給を受けた生活困窮者又は生活困窮者であった者に対し、報告若しくは文書その他の物件の提出若しくは提示を命じ、又は当該職員に質問させることができる。

2 都道府県知事は、この法律の施行に必要な限度において、認定生活困窮者就労訓練事業を行う者又は認定生活困窮者就労訓練事業を行っていた者に対し、報告を求めることができる。

3 第1項の規定による質問を行う場合においては、当該職員は、その身分を示す証明書を携帯し、かつ、関係者の請求があるときは、これを提示しなければならない。

4 第1項の規定による権限は、犯罪捜査のために認められたものと解釈してはならない。

（資料の提供等）

第22条 都道府県等は、生活困窮者住居確保給付金の支給又は生活困窮者就労準備支援事業若しくは生活困窮者一時生活支援事業（第3条第6項第1号に掲げる事業に限る。）の実施に関して必要があると認めるときは、生活困窮者、生活困窮者の配偶者若しくは生活困窮者の属する世帯の世帯主その他その世帯に属する者又はこれらの者であった者の資産又は収入の状況につき、官公署に対し必要な文書の閲覧若しくは資料の提供を求め、又は銀行、信託会社その他の機関若しくは生活困窮者の雇用主その他の関係者に報告を求めることができる。

2 都道府県等は、生活困窮者住居確保給付金の支給に関して必要があると認めるときは、当該生活困窮者住居確保

給付金の支給を受ける生活困窮者若しくは当該生活困窮者に対し当該生活困窮者が居住する住宅を賃貸する者若しくはその役員若しくは職員又はこれらの者であった者に、当該住宅の状況につき、報告を求めることができる。

（情報提供等）

第23条 都道府県等は、第7条第1項に規定する事業及び給付金の支給並びに同条第2項各号に掲げる事業を行うに当たって、生活保護法第6条第2項に規定する要保護者となるおそれが高い者を把握したときは、当該者に対し、同法に基づく保護又は給付金若しくは事業についての情報の提供、助言その他適切な措置を講ずるものとする。

（町村の一部事務組合等）

第24条 町村が一部事務組合又は広域連合を設けて福祉事務所を設置した場合には、この法律の適用については、その一部事務組合又は広域連合を福祉事務所を設置する町村とみなす。

（大都市等の特例）

第25条 この法律中都道府県が処理することとされている事務で政令で定めるものは、地方自治法第252条の19第1項の指定都市（以下この条において「指定都市」という。）及び同法第252条の22第1項の中核市（以下この条において「中核市」という。）においては、政令の定めるところにより、指定都市又は中核市が処理するものとする。この場合においては、この法律中都道府県に関する規定は、指定都市又は中核市に関する規定として指定都市又は中核市に適用があるものとする。

（実施規定）

第26条 この法律に特別の規定があるものを除くほか、この法律の実施のための手続その他その執行について必要な細則は、厚生労働省令で定める。

第5章 罰 則

第27条 偽りその他不正の手段により生活困窮者住居確保給付金の支給を受け、又は他人をして受けさせた者は、3年以下の懲役又は100万円以下の罰金に処する。ただし、刑法（明治40年法律第45号）に正条があるときは、刑法による。

第28条 第5条第3項（第7条第3項及び第11条第2項において準用する場合を含む。）又は第9条第5項の規定に違反して秘密を漏らした者は、1年以下の懲役又は100万円以下の罰金に処する。

第29条 次の各号のいずれかに該当する者は、30万円以下の罰金に処する。

1 第21条第1項の規定による命令に違反して、報告若しくは物件の提出若しくは提示をせず、若しくは虚偽の報告若しくは虚偽の物件の提出若しくは提示をし、又は同項の規定による当該職員の質問に対して、答弁せず、若しくは虚偽の答弁をした者

2 第21条第2項の規定による報告をせず、又は虚偽の報告をした者

第30条 法人の代表者又は法人若しくは人の代理人、使用人その他の従業者が、その法人又は人の業務に関して第27条又は前条第2号の違反行為をしたときは、行為者を罰するほか、その法人又は人に対して各本条の罰金刑を

科する。

＊平成30年６月８日公布（平成30年法律第44号）改正

ホームレスの自立の支援等に関する特別措置法〈平成14年8月7日法律第105号〉

第1章 総則

（目的）

第1条 この法律は、自立の意思がありながらホームレスとなることを余儀なくされた者が多数存在し、健康で文化的な生活を送ることができないでいるとともに、地域社会とのあつれきが生じつつある現状にかんがみ、ホームレスの自立の支援、ホームレスとなることを防止するための生活上の支援等に関し、国等の果たすべき責務を明らかにするとともに、ホームレスの人権に配慮し、かつ、地域社会の理解と協力を得つつ、必要な施策を講ずることにより、ホームレスに関する問題の解決に資することを目的とする。

（定義）

第2条 この法律において「ホームレス」とは、都市公園、河川、道路、駅舎その他の施設を故なく起居の場所とし、日常生活を営んでいる者をいう。

（ホームレスの自立の支援等に関する施策の目標等）

第3条 ホームレスの自立の支援等に関する施策の目標は、次に掲げる事項とする。

　1 自立の意思があるホームレスに対し、安定した雇用の場の確保、職業能力の開発等による就業の機会の確保、住宅への入居の支援等による安定した居住の場所の確保並びに健康診断、医療の提供等による保健及び医療の確保に関する施策並びに生活に関する相談及び指導を実施することにより、これらの者を自立させること。

　2 ホームレスとなることを余儀なくされるおそれのある者が多数存在する地域を中心として行われる、これらの者に対する就業の機会の確保、生活に関する相談及び指導の実施その他の生活上の支援により、これらの者がホームレスとなることを防止すること。

　3 前2号に掲げるもののほか、宿泊場所の一時的な提供、日常生活の需要を満たすために必要な物品の支給その他の緊急に行うべき援助、生活保護法（昭和25年法律第144号）による保護の実施、国民への啓発活動等によるホームレスの人権の擁護、地域における生活環境の改善及び安全の確保等により、ホームレスに関する問題の解決を図ること。

2 ホームレスの自立の支援等に関する施策については、ホームレスの自立のためには就業の機会が確保されることが最も重要であることに留意しつつ、前項の目標に従って総合的に推進されなければならない。

（ホームレスの自立への努力）

第4条 ホームレスは、その自立を支援するための国及び地方公共団体の施策を活用すること等により、自らの自立に努めるものとする。

（国の責務）

第5条 国は、第3条第1項各号に掲げる事項につき、総合的な施策を策定し、及びこれを実施するものとする。

（地方公共団体の責務）

第6条 地方公共団体は、第3条第1項各号に掲げる事項につき、当該地方公共団体におけるホームレスに関する

問題の実情に応じた施策を策定し、及びこれを実施するものとする。

（国民の協力）

第7条 国民は、ホームレスに関する問題について理解を深めるとともに、地域社会において、国及び地方公共団体が実施する施策に協力すること等により、ホームレスの自立の支援等に努めるものとする。

第2章 基本方針及び実施計画

（基本方針）

第8条 厚生労働大臣及び国土交通大臣は、第14条の規定による全国調査を踏まえ、ホームレスの自立の支援等に関する基本方針（以下「基本方針」という。）を策定しなければならない。

2 基本方針は、次に掲げる事項について策定するものとする。

　1 ホームレスの就業の機会の確保、安定した居住の場所の確保、保健及び医療の確保並びに生活に関する相談及び指導に関する事項

　2 ホームレス自立支援事業（ホームレスに対し、一定期間宿泊場所を提供した上、健康診断、身元の確認並びに生活に関する相談及び指導を行うとともに、就業の相談及びあっせん等を行うことにより、その自立を支援する事業をいう。）その他のホームレスの個々の事情に対応したその自立を総合的に支援する事業の実施に関する事項

　3 ホームレスとなることを余儀なくされるおそれのある者が多数存在する地域を中心として行われるこれらの者に対する生活上の支援に関する事項

　4 ホームレスに対し緊急に行うべき援助に関する事項、生活保護法による保護の実施に関する事項、ホームレスの人権の擁護に関する事項並びに地域における生活環境の改善及び安全の確保に関する事項

　5 ホームレスの自立の支援等を行う民間団体との連携に関する事項

　6 前各号に掲げるもののほか、ホームレスの自立の支援等に関する基本的な事項

3 厚生労働大臣及び国土交通大臣は、基本方針を策定しようとするときは、総務大臣その他関係行政機関の長と協議しなければならない。

（実施計画）

第9条 都道府県は、ホームレスに関する問題の実情に応じた施策を実施するため必要があると認められるときは、基本方針に即し、当該施策を実施するための計画を策定しなければならない。

2 前項の計画を策定した都道府県の区域内の市町村（特別区を含む。以下同じ。）は、ホームレスに関する問題の実情に応じた施策を実施するため必要があると認めるときは、基本方針及び同項の計画に即し、当該施策を実施するための計画を策定しなければならない。

3 都道府県又は市町村は、第1項又は前項の計画を策定するに当たっては、地域住民及びホームレスの自立の支援等を行う民間団体の意見を聴くように努めるものとす

る。

第3章　財政上の措置等

（財政上の措置等）

第10条　国は、ホームレスの自立の支援等に関する施策を推進するため、その区域内にホームレスが多数存在する地方公共団体及びホームレスの自立の支援等を行う民間団体を支援するための財政上の措置その他必要な措置を講ずるように努めなければならない。

（公共の用に供する施設の適正な利用の確保）

第11条　都市公園その他の公共の用に供する施設を管理する者は、当該施設をホームレスが起居の場所とすることによりその適正な利用が妨げられているときは、ホームレスの自立の支援等に関する施策との連携を図りつつ、法令の規定に基づき、当該施設の適正な利用を確保するために必要な措置をとるものとする。

第4章　民間団体の能力の活用等

（民間団体の能力の活用等）

第12条　国及び地方公共団体は、ホームレスの自立の支援等に関する施策を実施するに当たっては、ホームレスの自立の支援等について民間団体が果たしている役割の重要性に留意し、これらの団体との緊密な連携の確保に努めるとともに、その能力の積極的な活用を図るものとする。

（国及び地方公共団体の連携）

第13条　国及び地方公共団体は、ホームレスの自立の支援等に関する施策を実施するに当たっては、相互の緊密な連携の確保に努めるものとする。

（ホームレスの実態に関する全国調査）

第14条　国は、ホームレスの自立の支援等に関する施策の策定及び実施に資するため、地方公共団体の協力を得て、ホームレスの実態に関する全国調査を行わなければならない。

附　則

（施行期日）

第1条　この法律は、公布の日から施行する。

（この法律の失効）

第2条　この法律は、この法律の施行の日から起算して25年を経過した日に、その効力を失う。

＊平成29年6月21日公布（平成29年法律第68号）改正

子どもの貧困対策の推進に関する法律〈平成25年法律第64号〉

第1章 総則

（目的）

第1条 この法律は、子どもの現在及び将来がその生まれ育った環境によって左右されることのないよう、全ての子どもが心身ともに健やかに育成され、及びその教育の機会均等が保障され、子ども一人一人が夢や希望を持つことができるようにするため、子どもの貧困の解消に向けて、児童の権利に関する条約の精神にのっとり、子どもの貧困対策に関し、基本理念を定め、国等の責務を明らかにし、及び子どもの貧困対策の基本となる事項を定めることにより、子どもの貧困対策を総合的に推進することを目的とする。

（基本理念）

第2条 子どもの貧困対策は、社会のあらゆる分野において、子どもの年齢及び発達の程度に応じて、その意見が尊重され、その最善の利益が優先して考慮され、子どもが心身ともに健やかに育成されることを旨として、推進されなければならない。

2 子どもの貧困対策は、子ども等に対する教育の支援、生活の安定に資するための支援、職業生活の安定と向上に資するための就労の支援、経済的支援等の施策を、子どもの現在及び将来がその生まれ育った環境によって左右されることのない社会を実現することを旨として、子ども等の生活及び取り巻く環境の状況に応じて包括的かつ早期に講ずることにより、推進されなければならない。

3 子どもの貧困対策は、子どもの貧困の背景に様々な社会的な要因があることを踏まえ、推進されなければならない。

4 子どもの貧困対策は、国及び地方公共団体の関係機関相互の密接な連携の下に、関連分野における総合的な取組として行われなければならない。

（国の責務）

第3条 国は、前条の基本理念（次条において「基本理念」という。）にのっとり、子どもの貧困対策を総合的に策定し、及び実施する責務を有する。

（地方公共団体の責務）

第4条 地方公共団体は、基本理念にのっとり、子どもの貧困対策に関し、国と協力しつつ、当該地域の状況に応じた施策を策定し、及び実施する責務を有する。

（国民の責務）

第5条 国民は、国又は地方公共団体が実施する子どもの貧困対策に協力するよう努めなければならない。

（法制上の措置等）

第6条 政府は、この法律の目的を達成するため、必要な法制上又は財政上の措置その他の措置を講じなければならない。

（子どもの貧困の状況及び子どもの貧困対策の実施の状況の公表）

第7条 政府は、毎年、国会に、子どもの貧困の状況及び子どもの貧困対策の実施の状況に関する報告を提出するとともに、これを公表しなければならない。

2 こども基本法（令和4年法律第77号）第8条第1項の規定による国会への報告及び公表がされたときは、前項の規定による国会への報告及び公表がされたものとみなす。

第2章 基本的施策

（子どもの貧困対策に関する大綱）

第8条 政府は、子どもの貧困対策を総合的に推進するため、子どもの貧困対策に関する大綱（以下「大綱」という。）を定めなければならない。

2 大綱は、次に掲げる事項について定めるものとする。

1 子どもの貧困対策に関する基本的な方針

2 子どもの貧困率、一人親世帯の貧困率、生活保護世帯に属する子どもの高等学校等進学率、生活保護世帯に属する子どもの大学等進学率等子どもの貧困に関する指標及び当該指標の改善に向けた施策

3 教育の支援、生活の安定に資するための支援、保護者に対する職業生活の安定と向上に資するための就労の支援、経済的支援その他の子どもの貧困対策に関する事項

4 子どもの貧困に関する調査及び研究に関する事項

5 子どもの貧困対策に関する施策の実施状況についての検証及び評価その他の子どもの貧困対策に関する施策の推進体制に関する事項

3 こども基本法第9条第1項の規定により定められた同項のこども大綱のうち前項各号に掲げる事項に係る部分は、第1項の規定により定められた大綱とみなす。

4 第2項第2号の「子どもの貧困率」、「一人親世帯の貧困率」、「生活保護世帯に属する子どもの高等学校等進学率」及び「生活保護世帯に属する子どもの大学等進学率」の定義は、政令で定める。

（都道府県計画等）

第9条 都道府県は、大綱を勘案して、当該都道府県における子どもの貧困対策についての計画（次項及び第3項において「都道府県計画」という。）を定めるよう努めるものとする。

2 市町村は、大綱（都道府県計画が定められているときは、大綱及び都道府県計画）を勘案して、当該市町村における子どもの貧困対策についての計画（次項において「市町村計画」という。）を定めるよう努めるものとする。

3 都道府県又は市町村は、都道府県計画又は市町村計画を定め、又は変更したときは、遅滞なく、これを公表しなければならない。

（教育の支援）

第10条 国及び地方公共団体は、教育の機会均等が図られるよう、就学の援助、学資の援助、学習の支援その他の貧困の状況にある子どもの教育に関する支援のために必要な施策を講ずるものとする。

（生活の安定に資するための支援）

第11条 国及び地方公共団体は、貧困の状況にある子ども及びその保護者に対する生活に関する相談、貧困の状況にある子どもに対する社会との交流の機会の提供その他の貧困の状況にある子どもの生活の安定に資するための支援に関し必要な施策を講ずるものとする。

（保護者に対する職業生活の安定と向上に資するための就
労の支援）

第12条 国及び地方公共団体は、貧困の状況にある子ども
の保護者に対する職業訓練の実施及び就職のあっせんそ
の他の貧困の状況にある子どもの保護者の所得の増大そ
の他の職業生活の安定と向上に資するための就労の支援
に関し必要な施策を講ずるものとする。

（経済的支援）

第13条 国及び地方公共団体は、各種の手当等の支給、貸
付金の貸付けその他の貧困の状況にある子どもに対する
経済的支援のために必要な施策を講ずるものとする。

（調査研究）

第14条 国及び地方公共団体は、子どもの貧困対策を適正
に策定し、及び実施するため、子どもの貧困に関する指
標に関する研究その他の子どもの貧困に関する調査及び
研究その他の必要な施策を講ずるものとする。

附　則　抄

（施行期日）

第１条　この法律は、公布の日から起算して１年を超えな
い範囲内において政令で定める日から施行する。

（検討）

第２条　政府は、この法律の施行後５年を経過した場合に
おいて、この法律の施行の状況を勘案し、必要があると
認めるときは、この法律の規定について検討を加え、そ
の結果に基づいて必要な措置を講ずるものとする。

＊令和４年６月22日公布（令和４年法律第77号）改正

さくいん

アルファベット等

COS（慈善組織協会）————— 10
DV（ドメスティック・バイオレンス）—— 106
GHQ（連合国軍総司令部）————— 19,80
NPO（非営利組織）————— 153,172
NPO法人（特定非営利活動法人）——— 45
SCAPIN775 ————— 80

ア

アセスメント ————— 128,145
アダム・スミス（Smith, A.）————— 9
新しい公共 ————— 153
一時生活再建費 ————— 210
一時生活支援事業 ————— 173,236
一時扶助 ————— 59
医療機関 ————— 45
医療扶助 ————— 37,60,61,102,114
医療保護施設 ————— 107
インターベンション ————— 130
インテーク ————— 127
ウェッブ夫妻（Webb, S. & B.）——— 11,25
エバリュエーション ————— 131,145
エリザベス救貧法 ————— 8
エンゲル方式 ————— 69
援助方針 ————— 130

カ

介護施設入所者加算 ————— 59
介護扶助 ————— 60,103
介護保険料加算 ————— 59
格差縮小方式 ————— 69
学習支援事業 ————— 174
家計改善支援事業 ————— 174,193,219
家族給付 ————— 14
家庭児童相談室 ————— 85
家庭児童福祉主事 ————— 85
稼働能力 ————— 90,129
基準及び程度の原則 ————— 57
ギデンズ（Giddens, A.）————— 26
救護施設 ————— 19,106,156
救済事業調査会 ————— 18
救済並びに福祉計画の件 ————— 19
救済福祉に関する件 ————— 3
求職者基礎保障 ————— 3
求職者支援制度（職業訓練受講給付金）—— 46

求職者手当 ————— 14
（旧）生活保護法 ————— 82
急迫した状況 ————— 92
急迫保護 ————— 79
救貧思想 ————— 19
救貧税 ————— 8
救貧制度 ————— 3
救貧法 ————— 2,9
窮民救助法案 ————— 18
教育支援資金 ————— 212,220
教育扶助 ————— 21,39,59
教区徒弟制度 ————— 8
行政不服審査法 ————— 22,91
強制労役場制度 ————— 10
協力機関 ————— 80
居住地法 ————— 9
居住不安定者等居宅生活移行支援事業 ——— 41
ギルバート法 ————— 9
緊急小口資金 ————— 208,212,219
金銭給付 ————— 62,125
勤労控除 ————— 71
国と地方との協議 ————— 34
経済的自立 ————— 142,147
ケイパビリティ ————— 27
ケースカンファレンス ————— 137
ケース記録 ————— 136
ケースワーカー ————— 124
現業員 ————— 84,124
健康で文化的な最低限度の生活 ————— 124
現物給付 ————— 62,126
憲法第25条 ————— 52
公営住宅 ————— 47
公営住宅法 ————— 47
公益質屋法 ————— 34
公課禁止 ————— 95
公私分離の原則 ————— 20
更生施設 ————— 106,159
公的扶助 ————— 2,8
高等学校等就学費 ————— 34,39,61
後発医薬品 ————— 40
高齢者世帯 ————— 206
国民基礎生活保障 ————— 3
国民扶助法 ————— 12,13
国家責任の原理 ————— 53
子どもの学習支援プログラム ————— 151
子どもの学習・生活支援事業 ————— 174

子どもの貧困対策推進法 —————— 39,42
子供の貧困対策に関する大綱 —————— 43
子どもの貧困対策の推進に関する法律 —— 39

サ
災害救助法 —————————————— 49
災害対策基本法 ————————————— 49
再審査請求 —————————————— 98
済世顧問制度 ————————————— 18
在宅患者加算 ————————————— 59
最低限度の生活の保障 ————————— 52
最低生活水準 ————————————— 24
最低生活費 ————————————— 9,68,72
最低生活保障（の原理） ————— 2,53,54
査察指導 —————————————— 138
査察指導員 —————— 80,87,99,125
差押禁止 —————————————— 96
三位一体改革 ————————————— 34
ジェネリック医薬品 —————————— 40
支援会議 ————————————— 178,186
支援調整会議 ————— 178,184,187
資産調査 —————————————— 129
資産・能力等の活用 ————————— 54,90
指示等に従う義務 —————————— 96
慈善組織協会（COS） ————————— 10
自治事務 —————————————— 84
実施要領 —————————————— 132
指定医療機関 ———————————— 60,103
指定介護機関 ————————————— 104
指導・指示 ————————————— 84,125
児童の貧困 ————————————— 13
児童養育加算 ———————————— 39,59
社会基金 —————————————— 14
社会救済 ————————————— 3,20,80
社会参加 —————————————— 152
社会資源 —————————————— 240
社会生活自立 ————— 142,147,151
社会手当 —————————————— 46
社会的孤立 ————————————— 27
社会的な居場所づくり ————————— 154
社会的な援護を要する人々に対する社会福祉の
　あり方に関する検討会 ————— 27,230
社会的排除（ソーシャルエクスクルージョン）
　————————————————— 26,229
社会的包摂（ソーシャルインクルージョン）
　————————————————— 229
社会的ミニマム ———————————— 3
社会福祉基礎構造改革 ———————— 33,84
社会福祉協議会（社協） ——— 82,172,212
社会福祉士 ————————————— 87
社会福祉事業法 ———————————— 21,82

社会福祉住居施設 —————————— 46
社会福祉主事 ————— 21,80,85,100
社会福祉主事の設置に関する法律 ——— 21
社会福祉法 ————————————— 21,84
社会福祉法人 ———————————— 153,172
社会保険 —————————————— 4
社会保障制度審議会 ————————— 21,80
社会保障制度に関する勧告 ——————— 3
社会保障法 ————————————— 2,14
就学援助 —————————————— 49
住居確保給付金 ———————————— 172
就職支援ナビゲーター ————————— 148
重層的支援体制整備事業 ——————— 154
住宅確保要配慮者に対する賃貸住宅の供給の促
　進に関する法律（住宅セーフティネット法）
　————————————————— 48,235
住宅扶助 ————————————— 21,59,107
就労訓練事業 ————————————— 183
就労支援 —————————————— 160,183
就労支援員 ————————————— 176
就労支援プログラム —————————— 147
就労準備支援事業 —— 150,173,177,183,195
就労自立給付金 ———————————— 37
宿所提供施設 ————————————— 107
授産施設 —————————————— 107
恤救規則 —————————————— 17
出産扶助 —————————————— 61
主任相談支援員 ———————————— 175
障害者加算 ————————————— 59
障害者世帯 ————————————— 206
償還計画 —————————————— 213
譲渡禁止 —————————————— 96
職業訓練受講給付金（求職者支援制度） —— 46
嘱託医 —————————————— 125
所得補助 —————————————— 2,14
自立 —————————————————— 141
自立支援 ——— 142,156,182,217,218,243
自立支援センター ————————— 233,235
自立支援対応資金 —————————— 209
自立支援プログラム ————————— 144,234
自立自助の原則 ———————————— 10
自立相談支援事業 —— 172,192,212,219,236
自立（の）助長 ———————————— 52,71,124
資力調査（ミーンズテスト） ————— 4,89
新型コロナウイルス感染症 ——————— 44
新救貧法 —————————————— 10
審査請求 —————————————— 97
申請保護の原則 ———————————— 56
診療報酬明細書（レセプト） ————— 103
水準均衡方式 ————————————— 69
スーパーバイザー ——————————— 125

スーパービジョン ——————— 125,138
スティグマ —————————— 13
ストレングス視点 ——————— 129
スピーナムランド制度 ——————— 9
生活困窮者 ————————— 172
生活困窮者緊急生活援護要綱 ——— 20
生活困窮者自立支援事業（制度）——— 151,209
生活困窮者自立支援法 ———— 36,170
生活上の義務 ————————— 96
生活福祉資金貸付制度 ———— 206,217
生活扶助 ————— 19,58,61,66,106
生活扶助基準（算定方式）——— 20,39,69,75
生活扶助義務関係 ——————— 55
生活保護基準 ————— 36,68,75
生活保護実施に向けての基本姿勢 ——— 134
生活保護受給者等就労自立促進事業
————————————— 148,183
生活保護受給者の社会的な居場所づくりと新し
　い公共に関する研究会 ——— 152,153
生活保護制度の在り方に関する専門委員会
————————————— 141,143
生活保護制度の改善強化に関する件 ——— 21
生活保護の要否判定 ——————— 128
生活保護法 ————— 20,52,234
生活保持義務関係 ——————— 55
生存権 ——————— 52,124
セーフティネット ——————— 134
世帯更生資金貸付制度 —————— 206
世帯単位の原則 ——————— 57
絶対的貧困 ————————— 24,27
セン（Sen, A.）———————— 27
全国的統一の原則 ——————— 10
潜在能力 ——————————— 27
総合支援資金（貸付）——— 210,212,219,221
葬祭扶助 ————————— 61,94
ソーシャルインクルージョン（社会的包摂）
————————————— 229
ソーシャルエクスクルージョン（社会的排除）
————————————— 26,229
相対的貧困 ————————— 25,27
相談援助（活動）——— 124,126,133,217
相談支援員 ————————— 176

タ
ターミネーション ——————— 132
第二種社会福祉事業 —————— 45
第二のセーフティネット ——— 35,168,213
タウンゼント（Townsend, P.B.）——— 13,26
立入調査 ————————— 90,137
立入調査権 ————————— 125
他法他施策 ————— 55,71,90,219

単給 ———————————— 62
地域共生社会 ————————— 171
地区担当員 ————— 80,88,100
地方分権の推進を図るための関係法律の整備等
　に関する法律（地方分権一括法）——— 33,84
中間的就労 ————————— 175
懲治監 ——————————— 8
低所得者 ————————— 217
低所得世帯 ————————— 206
低所得層 —————————— 24
特定非営利活動法人（NPO法人）——— 45
特別交付税 ————————— 65
特例貸付 ————————— 214,223
年越し派遣村 ————————— 35
届出の義務 ————————— 96
ドメスティック・バイオレンス（DV）——— 106

ナ
ナショナルミニマム ——————— 7,68
生業扶助 ————— 16,19,59,61,107
日常生活支援住居施設 —————— 40
日常生活自立 ————— 142,147,150
日本国憲法第25条 ——————— 52
日本赤十字社 ————————— 18
妊産婦加算 ————————— 59,61
認定就労訓練事業 ——————— 175
ネットワーキング ——————— 241
年金担保貸付 ————————— 214

ハ
ハローワーク ————— 148,183
非営利組織（NPO）——— 153,172
必要即応の原則 ——————— 57
被保護者健康管理支援事業 ———— 41
被保護者就労支援事業 ———— 38,148
被保護者就労準備支援事業 ——— 38,149
被保護者低位性の原則 —————— 10
費用返還義務 ————————— 97
貧困 ——————————— 23,26
貧困家庭一時扶助 ——————— 3
貧困線 ——————— 11,24,68
貧困調査 —————————— 25
貧困・低所得（層）——————— 24
貧困ビジネス ————————— 39,46
貧民監督官 —————————— 8
ブース（Booth, C.）——— 11,24,25
フードスタンプ ————————— 3
フォローアップ ——————— 132
「福祉から就労」支援事業 ———— 148
福祉3法体制 ————————— 84
福祉資金 —————————— 212

福祉事務所（福祉に関する事務所）
——————————— 21,80,85,99
福祉事務所運営指針 ——————— 82
福祉6法体制 ———————— 82,84
普通交付税 —————————— 65
不動産担保型生活資金 ——— 208,212
不服申立て ————————— 79,91
不服申立制度 ———————— 21,97
扶養義務者 ————————— 90,94
扶養義務の優先 ———————— 55
プランニング ——————— 129,145
不利益変更の禁止 ——————— 95
併給 ————————————— 62
ベヴァリッジ報告 ——————— 12
放射線障害者加算 ——————— 59
法定受託事務 ————————— 84
法テラス ——————————— 48
防貧制度 ———————————— 4
方面委員 ————————— 18,20
訪問調査 ————————— 136
ボーダーライン層 ——————— 24
ホームレス自立支援事業 ——— 237
ホームレスの実態に関する全国調査 ——— 230
ホームレスの自立の支援等に関する基本方針
——————————— 233,234,237
ホームレスの自立の支援等に関する特別措置法
　（ホームレス自立支援法）— 34,36,228,233
保護基準 ————————— 20,57
保護施設 ——————— 65,66,106,107
保護請求権 ————————— 19,53,89
保護のしおり ———————— 128
保護の実施要領 ——————— 95
保護の補足性の原理 ——— 54,60,61,89,129
保護の要否判定 ————— 89,90
母子加算 ——————— 34,39,59
補足給付 ————————— 2,13,14
補足的保障所得 ———————— 3
捕捉率 ————————————— 13

マ
マーケット・バスケット方式 ——— 20,25,68
マルサス（Malthus,T.R.） ———— 10
ミーンズテスト（資力調査） ——— 4,89
民事法律扶助 ————————— 48
民生委員（民生委員・児童委員）
——————— 21,80,88,126,206,217
民生委員法 ————————— 20
無拠出制求職者手当 ——————— 2
無差別平等（の原理） ———— 20,53
無料低額宿泊所 ———————— 40,45
無料低額診療事業 ——————— 45

面接員 ———————— 80,88,100,127
モニタリング ———————— 131,145

ヤ
夜警国家 —————————— 10
友愛訪問 —————————— 11
要保護世帯向け長期生活支援資金貸付制度
——————————————— 35
養老施設 —————————— 22

ラ
ラウントリー（Rowntree,B.S.）—— 11,24,68
リーマンショック ——————— 35
離職者支援資金 ——————— 208
リスター（Lister,R.） ——————— 28
リバースモーゲージ ——————— 35
リベラルリフォーム ——————— 12
臨時特例つなぎ資金貸付（事業）—— 47,209
レセプト（診療報酬明細書）———— 103
劣等処遇の原則 ———————— 10
連合国軍総司令部（GHQ）———— 19,80
連帯借受人 ————————— 219
連帯保証人 ———————— 212,219
労役場テスト法 ————————— 9
老人福祉指導主事 ——————— 85
老人福祉法 ————————— 22
老齢加算 —————————— 34
路上生活 ————————— 240

ワ
ワーキングプア ———————— 31

担当編集委員

岡部　卓（明治大学公共政策大学院教授）

新保　美香（明治学院大学教授）

執筆者（執筆順）

岡部　卓（明治大学公共政策大学院教授）
第1章
第2章 第1節・第2節・第3節・第4節・第5節
第4章 第1節・第2節
第5章 第1節
第6章 第1節・第2節・第3節1～3
資料編（監修）

志村久仁子（社会福祉法人新栄会　新宿区立中
　　　　　町児童館館長／明治学院大学社会
　　　　　学部付属研究所研究員）
第2章 第6節

新保　美香（明治学院大学教授）
第3章
第4章 第3節
第5章 第2節
第6章 第3節4

前嶋　弘（救護施設こうせいみなと施設長）
第3章 第4節 コラム

土屋　博紀（松江保護観察所保護観察官）
第4章 第3節 コラム

高橋　亮（神奈川県厚木児童相談所専門福祉
　　　　　司）
第4章 第3節 コラム

安藤　豊（東京都・北区社会福祉協議会
　　　　　生活困窮者自立支援係）
第5章 第2節 事例3

後藤　浩二（スープの会世話人）
第6章 第3節 コラム

※執筆者の所属・肩書は、令和5年11月30日現在のものです。

社会福祉学習双書2024
第7巻
貧困に対する支援

発　行	2021 年 2 月26日　初版第 1 刷
	2022 年 2 月28日　改訂第 1 版第 1 刷
	2022 年 9 月 8 日　改訂第 1 版第 2 刷
	2023 年 2 月24日　改訂第 2 版第 1 刷
	2024 年 2 月22日　改訂第 3 版第 1 刷

編　集	『社会福祉学習双書』編集委員会
発行者	笹尾　勝
発行所	社会福祉法人　全国社会福祉協議会
	〒100-8980　東京都千代田区霞が関3-3-2 新霞が関ビル
	電話 03-3581-9511　　振替 00160-5-38440
定　価	2,860円（本体2,600円＋税10%）
印刷所	共同印刷株式会社　　　　　　　　　　禁複製

ISBN978-4-7935-1448-7 C0336 ¥2600E